# DIE MILLIONEN DES DR ERLEMANN

Erlemann/Zingler

# Die Millionen des Dr Erlemann

oder die Kunst, Geld zu machen
Eine unglaubliche Karriere

Eichborn Verlag

Viele Namen, Daten und Orte wurden geändert und einige Ereignisse im Zeitablauf zusammengefaßt.
Dr Jochem Erlemanns persönliche Beratung bezieht sich auf das Zahlenwerk, die Kapitalanlagen-Ideen und die geschäftlichen Vorgänge.

CIP–Titelaufnahme der Deutschen Bibliothek

**Erlemann, . . . :**
Die Millionen des Dr Erlemann oder die Kunst, Geld zu
machen: e. unglaubl. Karriere / Erlemann; Zingler. –
Frankfurt am Main: Eichborn, 1988
ISBN 3-8218-1125-0
NE: Zingler, . . . :

© Vito von Eichborn GmbH & Co Verlag KG, Frankfurt am Main, April 1988.
Umschlaggestaltung: Uwe Gruhle unter Verwendung eines Fotos von Jupp Darchinger.
Gesamtherstellung: Ebner Ulm.
ISBN 3-8218-1125-0.
Verlagsverzeichnis schickt gern: Eichborn Verlag, Sachsenhäuser Landwehrweg 293,
D-6000 Frankfurt 70

# Inhalt

# I

## DAS ENDE VOM ANFANG

Wenn Engel reisen, herrscht Götterwetter. So auch am Dienstag, dem 15. März 1988. Der strahlend blaue Himmel weckt nach einem ausgefallenen Winter schon Frühlingsgefühle. Sichtlich gut gelaunt ist auch der große, dunkelblonde Mann, der sich durch die Paßkontrolle des Frankfurter Flughafens schiebt. »Letzter Aufruf, PanAm Flug Nummer 073 nach New York, Ausgang B 21 bitte.«

Dr Jochem Erlemann geht einen Schritt schneller. Fünfundachtzig Tage nach seiner Haftentlassung aus der Justizvollzugsanstalt Darmstadt, wo er sieben lange Jahre zubrachte, betritt Erlemann die Boeing, zwängt sich in den schmalen Sitz der Economy-Klasse und harrt der Dinge, die sich im »Land der unbegrenzten Möglichkeiten« entwickeln werden. In New York steigt er um auf Eastern Airlines, Richtung Houston, Texas.

Jochem Erlemann ist seit wenigen Wochen Unternehmensberater. Die guten US-Kontakte der Vergangenheit sind ihm dabei von Nutzen. In Atlanta wird er von drei Herren erwartet: Louis Dickenson, Roy Davidson und Jim Gaven sind Vorstandsmitglieder der Atlanta Hotel & Sport Corporation, einer Kette von Hotels, Sportclubs und Gesundheitszentren, sogenannten Health-Clubs, einem Bereich mit starker Wachstumstendenz. Jim Gaven war früher Vice-President von United Artists, der Filmgesellschaft, mit der Erlemann Geschäfte machte.

»Schön, Sie wiederzusehen.« Er begrüßt Erlemann mit Handschlag und stellt ihn vor.

Zu viert fahren sie zum Stadtrand von Atlanta und halten bei einem sternförmig angelegten Hotelkomplex.

»Wir stellen dir unsere Präsidenten-Suite zur Verfügung. Wann sehen wir uns?«

»In einer Stunde, ich will unter die Dusche und mich umziehen.«

Jochem Erlemann durchquert den großen Salon seiner Suite. »Verdrehte Welt«, denkt er, »vor Stunden noch der Sparsitz im Billigflug und jetzt dieser Pomp. Na gut, die amerikanischen Freunde zahlen.«

Auf einem Beistelltisch steht der Willkommensgruß: Eiskübel, darin kalifornischer Chablis, Schalen mit Meeresfrüchten und Papier, jede Menge Papier: Bilanzen, Geschäftsunterlagen und Prospekte der Hotelkette.

Erlemann legt sie beiseite. Das hat er alles schon in Deutschland gelesen.

Die Eckdaten der Investition stehen längst fest: Kaufpreis höchstens zur zehnfachen Jahresmiete, jährlicher Rückfluß also 10 %. Bei einem Dollarstand von 1,68 Mark kaum ein Währungsrisiko.

Rendite ist gefragt, Abschreibung ist tot.

Jetzt geht es darum, vor Ort festzustellen, wie das Projekt in Wirklichkeit aussieht.

Nach der Dusche steigt Erlemann hinauf aufs Dach. Es bietet sich eine weite Aussicht. Doch er konzentriert sich auf die unmittelbare Umgebung. Direkt an den Hotelkomplex grenzen zwanzig überdachte Tennisplätze. Daneben liegt auf 35 000 Quadratfuß das Gesundheitszentrum, um das es geht. Vor dem Haus befinden sich etwa 600 Parkplätze.

»Das Objekt stimmt«, denkt er. »Disneyland baut eine Filiale in Europa, und Deutsche kaufen sich in Amerika ein.«

Er nimmt den Fahrstuhl ins Foyer. Ein Page geleitet ihn in ein Konferenzzimmer, in dem die drei Herren bereits warten.

»Es gefällt mir«, sagt Erlemann lässig, bevor er Platz nimmt. »Für mich stellt sich nur die Frage nach der Mietgarantie.«

Louis Dickenson, Chairman of the Board, zieht ein Schreiben aus seiner dünnen Aktenmappe und schiebt es über den Tisch. »Bitte.«

Erlemann setzt seine Halbbrille auf und liest. Es ist die Mietgarantie der HNBC, Houston National Banking Corporation. Erlemann nickt zufrieden und läßt das Papier sinken.

Roy Davidson erklärt: »Wir mußten Zugeständnisse an die Bank machen. Dadurch erhöht sich leider der Kaufpreis.«

Erlemann legt die Stirn in Falten.

»Und zwar von 4,3 auf 4,9 Millionen Dollar.«

In Erlemanns Kopf kreisen die Zahlen. »Immer noch preiswert«, denkt er, »vor drei Jahren, als der Dollar über drei Mark lag, hätten Deutsche über 15 Millionen Mark hinlegen müssen. Jetzt ist es fast die Hälfte.« Allerdings haben ihm seine Klienten nur 4,3 Millionen Dollar zugestanden. Schnell überschlägt er die Möglichkeiten. Der Kredit müßte erhöht werden.

Erlemann weiß, er muß in Deutschland anrufen, über den höheren Preis sprechen. Die Amerikaner wissen nichts von seinem Preislimit, sein Anruf wird sie nervös machen, das könnte den Preis noch mal senken.

»Wir kriegen den Bankkredit für 6 % jährlich auf 5 Jahre fest«, gibt Erlemann nach Deutschland durch. Dort wußte man bislang nur von 7½ %.

»Ich werde mit dem Makler telefonieren und versuchen, von 4,9 auf 4,6 herunterzukommen. Der günstigere Zinssatz gleicht die Preiserhöhung aus«, schlägt er seinen Klienten vor.

»O.K. – machen Sie, viel Glück.«

Das Überseegespräch ist beendet.

»Nicht 4,9 und auch nicht 4,3, statt dessen 4,6 Millionen, und die Sache läuft«, lockt Erlemann die Amerikaner. Eine gute Stunde später nicken die mit dem Kopf.

Erlemann schlägt mit der flachen Hand auf den Tisch. »Mein Klient kauft.«

# II

## ODYSSEUS

»Sie sind ja total verrückt!«

Irritiert schaute Erlemann auf den Telefonhörer. Eine derartige Reaktion hatte er von Fritz Seydaack, Vorstandsmitglied der Kaufhausgruppe Horten, nicht erwartet.

Es war der 20. Mai 1968.

»Was stellen Sie sich überhaupt vor? Sie sind ein junger Mann, 29 Jahre alt und schlagen eine Chance aus, die Ihnen so schnell keiner wieder bietet. Und das einen Tag, nachdem Sie den Vertrag unterzeichnet haben.«

Im Prinzip gab Jochem Erlemann ihm recht. Es war wirklich verrückt. Da bot ihm Horten einen Geschäftsführervertrag für die Düsseldorfer Filiale. Seine Traumkarriere, zum Vorstand eines großen Kaufhauskonzerns aufzusteigen, nahm endlich Konturen an. Aber plötzlich wollte er nicht mehr.

»Können Sie mir wenigstens einen einzigen anständigen Grund nennen«, kam Seydaacks Stimme aus dem Hörer, »warum Sie nicht zu uns kommen? Hat Karstadt Ihnen doch ein besseres Angebot gemacht?«

»Nein, Herr Seydaack. Solche Spielchen mache ich nicht. Im Grunde bin ich ein Mann des Handschlags. Pacta sunt servanda. Aber nun hat sich etwas Gravierendes für mich geändert. Ich will in keine Kaufhausführungsetage mehr!«

Was sollte Erlemann ihm auch erklären? Gestern war ein alter Studienfreund zu Besuch gekommen, Dr. Jürgen Amann. Sie hatten geredet, mit Worten und Zahlen argumentiert, stundenlang. Und Erlemann gestand sich selbst, es hatte ihn mitgerissen. Er mußte etwas anderes machen, etwas ganz anderes.

»Ich bin fasziniert von der Ware Geld«, sagte er ins Telefon.

»Nun, mit Geld hat das Warenhausgeschäft ja auch zu tun.«

»Klar«, antwortete Erlemann, »aber nur auf Umwegen.«

Er hatte gründlich darüber nachgedacht, wie der Lehrsatz seines ehemaligen Professors Fettler von der Universität in Hamburg umzusetzen war, der da lautet: »Der Maximalgewinn anstrebende Kaufmann kann es im Zuge seines Gewinnstrebens nicht verhindern, den Umweg über die Ware zu gehen.«

Und gestern hatte er gemeinsam mit seinem Freund Amann einen Entschluß gefaßt.

»Verstehen Sie«, beschwor er seinen Telefonpartner, »die direkteste Ware ist das Geld. Ich weiß, es ist wie alles Schöne verführerisch und riskant. Aber ich brenne, ich kann nicht anders. Ich bitte um Entlassung aus dem Vertrag.«

Einen Moment herrschte Stille. Dann erklang wieder Fritz Seydaacks Stimme. Dieses Mal weniger hart als vorher, ruhig, fast väterlich. »Ich sehe, Herr Erlemann, Sie sind nicht mehr von Ihrem Weg abzubringen. Ich entlasse Sie aus dem Vertrag, ohne jegliche Konsequenz. Ich wünsche Ihnen alles Gute.«

Er legte auf. Erlemann hielt nachdenklich den Hörer in der Hand. Ihm wurde immer klarer, daß er soeben die einschneidendste Entscheidung seines bisherigen Lebens getroffen hatte.

Wie tiefgreifend diese Entscheidung sein Leben beeinflussen würde, war dem jungen Erlemann zu diesem Zeitpunkt ebenso wenig klar, wie all den anderen Betroffenen des darauffolgenden Jahrzehnts – seinen späteren Anlegern, Kunden, Freunden, Konkurrenten, den Finanzämtern, Finanzgerichtshöfen, Landgerichten, dem Bundesgerichtshof oder selbst der Bundesregierung, die seinetwegen die Steuergesetze ändern würde. Gedankenverloren schritt der Mann im halbfeinen Zwirn – er kaufte seine Anzüge noch mit Personalrabatt bei Karstadt – im Wohnzimmer hin und her. Er setzte sich an den Tisch, auf dem noch die Weinflaschen und Gläser vom gestrigen Besuch standen.

Es war spät geworden, bis Jürgen Amann sich verabschiedet hatte, um zurück nach Köln zu fahren.

»Jochem, du bist ein Idiot. Wenn Horten dir einen Geschäftsführerposten anbietet, dann will er an der Differenz zwischen deinem Gehalt und dem, was du wirklich wert bist, verdienen. Mach dich selbständig, tu dich mit mir zusammen. Dann kassieren wir die Differenz!« Das war die Quintessenz des langen Gesprächs gewesen, das so harmlos begonnen hatte.

»All unsere Freunde haben sich schon selbständig gemacht.«

»Alle?« fragte Erlemann.

»Natürlich nicht alle«, schwächte Amann ab. »Die Guten, unsere Uni-Jahrgänge, die wie wir bei Karl Braunschweig im Kino an der Luxemburger Straße den Hilfsrepetitor gemacht haben. Dieser Quast zum Beispiel hat eine Firma gegründet, die nennt sich IfV, Institut für Vermögensberatung, er verkauft Investmentfondsanteile. Und Erwin Walter Graebner, der E.W.G. – erinnerst du dich an den? – ist Vertriebschef bei Renatus Rüger, aber mit einem Bein selbständig. Consulta heißt die Firma, die er mit Partnern großmachen will. Früher hat er Sonnenanbeter per Jet nach Spanien gekarrt und mit der Flüstertüte Spanien-Appartements verkauft. Jetzt will er systematisch Spanien-Fonds vertreiben. Du weißt, Spanien-Immobilien mit Steuervorteilen. Jutta Heine will ins Geschäft. Warum alle anderen? Warum nicht du, Jochem? Wenn wir zwei uns zusammentun, laufen wir den anderen davon. Wir entwickeln Projekte, auf die die nie kommen. Und da willst du dich in so ein Warenhaus stellen?«

»Und was vertreibst du zur Zeit?« fragte Erlemann.

»Aktien. Ich bin Member der National Association of Securities Dealers, NASD, weißt du, der US-Börsenverband.«

»Und das läuft gut?«

Amann schüttelte den Kopf.

»Nicht ganz so gut, aber es geht. Bei mir hat sich ein Amerikaner gemeldet. Snellen Johnson heißt der. Er stammt aus Salt Lake City in Utah und ist ein richtiger Hansdampf. Er will ein Bein in den deutschen Aktienmarkt kriegen. Von den Geldern, die er jeden Monat schicken will, könnten wir die Kosten bezahlen.«

Erlemann lehnte sich zurück und nickte vor sich hin. Dabei schloß er die Augen. Amann schwieg. Es dauerte fast fünf Minuten, bis Erlemann den Mund wieder aufmachte. »Und was genau willst du machen? Was genau wollen wir machen?«

»Heißt das, du hast dich entschlossen?« fragte Amann.

»Sag mir erst, was du vorhast. Was du denkst. Was du willst.«

Amanns angespannte Haltung löste sich. »Ich weiß es selbst noch nicht. Ich weiß nur, da laufen auf dem Geldmarkt Jungs rum, die absolut keine Ahnung haben, nichts mit Universität und so, aber machen jede Menge Geld. Die können uns doch das Wasser nicht reichen. Wir machen das besser. Kapitalanlagen mit und ohne Steuervorteil. Von Akademikern für Akademiker. Weißt du, mehr Qualität, mehr Niveau. Mit Anlageberatern im Vertrieb, die selbst von der Uni kommen. Die was auf dem Kasten haben und ein entsprechendes Auftreten. Nicht mit Staubsaugervertretern oder Drückerkolonnen.« Damit beugte er sich über den Tisch und senkte die Stimme, als wolle er ein Geheimnis verraten. »Ich weiß es, Jochem. Da ist was, das müssen wir finden. Wir entwickeln ganz neue Anlagekonzepte, nehmen die besten Rechtsanwälte, die besten Steuerberater. Und dann machen wir's.«

Auch Erlemann beugte sich jetzt über den Tisch und sagte in verschwörerischem Ton: »Ich bin dabei.«

Die beiden hoben ihre Weingläser, stießen an, tranken und schwiegen. Die Türklingel schreckte sie auf. Jochem wollte aufstehen, aber seine Frau Gabi war schon dabei, die Haustür zu öffnen. Einige Minuten darauf kam sie mit ihrer Mutter herein. Gabi trug in der linken Hand die Reisetasche der Mutter, mit der rechten zog sie an ihrer Zigarette, schnippte die Asche auf den Teppichboden. Die Mutter war empört: »Was machst du denn da? Wie benimmst du dich denn in deiner Wohnung?« Sie schaute verstört um sich. »Warum habt ihr die Kisten noch nicht ausgepackt? Schlimm, daß die Sachen noch immer herumstehen!«

»Wir packen nicht aus, Mutti. Wir packen wieder ein.«

»Ihr packt wieder ein?« Die Mutter stellte abrupt ihre zweite Tasche auf dem Boden ab. »Wie soll ich das verstehen?« Ihr Blick wanderte von ihrer Tochter zum Schwiegersohn, der sie zur Begrüßung umarmt hatte, und dann zu dem ihr unbekannten Mann, der jetzt auf sie zuging und sich vorstellte.

Jochem rückte seinen Stuhl nach hinten, die Lehne an die Wand gekippt, und betrachtete Frau und Schwiegermutter.

»Ist irgendwas passiert? Hat Jochem seine Arbeit verloren?« Die Stimme der Mutter klang nicht ängstlich.

»Nein, er hat ein wesentlich besseres Angebot bekommen. Wir ziehen nach Düsseldorf. Er kann dort Geschäftsführer von Horten werden.«

»Stimmt das?« Die Schwiegermutter schien beeindruckt. Da kippte Jochem seinen Stuhl zurück, stand auf und ging auf Gabi und seine Schwiegermutter zu. »Es stimmte.«

»Es stimmte?« Die Mutter schaute auf ihre Tochter, die blickte auf ihren Mann, der ihr zwar Andeutungen gemacht hatte, die sie aber nicht allzu ernst genommen hatte.

»Ich habe mich soeben entschlossen, nicht nach Düsseldorf zu gehen. Ich werde Partner von Jürgen Amann.«

»Na so was!« Jochem Erlemanns Schwiegermutter verstand gar nichts mehr. »Ich bin gekommen, um euch beim Einräumen zu helfen.«

»Dann kannst du uns auch beim Einpacken helfen«, sagte Gabi Erlemann. »Aber laßt uns erst einen Wein zusammen trinken.«

Erlemanns Kaufhauskarriere, die hier ein jähes Ende fand, hatte im August 1965 begonnen. Karstadt-Filiale Köln, Breite Straße. Erlemann hatte soeben sein Examen zum Diplom-Kaufmann bestanden und war frisch verheiratet. Seine Frau Gabi erwartete ein Kind. Sie lebten in einem kleinen Zimmer in der Subbelrather Straße 202, 4. Stock. Es war eine karg ausgestattete Mansarde mit Elektrokochplatte, einer Schlafgelegenheit, einem kleinen Tisch, einer Couch und drei Stühlen. Gemütlich war es, wenn nachts der Regen auf das Schrägfenster prasselte. Jochem hätte gern erst noch seinen Doktor gemacht, aber sein Vater, der ihn bisher unterstützt hatte, wollte das nicht bis ans Ende aller Zeiten tun. »Wer heiratet und Kinder haben will, der muß auch für die Familie sorgen können«, begründete er seine Entscheidung, den monatlichen Scheck nicht weiter aufzustocken.

So saß Erlemann in jenen Augusttagen dem Personalleiter bei Karstadt-Peters in Köln, Herrn Sandring, gegenüber, der ihn mißtrauisch von oben bis unten musterte. Seinen Diplom-Kaufmann und die begonnene Doktorarbeit hatte Erlemann verschwiegen. Diplom-Kaufleute kommen automatisch in die Verwaltung, und er wollte nicht in irgendeiner Statistik-Abteilung der Zentrale landen.

Er haßte monotone Büroarbeit. Ganz nach oben wollte er, in die Vorstandsetage. Der Weg dorthin fing für ihn an der Ladentheke an.

»Was haben Sie denn gemacht«, fragte Sandring.

»Ich habe Abitur gemacht.«

Der Personalchef grinste in sich hinein. »Das meine ich nicht. Mit richtiger Arbeit haben Sie's wohl noch nie versucht?«

Erlemann zuckte die Schultern. Was sollte er darauf antworten? Herr Sandring beugte sich über den Schreibtisch und musterte sein Gegenüber eindringlich. »Na gut, fangen Sie mal an. Am 15., Abteilung 65, Lederwaren, Koffer. Ihre Abteilungsleiterin, Frau Prangemeier, wird Sie einweisen. Monatsgehalt 670 Mark. Einverstanden?«

Erlemann erhob sich. »Natürlich.«

Er ging zu Fuß in die Subbelrather Straße. Sein alter VW-Cabrio war wieder mal kaputt. »Gabi wird froh sein«, dachte er auf dem Heimweg. Schön, ihr eine gute Nachricht bringen zu können, zumal sie seit zwei Monaten schwanger war. Obwohl es das Leben seiner Frau verändern würde – ihr Kunststudium hatte sie aufgegeben –, freuten sie sich auf ihr erstes Kind.

Er marschierte jetzt schneller den Ring entlang und dachte daran, wie er Gabi kennengelernt hatte. Er schmunzelte, und einmal lachte er laut vor sich hin. Passanten blieben stehen, sahen ihm nach, schüttelten den Kopf. Erlemann bemerkte es nicht.

Er dachte an den Sommer 1963. Sein blauer VW war gerade mal wieder fahrtüchtig; er selbst war im fünften Semester Betriebswirtschaftslehre an der Universität Köln. Er fuhr die Aachener Straße stadtauswärts und hielt vor der Ampel an der Inneren Kanalstraße. Es war ein schöner Tag, daher hatte er das Dach geöffnet. Neben ihm hielt ebenfalls ein VW-Cabrio. Allerdings weiß lackiert, nicht so verrottet wie sein eigener. Am Steuer saß eine blonde, junge Frau. Jochem betrachtete sie, die Frau gefiel ihm, er starrte sie so lange an, bis sie seinen Blick erwiderte, dann aber – offensichtlich desinteressiert – den Kopf nach vorne wandte, um die Ampel zu beobachten. In Sekundenbruchteilen stand sein Entschluß fest. Er sprang aus seinem Auto, trat an die Fahrertür seiner Nachbarin und sagte: »Was sind Sie für eine schöne Frau. Ich mache Ihnen einen Vorschlag: Sie fahren mit meinem Auto weiter und ich mit Ihrem. Morgen um die gleiche Stunde treffen wir uns wieder!«

Halb hatte Jochem sich wieder zu seinem Wagen umgedreht, der Scherz war wohl zuviel. Sein Übermut kam ihm auf einmal albern vor. Da öffnete die Frau die Tür, stieg aus und sagte: »Der Schlüssel steckt. Morgen um die gleiche Zeit in der Keldenich-Kneipe zwei Straßen weiter.«

Jetzt setzte ein Hupkonzert ein, die Ampel war umgesprungen, und Jochem beeilte sich, ins weiße Auto zu kommen. Noch 200 Meter fuhren sie nebeneinander her, dann bog die Frau auf die Linksabbiegerspur ein. Jochem fuhr geradeaus.

Von nun an traf er sich oft mit Margret. Sie stammte aus Saarbrücken, hatte dort einen Freund und studierte wie er Betriebswirtschaft. Er erinnerte sich, sie irgendwann einmal beim Repetitor Braunschweig kurz gesehen zu haben.

Der Anfangsreiz verblaßte schnell. Margret fuhr für seine Begriffe zu oft nach Saarbrücken, um ihre Freundschaft zu pflegen. So blieb das Ganze eine sporadische Liebesgeschichte. Bis zu einem schönen Sommertag Ende September 1963. Sie hatten sich verabredet, um die nächste Klausur vorzubereiten. Jochem Erlemann sah schon von weitem, daß zwei Frauen auf ihn warteten. Er glaubte, doppelt zu sehen. Erst aus der Nähe entdeckte er den Unterschied. Die andere Frau war jünger und für ihn noch reizvoller als Margret. »Meine Schwester Gabi«, stellte Margret vor, »sie ist heute in Köln angekommen und wird Kunst studieren. Sie hat die Zusage für ein Zimmer hier in Ehrenfeld.« Jochem hörte kaum auf das, was Margret sagte. Er starrte Gabi an. Sie erwiderte seinen Blick aus schwarzbraunen Augen, weder scheu noch frech, nur intensiv. Sie brachen gemeinsam auf und fuhren in Margrets Wohnung, um Gabis Gepäck zu holen.

»Mag jemand Tee oder Kaffee?« fragte Gabi. Jochem entschied sich für Tee. »Ich habe keine Zeit zum Teetrinken«, sagte Margret, »ich muß noch mal zur Uni.« Sie verließ die Wohnung, und Jochem ging in die Küche, um Gabi beim Teekochen zu helfen. Sie gossen das kochende Wasser noch in die Kanne, doch zum Trinken reichte es nicht mehr . . .

Als beide in die Küche zurückkehrten, schütteten sie das bittere kalte Getränke weg.

Erlemann lief die Treppen hoch. Gabi öffnete die Tür. »Hat's geklappt?«

Er lachte selbstgefällig. »Na klar, du weißt doch, ich kriege, was ich will.«

»Glaubst du?« Es klang zweifelnd.

Er nahm Gabi in die Arme. »670 pro Monat ist zwar nicht das meiste, aber damit kommen wir erst mal über die Runden.« Sie nickte, und sie fingen an zu albern, wie immer, wenn sie glücklich waren.

»Ich muß jetzt los zum Repetitor«, fiel Jochem ein, »Matrizen abziehen und Probeklausuren abholen. Wahrscheinlich muß ich bis in die Nacht korrigieren.« Er wartete keine Antwort ab, küßte sie, drehte sich um und lief mit einem kurzen Winken aus der Wohnung. Zu Fuß eilte er in das alte Kino in der Luxemburger Straße, das Kaufmann Braunschweig gemietet hatte, um Studenten auf ihre Seminarscheine und das Examen einzustimmen, genauer: einzutrimmen. Dabei bediente er sich erstklassiger Studenten als Hilfsrepetitoren. Erlemann war einer von ihnen. Pro Stunde gab es fünf Mark und pro korrigierter Klausur noch mal dasselbe. Auf dem Weg zu Braunschweig schwirrten Zahlen durch Erlemanns Kopf. »Monatlich 670 Mark Karstadt, etwa 300 Mark von Braunschweig, der Scheck vom Vater, Gabis Unterstützung von zu Hause. Eigentlich müßte es reichen, bis ich den Doktor habe«, dachte er.

Was es bedeutete, bei Karstadt »in den Koffern« zu arbeiten, wurde Erlemann gleich am ersten Arbeitstag klar. Er wurde geradewegs in den Keller geschickt. Er stieg die Treppen hinab, der Geruch wies ihm den Weg. Der Keller mußte voller Leder sein. An einem Stehpult arbeitete ein älterer Herr im grauen Kittel. Er hörte Erlemanns Schritte und sah auf. Herr Blum war kurzsichtig. Als Erlemann in korrektem Anzug mit dezenter Krawatte vor ihm stand, nahm er die Brille ab.

»Herr Blum?« Blum nickte.

»Mein Name ist Erlemann. Jochem Erlemann. Ich bin der Neue. Ich bin für die Kofferabteilung eingestellt worden.«

»Hier beginnt die Kofferabteilung. Hier ist das Lager. Ohne Lager kein Geschäft. Also los. Gehen Sie jetzt erst mal rauf in die Abteilung für Berufsbekleidung, suchen Sie sich einen Kittel, dann unterschreiben Sie den Kassenbon. Der Kaufpreis wird Ihnen am 1. vom Gehalt abgezogen. Danach kommen Sie wieder her. Das Ding da«, er wies auf den Schlips, »können Sie ruhig ab morgen zu Hause lassen.«

Erlemann kaufte den Kittel und kehrte in den Keller zurück. Blum führte ihn vor hochbeladene, plastikumspannte Paletten, die mit Kunststoffseilen gesichert waren. »Hier sind Schere und Packmesser. Packen Sie aus. Die Lieferscheine in den Holzkasten hier. Dort sind Transportwagen, holen Sie zwei, auf einen kommen die Koffer, auf den anderen das Packmaterial. Ist der Kofferwagen voll, fahren Sie mit dem Aufzug hoch und füllen die Regale auf. Das Packmaterial gehört in den Papiercontainer am Hinterausgang. Alles verstanden?« Seine Augen funkelten. Er wußte, er hatte den jungen Stutzer voll erwischt.

Auspacken, vor allem gekonnt, war gar nicht so einfach, wie Erlemann gleich beim ersten Versuch feststellen mußte. Die Plastikplane war dick und steif, die Kunststoffseile stramm gezurrt. Sie widerstanden der Schere ebenso wie dem scharfen Packmesser. Er mußte die verschweißten Nahtstellen sorgsam auftrennen. Beim Durchschneiden schnellte ihm ein Seil unter das Kinn. Die Haut platzte auf, Blut begann zu tropfen.

»Verdammte Maloche«, schimpfte er vor sich hin und ging nun vorsichtiger zu Werke.

Auch wenn die Koffer wie Leder rochen, sie waren oft nicht aus Leder, sondern aus Sky, Plastik, Vulkanfiber oder Hartpappe. Manche gehörten zur Sorte »Einmal im Regen – Griff in der Hand«. Erlemann dachte an diesem ersten Tag: »Irgendwann werden die vier Container leer sein, und dann geht es hoch in den Verkauf.« Aber leider standen jeden Tag vier und mehr Koffercontainer zum Auspacken vor ihm.

So stupide die Arbeit im Keller auch war, Erlemann hatte den

Kopf frei, seine Doktorarbeit weiter zu entwickeln. Sein fotografisches Gedächtnis ließ die Lehrsätze aus den Büchern wie Bilder an ihm vorüberziehen. Dann wieder beschäftigte ihn seine berufliche Zukunft. Die amerikanischen Karrieremärchen hatten es ihm angetan: Vom Tellerwäscher zum Millionär oder vom Zeitungsboten zum Konzernboß. Warum nicht auch vom Kofferverkäufer zum Vorstandsvorsitzenden der Karstadt AG?

Manchmal, wenn er das Packmaterial in den Papiercontainer stopfte, kamen ihm Zweifel, ob dies die richtige Beschäftigung war für einen Diplom-Kaufmann mit der Examensnote zwei, auf dem Wege zum Doktor der Wirtschaftswissenschaften.

Aber er sagte sich, wie später noch oft: »Da muß ich durch.«

Auf die Kaufhauskarriere war er durch einen Schulfreund gekommen, Jochen Coenen aus Essen. Erlemann hatte ihn einige Male zu Hause besucht. Jochens Vater, Dr. Hans Coenen, hatte geschafft, was er nun selbst anstrebte: Er war Vorstand von Karstadt. Ein wenig unbehaglich war Erlemann die Vorstellung, Coenen könnte in der Filiale Köln auftauchen und ihn im Kofferkeller erleben. Kaum wahrscheinlich, versuchte er sich zu beschwichtigen. Ein Vorstand geht nicht in den Keller. »Andererseits, warum nicht, wenn ich Vorstand bin, werde ich das jedenfalls tun.«

Der März des Jahres 1966 wurde zum Freudenmonat. Erstens war Karneval. Zweitens durfte Erlemann den Keller verlassen und ins Souterrain aufsteigen. Der graue Kittel wurde abgelegt und wieder Schlips getragen. Die Kasse zu bedienen, war noch nicht seine Aufgabe. Das bedurfte spezieller Anleitung und war ein besonderer Vertrauensbeweis. Er sollte verkaufen, Koffer mit Preisschildern versehen, umräumen, wegräumen, ausräumen. Alles in Schlips und Anzug.

Zwei Tage nach Erlemanns Aufstieg um eine Etage wurde Sohn Andreas geboren. Jetzt waren die Erlemanns eine vollständige Familie.

Die Finanzlage war allerdings noch immer nicht rosig, obwohl Jochem nicht nur den ganzen Tag arbeitete, sondern in den Abend hinein und oft auch noch nachts über seiner Doktorarbeit saß. Ihm war klar, daß Aufstieg und Familienglück sich nicht immer gut vertragen.

Einen Monat nach Andreas' Geburt durfte Erlemann erstmals an die Kasse. Erlemanns zogen in dieser Woche um nach Köln-Bayenthal in die Bonner Straße 180. Die Mansarde in Ehrenfeld war zu eng geworden für Gabi, Jochem und den kleinen Andreas. Erlemann philosophierte: »Lebenslust bedeutet, auch Kindergeschrei genießen zu können.«

Erlemanns geschickter Umgang mit den Kunden fiel der Abteilungsleiterin, Fräulein Branntmeyer, auf. Schon nach wenigen Monaten beförderte man ihn zum Substitut der Kofferabteilung.

Eines Tages wurde Erlemann auf einen jungen Mann aufmerksam, der nicht weit von ihm entfernt Unterhosen und Socken verkaufte. Er kam ihm bekannt vor. In einer Pause schlenderte er zu den Wühltischen und sprach den Mann an.

»Entschuldigen Sie, wir kennen uns doch?«

Der Mann sah auf. Sein Blick flitzte nach rechts und links, hastig begann er in dem Sockenberg herumzusuchen. »Mein Name ist Jochem Erlemann.« Jochem streckte die Hand aus. Wieder sah sich der junge Mann um, dann reichte er ihm zaghaft die Hand. »Bernd Hebbering.« Ohne ihn loszulassen, sagte Jochem: »Jetzt weiß ich's. Wir kennen uns von den Coenens aus Essen, nicht wahr? Der Vater ist im Vorstand.« Hebbering nickte. »Aber das weiß hier keiner.« »Bei mir auch nicht«, lachte Erlemann. »Sie wissen doch, wie die sind«, sagte Hebbering. »Wenn man sagt, daß man einen von oben kennt, dann heißt es sofort, der wird bevorzugt, der wird protegiert.« Erlemann nickte. Hebbering beugte sich zu ihm herüber: »Übrigens, im 2. Stock in der Oberbekleidung, da arbeitet ein Typ, der heißt Ulf Cloppenburg. Der stammt tatsächlich aus der Schurwolldynastie Peek und Cloppenburg.« Beide schmunzelten. »Na, dann mach's mal gut. Wünschen wir uns viel Glück, daß unser Gewühle an der Basis nicht auffällt.«

Erlemann ahnte nicht, daß sein Mitstreiter Jahre später das werden sollte, was er, Erlemann, zu diesem Zeitpunkt noch vorhatte: Vorstand der Karstadt AG.

Erlemanns Ungeduld wuchs schneller als sein Gehalt. Er wollte alles, und zwar sofort. Er steigerte sich in eine Hast – voll mit Terminen und Verspätungen. Jeden Morgen war er so knapp, daß er die letzten Meter zum Bus rennen mußte. Der Schaffner kannte ihn bald und meinte: »Wenn du erst mal den Deckel über der Nase hast, dann haste Zeit genug.«

Dieses Eilen, Hasten, in letzter Sekunde Aufspringen wurde symptomatisch für Erlemanns Leben.

Die Doktorarbeit ging in die letzte Runde. Die Doktorväter Prof. Dr. Hans Münstermann und Prof. Dr. Müller-Armack – Vater der Sozialen Marktwirtschaft und zuständig fürs Rigorosum, die mündliche Doktorprüfung – warteten bereits auf das Manuskript, da kam Karstadt dazwischen. Das Warenhaus bot Erlemann den Job eines »Abteilungsleiters Koffer« in Cuxhaven an. Das Gehalt war verlockend, und nach Rücksprache mit seiner Frau sagte Erlemann zu.

Als Personalchef Sandring Erlemann verabschiedete, vergaß er nicht, ihn darauf hinzuweisen, wie sehr er, Sandring, zu seiner Karriere beigetragen habe. Erlemann zog die Termin-Papiere seiner Doktorprüfung aus der Tasche und legte sie vor Sandring auf den Tisch. »Hatte ich damals bei der Einstellung vergessen, zu erwähnen«, sagte er.

Sie zogen nach Cuxhaven. An freien Tagen pendelte Erlemann zur Universität nach Köln, um endlich die Arbeit zu beenden, nach der er sich Dr rer. pol. nennen durfte.

Doktor ohne Punkt natürlich, denn das war er Dr Clemens Plassmann schuldig. Sein Onkel, Duzfreund von Hermann-Josef Abs, ehemals im Vorstand der Deutschen Bank, war Latein-Fanatiker. Plassmann behauptete, im Gegensatz zur geläufigen deutschen Rechtschreibung, daß der Titel ohne Punkt zu schreiben sei. Sein Argument: Die Abkürzung durch einen Punkt sei nur dann statthaft, wenn danach weitere Buchstaben eingespart werden sollen. Die Abkürzung Dr umfasse den Anfangs- und Endbuchstaben und sei daher bereits eine Abkürzung in sich selbst. Während seiner aktiven Laufbahn legte Clemens Plassmann seinen untergebenen Doktoren nahe, den Punkt auszulassen, was sie karrierebewußt auch taten.

Im Frühsommer 1968 sollte in Gießen ein neues Karstadt-Haus eröffnen. Erlemann bekam den Auftrag, die Kofferabteilung aufzubauen. Und nur zwei Monate später, nach Amanns Besuch, ging es zurück nach Köln und wieder in die Bonner Straße 180. Es war der 1. August 1968. Jetzt sollte das richtige Leben beginnen.

>Den Zufall gibt die Vorsehung
zum Zwecke muß ihn der Mensch gestalten.«
Schiller: Don Carlos

Wer sich an 1968 erinnert, denkt meist, abweisend oder verklärt, an die Studentenrevolte, an Berlin, Frankfurt und Paris, an Rudi Dutschke oder Cohn-Bendit, an Massenproteste gegen den Vietnamkrieg, sowohl in Europa wie auch in den USA. Die Heroen der Musikszene sangen und kämpften für eine bessere Welt und schufen mit dem legendären Woodstock-Concert den Höhepunkt friedlichen Widerstandes gegen die Arroganz der Administration. Deutschland wurde im zweiten Jahr von der großen Koalition regiert. Das Wirtschaftswunder lag in den letzten Zügen. Dennoch sparten die Deutschen wie verrückt. Das aus dem Schwabenland entlehnte und für die ganze Republik gepachtete »Schaffe, schaffe, Häusle baue« wurde zur Formel, die Bundesdeutschland einte, vom Arbeiter bis zum Wirtschaftsmagnaten. Doch während die Arbeiter im Vertrauen auf die Versprechungen der Banken ihr Geld in zinsmäßig uninteressanten Sparbüchern anlegten, griff der gebildete Mittelstand zu günstigeren Anlageformen.

Das galt besonders für das Geld, das ihm eigentlich gar nicht mehr gehörte, sondern dem Staat: Die noch nicht abgeführten Steuern.

Vermögensbildung aus eingesparter Steuer war »in« und um so besser, wenn obendrein Gewinn dabei heraussprang. Die Formel, mit der es gelang, Milliardenbeträge zu mobilisieren, die andernfalls unwiederbringlich in den Kassen des Fiskus verschwanden, hieß »Abschreibung«. Abschreibung – das bedeutete Steuervorteile.

Ein Beispiel: Wer einen Geschäftswagen für 30 000 Mark kauft, kann fünf Jahre lang 6000 Mark von der Steuer absetzen. »Absetzen« heißt, vom steuerpflichtigen Einkommen »abziehen«. Der zu versteuernde Betrag sinkt – man zahlt weniger Steuern.

Wer für den Autokauf Kredit aufnimmt, zum Beispiel 15 000 Mark, setzt trotzdem den Gesamtpreis 30 000 Mark ab, der absetzbare Betrag ist doppelt so hoch wie das eingesetzte Eigengeld von 15 000 Mark, zweimal so hoch bedeutet 200 % Steuervorteil.

Im Prinzip war das nichts Neues, neu war, daß sich in jenem Aufbruchsjahr 1968 in Köln eine Clique zusammentat – junge Universitätsabgänger und Steuerexperten, die unorthodoxe Wege gingen. Sie gründeten auf die Steuergesetze zugeschnittene Firmen, die mit dem Geld jonglierten, das dem Staat legal entzogen wurde. Die »Abschreibungsindustrie« entstand.

Die entsprechenden Steuergesetze gab es schon lange. In den Folgejahren wurde immer wieder von Lücken im Steuerrecht gesprochen, obwohl es um Investitionen ging, die der Staat selbst wünschte. Sei es, daß in Entwicklungsländern investiert werden sollte, in den Zonenrandgebieten, in Berlin oder in den Schiffbau im Norden der Republik. Das Gesetz förderte also gezielt staatlich gewünschte Investitionen durch Steuervergünstigungen.

Die »Erfindung« der Kölner Clique bestand nicht darin, die Steuergesetze mit der Wunderlampe nach »Löchern« abzusuchen, sondern Investitionen mit Steuervorteil für Leute anzubieten, die nicht gewerblich arbeiteten. Freiberufler also, Ärzte, Architekten, Rechtsanwälte, die es als ungerecht empfanden, 10 bis 12 Stunden am Tag arbeiten und von jeder verdienten Mark fast 60 Pfennig für die Steuer abführen zu müssen, obendrein ohne gesetzlich gesicherte Altersversorgung. Sie fühlten sich vom Fiskus beraubt und wollten über Steuerersparnisse einen Teil zurückholen.

Der junge Mann, der an jenem Augusttag 1968 vor der Bonner Straße 180 in Köln sein altes VW-Cabrio mit einem schäbigen Küchentisch und einem wackligen Holzstuhl belud, sah aus wie ein durchtrainierter Sportler. Er war groß und schlank. Unter dem kurzen, mittelblonden Haar lachte ein jungenhaftes Gesicht mit blauen Augen. Er schien in seinem Leben oft gelacht zu haben, in den Augenwinkeln saßen zahllose Fältchen. Niemand sah Jochem Erlemann, dem frischgebackenen Dr rer. pol., die Belastung der letzten drei Jahre an. Ein Fulltimejob bei Karstadt, die Tätigkeit als Hilfsrepetitor bei Karl Braunschweig, nächtelanges Durcharbeiten für die Dissertation – all das schien spurlos an ihm vorübergegangen zu sein. Auch die Familie, Frau und Sohn, hatten ihn beansprucht, und er fragte sich oft, woher er eigentlich die Zeit genommen hatte.

Die Studentenrevolution berührte ihn kaum. Seine eigene Revolution spielte sich im Kopf ab. Er interpretierte Marxsche Thesen zu seinen Gunsten. »Ethik und Monetik schließen sich gegenseitig nicht aus«, war sein Wahlspruch.

Der alte Tisch, den er nun auf den Rücksitzen mit einem Strick festzurrte, hatte bis eben im Keller gestanden, ebenso der Stuhl: Das Mobiliar seiner ersten Studentenbude.

Erlemann schaute hinauf zum vierten Stock des Hauses, wo seine Frau aus dem Fenster winkte, stieg ins Auto und fuhr über die Innere Kanalstraße bis zur Dürener Straße nach Köln-Lindenthal. Dort, vor dem Haus Nummer 98, parkte er auf dem Bürgersteig. Tisch und Stuhl schleppte er in die 1. Etage und stellte sie an die Wand eines kleinen Büros, das ihm und seinem Freund Jürgen Amann von Dr. Braunschweig vermittelt und vermietet worden war. Anschließend betrat Erlemann ein Schreibwarengeschäft, um einen Kugelschreiber und einen Schreibblock zu kaufen. Das Verdienen konnte losgehen. –

Ein Jahr später wurde die Broker Dr. Amann GmbH Deutschland gegründet und unter der Nummer HRB 7219 in das Handelsregister Köln eingetragen. Anteilseigner waren zu 50 % Jürgen Amann, zu 25 % Jochem Erlemann, die anderen 25 teilten sich die Diplom-Kaufleute Jürgen Haver, Jürgen Friedrich sowie die Sprint-Silbermedaillen-Gewinnerin der Olympischen Spiele in Rom, Jutta Heine. Hauptpartner Amann war – wie Erlemann auch – Steuerexperte und Vertriebsfachmann. Amann hatte sein Doppelstudium mit exzellenten Noten abgeschlossen, beendete alle Seminare mit 1 plus, war vom nordrhein-westfälischen Innenminister mit einem Buchpreis für sein Examen belobigt worden und war mit »summa cum laude« promoviert worden. Darüber hinaus besaßen beide äußerste Risikobereitschaft und einen überehrgeizigen Siegeswillen, wie er für Hochleistungssportler symptomatisch ist.

Wie durch Zufall hatten sich zur gleichen Zeit in der gleichen Stadt zwei weitere Studienkollegen von Erlemann und Amann niedergelassen, von denen einer auch aus der »Werkstatt« Dr. Braunschweig stammt. Genau wie Amann und Erlemann wollten sie ihre Fähigkeiten ausspielen, Fachwissen in praktisches Handeln buchstäblich umzumünzen: Erwin Walter Graebner, genannt E.W.G., und Dr. Dieter Quast. Jeder für sich, aber erst recht alle zusammen, waren die Initiatioren eines bundesweiten »Booms«, der in den folgenden 15 Jahren steuerbegünstigte Investitionen von über 100 Milliarden Mark mit sich brachte. Obwohl miteinander befreundet, waren die »Kölner« geschäftlich eisenharte Konkurrenten.

Bei der Firma Erlemann und Amann entwickelte sich zunächst einmal gar nichts. Der erste Schreibblock war bald vollgekritzelt, aber wirklich Großes war ihnen noch nicht eingefallen. Das Aktiengeschäft warf einen Gewinn ab, der gerade zum Leben reichte. Erlemann verdiente jetzt etwa so gut wie ein Kaufhaus-Abteilungsleiter, aber sehr viel weniger als ein Geschäftsführer bei Horten. Er war unzufrieden. Seiner Frau ging es gut, seit er abends etwas früher aus dem Büro nach Hause kam und mehr Zeit für sie und Andreas hatte. Außerdem war sie wieder schwanger.

»Ich weiß nicht, warum du dauernd so herumnörgelst.« Gabi stand am Herd und schmeckte ab. Vor ihren Füßen spielte der dreijährige Andreas. Während die Eltern sprachen, schien er aufmerksam zuzuhören.

»Wieso nörgel' ich? Hab' ich hier jemals genörgelt?«

Gabi drehte die Flamme kleiner und wandte sich ihm zu. »Nein, hier nicht, du bist immer sehr liebevoll zu uns, tust in der wenigen Zeit, die dir bleibt, als wären wir deine Lebenserfüllung, aber wir sind es nicht. – Bitte unterbrich mich nicht –«, sie hob die Hand, als Jochem zur Antwort ansetzen wollte. »Ich habe mit Jutta gesprochen, die hat mir von euch und euren Sorgen in der Firma erzählt. Du tust immer so, als sei alles in Ordnung!«

Erlemann erhob sich, schaute aus dem Fenster auf die dicht befahrene Bonner Straße und wandte seiner Frau dabei den Rücken zu, so als wolle er sie nicht ansehen, während er sprach. »Das hat nichts mit euch zu tun. Es gibt einfach noch andere Dinge in meinem Leben. Ich will Erfolg! Nicht in erster Linie Geld – obwohl wir es gebrauchen könnten –, ich will etwas leisten! Das Geld kommt von alleine, wenn der Erfolg da ist. Du kennst mich, ich will keinen Rolls-Royce – ich fühl' mich auf dem Motorrad oder in Turnschuhen auf

dem Fahrrad wohler.« Er hatte jetzt die Hände geöffnet und sie wie
beschwörend nach oben gestreckt. Seine Frau sah ihn an, wie er so
dastand und auf sie einredete, als wolle er ihr etwas verkaufen. Einen
Moment blitzte Spott in ihren Augen, dann wandte sie sich zum
Herd und sagte lakonisch: »Etwas leisten, das wollte ich auch. Aber
dann lernte ich dich kennen und bin Hausfrau geworden. Jetzt
kommt bald unser zweites Kind, und außer einem Gesellenbrief für
Weberinnen und einem Kochkurs, den ich extra deinetwegen gemacht habe, habe ich nichts abgeschlossen.« Sie drehte die Elektro-
platte aus und hob die Töpfe zur Seite. Dann wischte sie ihre Hände
ab und wandte sich wieder ihrem Mann zu, der stumm in der Mitte
des Raumes stand. »Warum erzählst du mir nichts von der Firma?
Warum darf ich nicht wissen, was in deinem Kopf vorgeht? Vielleicht kann auch ich dir etwas sagen. Ich bin doch deine Frau.«

»Ach, Mima«, Erlemann steckte die Hände in die Tasche und begann, in der kleinen Küche hin und her zu wandern, drei Schritte
hin, drei Schritte her, darauf achtend, daß er nicht über Spielzeug
stolperte, das Sohn Andreas über den Fußboden verstreut hatte.
»Ich will nicht sagen, das ist Männersache. Schließlich ist auch Jutta
Heine in der Firma. Aber du bist kein Experte und kannst uns nicht
weiterhelfen. Wir suchen etwas, sind ganz dicht dran, aber der Dreh
fehlt noch . . .« Er blieb stehen. »Ich tue doch alles für euch!«

»Für uns?« Gabis Augen funkelten. »Mach dir doch nichts vor!
Du tust das für dich allein. Für dich und dein Ego. Du willst der
Größte sein.«

»Meinst du, es macht mir Spaß, Tag für Tag in einer Rumpelkam-
mer zu sitzen, die sich Büro nennt? Es macht mich wahnsinnig, daß
es nicht vorangeht, versteh doch, wir treten auf der Stelle.«

Er hatte sich in Rage geredet. Sein Sohn sah ihn mit großen Augen
an. Gabi dachte praktisch. »Deck mal den Tisch. Wer große Sprünge
vorhat, muß essen.« Erlemann starrte sie an, doch dann verzog sich
sein Gesicht, und er begann zu lachen. »Du hast Nerven. Du bist
genau die richtige Frau für mich!«

»Das will ich doch schwer hoffen.« Sie stellte die Töpfe auf den
Tisch. »Übrigens, dein Vater hat angerufen und dein Onkel hat angerufen und deine Mutter hat angerufen und meine Mutter hat ange-

rufen. Ich habe sie alle abgewimmelt.« Jochem nickte, er wußte, was sie ihm sagen wollten: »Hättest du doch die Geschäftsführerlaufbahn bei Horten eingeschlagen . . .«

Am nächsten Tag sprach Erlemann mit Amann. »Jürgen, wir brauchen ein repräsentatives Büro. Egal, wie wir das finanzieren. Wer von den Kunden und Beratern kann uns denn ernstnehmen, wenn wir in so einer Bruchbude arbeiten! Außerdem müssen wir in die Stadtmitte umziehen. Sicher, das alles kostet eine Stange Geld, aber wenn wir so halbherzig wie jetzt weitermachen, kommen wir nie nach oben.«

Amann stand auf und suchte den Ordner mit den Bankbelegen heraus. Er öffnete ihn und reichte ihn Erlemann. »Unser großer Freund in Amerika hat schon lange nicht mehr gezahlt. Unsere Lage ist nicht die beste. Ich will nicht sagen trostlos. Wir haben immer noch uns und unsere Köpfe. Aber ich weiß nicht, wie wir das finanzieren sollen. Andererseits gebe ich dir völlig recht.«

»Wie? Snellen Johnson zahlt nicht?«

»Nein, er zahlt nicht mehr. Seit Monaten keine Überweisung mehr von ihm. Mein Telex, meine Anrufe erreichen ihn nicht. Ich glaube, der hat die Lust verloren. Ich weiß nicht, was wir machen sollen.«

»Immerhin ist er Gesellschafter bei uns«, lenkte Erlemann ein.

»Was heißt hier Gesellschafter?« Amann machte eine heftige Handbewegung.

»Wenn er seinen Zahlungsverpflichtungen nicht nachkommt und uns hängenläßt, können wir seine Beteiligung nach § 21 GmbH-Gesetz kaduzieren, seine Anteile fallen dann an unsere Firma zurück.«

»Und du meinst, das geht so einfach?«

»Wir mahnen ihn jetzt ein letztes Mal, und wenn das wieder nichts bringt, werden seine Anteile für verlustig erklärt. Also, wir schmeißen ihn raus.«

»Gut, und was ist mit dem Büro, das wir brauchen? Ich habe auch schon drüber nachgedacht. Am Hohenzollernring 89-93 – da, wo Freund Graebner sitzt – gibt es ein Büro im 6. Stock. Die Lage ist gut, und einen Aufzug gibt es auch. Aber es kostet 5000 im Monat. Was meinst du?«

»Was soll ich meinen? Umziehen. So schnell wie möglich. Wir müssen was riskieren.«

Aber auch der Umzug in das repräsentative Büro brachte den Umschwung nicht. »Warum machen wir nicht mit bei den steuerbegünstigten Spanien-Immobilien oder Berlin-Investitionen, wie die anderen es tun?« fragte Erlemann.

»Wer legt denn in Spanien noch was in Immobilien an. Die Horrormeldungen über Zusammenbrüche der Baugesellschaften haben doch den letzten Anleger vergrault.«

»Aber Graebner gräbt noch kräftig da rum!«

»Ich weiß nicht, ob das noch so ist.«

»Wie, du weißt nicht? Frag mal Astrid.« Erlemann erhob sich, öffnete die Bürotür und rief die Sekretärin Astrid Kurth, genannt K.K. Er wartete, bis sie eingetreten war. »Ja, bitte?«

»Erzählen Sie mal Herrn Amann, was Sie mir vorhin erzählt haben. Ihr Gespräch aus der Kantine mit der Sekretärin von Graebner.«

Astrid errötete. »Aber das ist doch nur Geschwätz, und ich weiß nicht so recht . . .«

Amann erhob sich aus seinem Sessel. »Sie sprechen mit der Sekretärin von Graebner?«

»Ja.« Astrid sah verdutzt auf. »Es gibt doch nur die eine Kantine nebenan. Da trifft man sich manchmal und erzählt auch beiläufig von der Arbeit, das ist doch normal.« »Da haben Sie recht.« Amann ließ sich wieder in seinen Sessel fallen. »Und was erzählt Graebners Sekretärin?« »Daß ihr Chef nach Spanien fährt, hat sie gesagt, und daß er dort wieder ein großes Objekt plant.«

»Und was haben Sie Graebners Sekretärin erzählt?«

Astrid rutschte auf dem Stuhl hin und her. »Ach, nichts. Was soll ich denn erzählen?« Sie schaute unsicher zwischen Erlemann und Amann hin und her.

»Sie haben recht«, meinte Erlemann. »Es gibt nichts zu erzählen – noch nicht.«

Amann nickte Erlemann bekräftigend zu. Die Sekretärin erhob sich, ging zur Tür, zögerte, drehte sich um: »Und soll ich nicht mehr mit ihr essen?«

»Im Gegenteil«, rief Erlemann, »essen Sie nur mit ihr!«

Die Sekretärin nickte, obwohl sie nichts zu verstehen schien, und ging.

Erlemann hatte sich wieder vor den Schreibtisch gesetzt, zog einen Block heran und rechnete etwas durch. Dabei murmelte er vor sich hin. »Wie mögen die denn diese spanischen Klamotten noch verkaufen? Verdammt noch mal.«

»Moment, ich habe eine Idee.« Amann griff zum Telefon, wählte eine Nummer und wartete. »Guten Tag, Herr Sommer, Amann hier. Ja, lange nichts voneinander gehört. Was machen Sie denn zur Zeit?« Er lauschte ins Telefon. »Und Sie verkaufen im Moment keine Anteile für Graebner oder Rüger?« Wieder entstand eine Pause, Amann hörte zu. »Wann waren Sie zuletzt in Spanien? . . . So, könnte sein. Was halten Sie davon, wenn wir uns, sagen wir heute abend, zum Essen treffen und ausführlich darüber sprechen?« Amann sah zu Erlemann herüber, der nickte bekräftigend. Dann schaute Amann auf seine Armbanduhr. »Sagen wir so gegen sieben beim ›Päffgen‹. Da können wir erst mal ein Kölsch trinken und ein bißchen quatschen. Wiedersehen, Herr Sommer.«

Päffgen in der Friesenstraße, das alte Kölner Brauhaus, war, wie immer kurz nach Feierabend, knallvoll. Amann und Erlemann fanden einen Platz an einem der großen, weißen Holztische, die täglich mit Ata blankgescheuert wurden. Sommer war noch nicht da. »Was ist das für ein Typ, dieser Sommer?« fragte Erlemann.

»Zwei Kölsch« bestellte Amann und beantwortete erst dann die Frage. »Ein Verkäufer, ein Vertreter. Der hat in seinem Leben schon alles verkauft, Elektrogeräte, Versicherungen, Immobilien, einfach alles, was Geld bringt. Als Verkäufer nicht schlecht, wenn auch nicht Spitze. Säuft, hat keine eigenen Ideen, aber eine breite Vertreterbrust, die er braucht, um an den Absagen nicht zugrunde zu gehen. Er ist schon 50.«

Sommer sah nicht aus wie 50. Er war schlank, mittelgroß und hatte noch sein volles Haar. Er trug einen grauen Anzug über einem schwarzen Rollkragenpulli. Amann machte ihn mit Erlemann bekannt. Sie bestellten drei neue Kölsch und etwas zu essen. Geschickt lenkte Amann das Gespräch auf Spanien und horchte Sommer unauffällig aus. Aber sie erfuhren nichts Neues. Schließlich war Sommer nur Verkäufer und konnte die Konstruktion der Immobilienprojekte nur so beschreiben, wie er glaubte, daß Graebner oder Renatus Rüger sie ausgeklügelt hatten. Erheiternd fanden sie lediglich Sommers Schilderung von Graebners früheren Einsätzen vor Ort. »Und da läuft der Graebner mit der Flüstertüte durch die Dünen, die Schuhe voller Sand, den teuren Anzug verdreckt und ruft den Leuten zu: »Und dahin kommt Ihr Swimmingpool, und hier, schauen Sie mal, die Terrasse! Hier, von der Terrasse aus, haben Sie einen herrlichen Blick bis nach Afrika! Hier werden die Magnolienbäume gepflanzt, und da die Rosenbüsche. Und dort der Jasmin!« Die Leute sahen nur Sand, aber sie entwickelten auf Graebners ironische, aber fordernde Stimme hin phantastische Vorstellungen – fast alle unterschrieben.

Einmal gab es auch einen übereifrigen Verkäufer. Das war am Atlantik. Der war mit den Kunden zum falschen Strandstück gefahren, um seine blumigen Erklärungen per Megaphon loszuwerden. Danach führte er ein anderes Objekt vor, und als sie Stunden später an der gleichen Stelle vorbeikamen, hatte die Flut alle Swimmingpools und Rosenbüsche – auch wenn sie nur phantasiert waren – überspült. Ein Kunde meinte pikiert: ›Sie verkaufen uns wohl Land, das man nur bei Ebbe sieht?‹

Das waren Zeiten! – Heute ist Graebners Consulta der Top-Betrieb der Branche. Ein steuerbegünstigtes Objekt nach dem anderen wird mit Erfolg plaziert.«

Nachdem sie Sommer verabschiedet hatten, blieben Amann und Erlemann noch vor dem Lokaleingang stehen. »Das machen wir auch«, sagte Erlemann, »zumindest, bis wir etwas Besseres gefunden haben.« Amann überlegte. »Übermorgen muß ich sowieso nach Madrid. Ich habe da noch einen Kontakt. Warten wir ab, was der bringt!«

Erlemann ging durch die Nacht zu Fuß nach Hause. »Das ist es nicht«, überlegte er, »das ist es nicht. Aber irgendwas muß jetzt laufen. Ist doch schwerer, als ich dachte. Wir müssen uns durch den Reisberg durchfressen, bis was anderes kommt. Also erst mal wie Graebner, Spanien mit Steuervorteilen!« Er kehrte ins Bistro »Santa Marlena« ein, bestellte sich trockenen Soave und Grappa. »Abwarten, was Jürgen aus Madrid mitbringt.«

»Los Molinos« ist ein Ferienclub in der Nähe von Alicante. Sein Besitzer Alfonso de Gregorio hätte gern auf seinem Strandgrundstück ein Hotel errichtet. Das war die Information, die Amann aus Madrid mitbrachte. Nach einem kurzen Zweiergespräch informierten sie die anderen Teilhaber der Firma. Man entschloß sich, den R.I.B.-Fonds aufzulegen. Mindesteinlage 20 000 Mark. Zwölf Millionen Mark Eigenkapital sollten von den Anlegern eingesammelt werden, den Rest würden die Banken finanzieren.

Während in Köln ein Farbprospekt für das Objekt in Alicante in Druck gegeben wurde, reiste Erlemann mit seiner Frau zu Freunden nach Hamburg. Dort lernte er den Wirtschaftsprüfer und Steuerberater Dr. Heintz kennen, der bundesweit die Beratung von Zementwerksbesitzern übernommen hatte. »Die Leute haben viel Geld verdient und verdienen noch immer viel Geld«, erklärte Heintz. »Immer wenn ich die sehe, klagen sie über ihre hohen Steuern. Wie oft habe ich denen gesagt, wer viel verdient, muß Steuern zahlen, da kommen wir nicht drumrum. Die haben schon alles genutzt, was geht. Die haben neue Lkws gekauft, obwohl die alten noch nicht abgeschrieben waren, neue Bagger, Kipper und Baumaschinen. Nur, um abzuschreiben. Aber noch immer müssen die zuviel zahlen.«

»Natürlich!« In diesem Moment wußte Erlemann, daß er für Alicante eine neue Klientel gefunden hatte. »Sie sollten den Zementwerksbesitzern mal empfehlen, mich zu einer ihrer Tagungen einzuladen. Ich möchte vortragen, wie man aus eingesparten Steuern Vermögen in Spanien bildet. Sie, Herr Dr. Heintz, bitte ich, das Angebot steuerlich und rechtlich zu prüfen, schließlich geben Sie ja Ihren Namen. Die Kostennote für das Gutachten schicken Sie an unsere Firma, wir stehen für Ihre Bemühungen ein.«

Das Besichtigungsunternehmen »Los Molinos« begann mit einer Panne. Das war jedoch nicht die Schuld von Amann und Erlemann, sondern die der Fluglinie Iberia. Als die beiden mit 40 Interessenten, darunter 14 Zementwerksbesitzern, in Madrid landeten, verpaßten sie den Anschlußflug nach Alicante. Erlemann hatte bereits während des Fluges die Kunden in spe auf das Objekt eingestimmt. Jetzt, nachdem sie den Zoll hinter sich hatten, standen sie alle etwas verloren auf dem Flughafen Las Barajas herum. Amann und Erlemann verzogen sich flüsternd in eine Ecke.

»Die werden unruhig.« Erlemann nickte. »Eine Nacht in Madrid wäre nicht schlecht. Wir könnten alle vierzig über den Plaza Santa Anna schleppen, irgendwo einen anständigen Wein trinken, ein paar Tapas essen und sie dann ins Hotel einquartieren.«

»Das geht nicht, die meisten haben sich nur zwei Tage freigenommen. Wir müssen nach Alicante. Heute noch. Geh hin, und beruhige sie ein bißchen. Ich besorge uns ein Flugzeug.«

Amann verließ den Wartesaal und fragte sich zur »Iberia« durch. Er trug sein Anliegen, eine Maschine chartern zu wollen, vor, und man verwies ihn an die Tochtergesellschaft »Aviaco«. Auch bei Aviaco stieß Amann zunächst auf taube Ohren. Flugkapitän im Innendienst und Einsatzleiter Inland José Perez Sanchez schüttelte so lange den Kopf, bis Amann einen Fünfhundertmarkschein über die Theke geschoben hatte. Jetzt wurde Sanchez aktiv. »How many passengers are you talking about?« »About 45.« »Dann ist es nichts mit der Fokker. Die einzige 737, die wir haben, steht in Mallorca. Mal sehen.« Er telefonierte. Amann stand auf, lief unruhig hin und her und setzte sich wieder. Die Gelassenheit, mit der sein Gegenüber die Wählscheibe bediente, regte ihn auf. Außerdem ärgerte es ihn, daß er sein Spanisch nicht verstand. Als das Gesicht des Flugkapitäns aufleuchtete, sah auch Amann wieder Land. »Eine Caravelle, ein bißchen groß für Sie, aber die ist hier, und wir könnten in einer Stunde abfliegen.«

»Wieviel?«

»In D-Mark . . .« Der Mann rechnete auf einem Zettel. »28 000 Mark.« Er blickte fragend auf Amann. Der nickte und wollte mit einem Scheck bezahlen. Der Mann lehnte ab, da öffnete Amann seinen Aktenkoffer, entnahm einem Umschlag ein Bündel Tausendmarkscheine und zählte langsam 28 Stück vor. Der Flugkapitän sah erschreckt nach rechts und links. »Not here, bring it to the cashier.« Das Geld schien ihn nervös zu machen.

Es war das Reisegeld für die Kundenbewirtung und Hotelunterbringung. Am nächsten Tag mußte aus Köln per Swift neues Geld beschafft werden; langsam ging es an die Reserven.

Erleichtert kehrte Amann zu den Wartenden zurück. »Wir fliegen«, verkündete er mit fester Stimme. »In einer Stunde. Wir haben für Sie eine Maschine gechartert.«

Die zukünftigen Anleger sahen ihn bewundernd an. Ein Mann von solcher Tatkraft mußte ein guter Geschäftspartner sein.

Weder Amann noch Erlemann liefen mit der Flüstertüte durch die Gegend. Der Club in Alicante bestand bereits seit einigen Jahren, war architektonisch geschmackvoll und üppig bepflanzt. Nur das Hotel mußte in der Phantasie entstehen. Das machte keinem Schwierigkeiten. Einzig Herr Kneifel war nicht so leicht zu überzeugen. Er besaß von seinen Schweizer Ahnen das tiefverwurzelte, eidgenössische Mißtrauen, sobald es um Finanzdinge ging. Zum Glück traf er abends an der Hotelbar Antonia, und zum Glück sprach Antonia gut deutsch.

»Ich stamme aus Barcelona und arbeite in einem Hotel an der Küste.« Antonia war eine dunkelhaarige, schlanke Frau mit einem großen Mund, der immer zu lachen schien. Kneifel lud sie zum Drink ein, sie bestellte Bier. Das gefiel ihm. Frauen, die auf alkoholfreien Getränken bestanden, waren ihm ein Greuel.

»Sind Sie zum ersten Mal in Alicante?«

»Ja, geschäftlich, aber es gefällt mir, werde mal wiederkommen.«

»Geschäftlich?«

Kneifel hatte schon einiges getrunken, und er freute sich, daß ihm jemand so interessiert zuhörte. Den ganzen Tag hatte er den Verkäufern zuhören müssen. »Es geht um das neue Hotel im Club ›Los Molinos‹.« »Oh, Los Molinos, kenne ich, eine schöne Anlage. Ja, dort soll ein Hotel gebaut werden. Ich habe bereits ein Angebot, dort im Empfang zu arbeiten.«

»Sie? Das finde ich ja herrlich!« Einen Moment schwieg Kneifel und dachte an die wundersamen Zufälle. Scherzhaft erwiderte er: »Dann müssen Sie aber fleißig sein, sonst muß ich Sie entlassen!« Antonias Gesicht verriet Überraschung: »Was haben Sie damit zu tun?«

»Nun, ich bin Mitbesitzer oder werde es unter Umständen sein.«

»Was für ein Witz!« lachte Antonia, trank ihr Bier aus. »Dann muß ich meinem Chef ja einen ausgeben. Was trinken Sie?« Kneifel wehrte ab, dann kam ihm eine Idee. »Sicher gibt's hier in der Stadt schönere Kneipen als diese sterile Hotelbar. Wollen Sie mir die Stadt zeigen?«

»Jetzt?«

»Jetzt!«

»Warum nicht. Entschuldigen Sie mich einen Moment. Ich muß eine andere Verabredung absagen.« Sie verschwand. Kneifel fühlte sich geehrt, daß er ihr so wichtig war. Gutgelaunt entschloß er sich, die Beteiligung zu zeichnen und seine Kollegen ebenfalls in diesem Sinne zu beeinflussen. Antonia kehrte zurück. Sie bestiegen ein Taxi und fuhren in die Fischerbar »Rompeolas«.

Dort aßen sie gegrillten Rape – Seeteufel – und tranken so viel roten Wein, bis beide beschwipst zurückfuhren. »Ich heiße Wolfgang«, vertraute er ihr an, »und du bist die schönste Frau, die ich kenne.« Er drückte ihre Hand. Sie erwiderte den Druck. Der Alkohol gab ihm den nötigen Mut, Antonia an der Hand hinter sich herzuziehen, bis in sein Zimmer, ohne daß Widerstand erfolgte.

Am Morgen legte Kneifel sich bei der internen Besprechung ins Zeug. »Das Ding muß gebaut werden«, sagte er, »Risiko gibt's immer, der Nutzen schließt den Schaden ein, aber erst mal stundet ja das Finanzamt, und aus den Gewinnen holen wir dann die gestundeten Beträge zurück.« Er merkte nicht, daß er nur offene Türen einrannte. Der Clubbesitzer hatte dafür gesorgt, daß nahezu alle Reisemitglieder nachts Besuch hatten, der mögliche Widerstände wegstreicheln sollte. De Gregorio hatte sich den Dienst was kosten lassen. Zehn Liebesdamen aus Barcelona waren eingeflogen worden. Am Mittag, nach der Abreise der Deutschen, versammelte de Gregorio die Damen in der Hotelbar und verteilte Kuverts.

»Alles klar?« Die Mädchen schauten hinein, in jedem lag ein Bündel Peseten. »Irgendwelche Probleme?« Alle schüttelten den Kopf. Antonia lachte. »Meiner wollte, daß ich ihm Alicante zeigen sollte. Dabei bin ich zum ersten Mal hier.«

Die Zementwerksbesitzer kauften für 4,9 Millionen R.I.B.-Anteile. Innerhalb kurzer Zeit waren die 12 Millionen des Spanien-Fonds voll plaziert. Das Bauen konnte beginnen. Dabei wurde klar, daß Erlemann nicht nur ein gewiefter Mitgesellschafter von Amann war, sondern auch ein Top-Verkäufer. Außer seinem Gewinnanteil als Mitinhaber der Firma Amann erhielt er obendrein die Provision. 10 Prozent von 4,9 Millionen. Erlemann hatte über Nacht fast eine halbe Million verdient.

Am 30. Juli 1969 wurde Sohn Johannes geboren. Wie schon nach der Geburt des ersten Sohnes erschien Jochem Erlemann mit einem dicken Strauß Rosen bei Gabi im Lindenthaler Krankenhaus. Doch im Büro kam seine Unzufriedenheit zurück. Das verdiente Geld tröstete ihn nicht. Schließlich wollte er kein Immobilienmakler werden. Amann ging es ebenso.

Eine Idee geisterte durch ihre Köpfe, aber sie war noch nicht zu fassen.

Die Geschichte mit den Alicante-Investoren beschäftigte sie unentwegt. Doch dann schlug es wie ein Blitz bei ihnen ein: Sie hatten den Leuten eine aussichtsreiche Immobilie verkauft, doch die hatten es vor allem auf die Steuervorteile abgesehen. Das waren keine Immobilienkunden, das waren Steuersparkunden. Für herkömmliche Sparanlagen hatten die ihre Banken. Die wollten nur nicht so viel Steuern zahlen.

Am nächsten Tag hastete Jochem Erlemann die Treppe zum Büro hinauf. Amann saß bereits am Schreibtisch und sortierte ein großes Paket von Immobilienangeboten. Ein Prospekt war bunter als der nächste. Jeder überbot sich in Preisgestaltung und Ausstattung.

»Ich hab's!« sagte Erlemann und blieb vor Amanns Schreibtisch stehen. Der sah verdutzt auf. »Was, die Grippe?« »Unsinn. Ich hab's wirklich.«

Erlemann rückte den Stuhl beiseite, stützte sich mit beiden Händen auf den Schreibtisch und erklärte: »Bis heute haben wir nur Immobilien im Ausland verkauft, ab morgen verkaufen wir Immobilien mit Steuervorteil im Inland. Das ist es, was die Großverdiener mögen – Immobilienvermögen mit Finanzamts-Hilfe. Damit machen wir Geschäft. Weißt du, was ich meine?«

Amann nickte. »Beruhige dich und setz dich. Darüber brüte ich doch auch schon lange. Nur weiß ich noch nicht, wie's konkret aussehen muß.«

Beide starrten auf die vor ihnen liegenden Prospekte. Plötzlich schlug Jürgen Amann sich mit der flachen Hand vor die Stirn.

»Sag mal, Jochem, sind wir eigentlich alle bekloppt? Da kauft sich jeder Idiot eine Eigentumswohnung, kostet, sagen wir mal, 200 000 Mark. Er geht zum Notar, macht seinen Vertrag, zahlt den Preis, und damit hat es sich. Wie wäre es denn, . . . wenn wir den Kaufpreis seiner Eigentumswohnung aufspalten? Wenn wir auf der einen Seite fragen: Wieviel Bauzeitzinsen sind in den 200 000 Mark enthalten, wieviel an Geldbeschaffungskosten, Provisionen, Betreuungs- und Garantiekosten – denn dieser Kostenblock kann steuerlich abgesetzt werden. Und auf der anderen Seite, wieviel ist Grundstücksanteil, und wieviel sind effektive Baukosten. Zusammengerechnet ergibt das doch wieder 200 000 Mark.

Also noch mal: Wir haben den Kaufpreis aufgeteilt. Alle Kostenanteile wie Finanzierungskosten, Zinsen, Gebühren und Honorare setzen wir steuerlich ab. Das sind Werbungskosten, die das Einkommen und damit die Steuer kürzen.«

»Mensch, Jürgen, das hältst du doch im Kopf nicht aus«, rief Erlemann, »Steuervorteile für deutsche Immobilien gibt's doch nur in Berlin und am Zonenrand, und das soll jetzt für Eigentumswohnungen in Köln, München, Hamburg, also überall klappen. Unglaublich.«

»Aus Käufern werden Bauherren«, dozierte Amann, »sie errichten die Eigentumswohnungen im Rahmen einer Gemeinschaft und dürfen die Kosten, die dann anfallen, von ihrer Steuer absetzen.«

»Ja«, bestätigte Erlemann, »in Paragraph 9 Einkommensteuergesetz steht's. Danach können die Kosten direkt im ersten Jahr und in voller Höhe als Werbungskosten abgesetzt werden.«

Amann wischte mit einer Handbewegung alles vom Tisch, was darauf herumlag, holte leere Blätter aus der Schublade, nahm einen Stift zur Hand und begann, endlos Zahlen zu notieren.

»Und jetzt setzen wir noch einen drauf«, grinste Jürgen Amann, »wir lassen die Kunden in den ersten drei Jahren keine Kreditzinsen zahlen und erhöhen um diesen Betrag den Hypothekenkredit, das erhöht die Steuerersparnis noch mal kräftig, denn bei den vorgezogenen Hypo-Zinsen ist das Finanzamt wieder mit dabei.«

Erlemann hielt die Spannung nicht aus, er stand auf, ging um den Schreibtisch herum, blieb hinter Amann stehen und rechnete laut mit.

Als Amann vor lauter Hast die Bleistiftspitze abbrach, reichte Erlemann ihm seinen Kugelschreiber. Später brachte er Kaffee. Dann Sandwiches. Keiner sprach ein Wort. Nach sechs oder sieben Stunden war Amanns Rechnung fertig, und er unterstrich die Endergebnisse mit zwei dicken Balken. Dann wandte er sich um. Die beiden Partner sahen sich an, begannen zu lachen und schüttelten sich die Hände.

Vor ihnen auf dem Tisch lag nur noch ein einziges Blatt Papier. Es sollte den deutschen Wohnungsbau grundlegend verändern:

| I. | Kostenblock | 30 % | 60 000,– |
|----|-------------|------|----------|
| II. | Grundstück und Gebäude | 70 % | 140 000,– |
| III. | Gesamtaufwand Wohnung | 100 % | 200 000,– |

Das Bauherren-Modell, das »Kölner Modell«, war geboren.

Erlemann resümierte: »Nach unserem Beispiel für eine Eigentumswohnung von 200 000 Mark setzt der Käufer . . .« Amann unterbrach ihn: »Bauherr, nicht Käufer.« »Also Bauherr«, fuhr Erlemann fort, »im ersten Jahr 60 000 Mark von seinem Einkommen ab, er muß 60 000 Mark weniger versteuern. Das bedeutet, daß er bei 50 %iger Steuerbelastung 30 000 Mark Steuern spart. Wenn wir 30 000 Mark Anzahlung nehmen und 170 000 Mark persönlichen Bankkredit vermitteln, dann ist die Steuerersparnis genauso hoch wie das Eigenkapital. Unsere ›Bauherren‹ bauen Wohnungen ohne Eigenkapital: 30 000 kommen per saldo vom Fiskus zurück, 170 000 Mark von der Bank.«

Amann nickte. »Ja, das Finanzamt erstattet die Anzahlung, und die Miete aus der Wohnung tilgt den Kredit. Wohnungen zum Nulltarif. Wir sind gemachte Leute.«

»Was machen wir jetzt?«

Amann blickte fragend auf Erlemann. »Jetzt gehen wir ein Fläschchen trinken.« »Mit den Frauen?« Erlemann winkte ab. »Ach was. Morgen mit den Frauen. Wir müssen alles noch mal durchspielen.«

Die beiden verließen das Büro, schlossen es wie einen Safe voller Kostbarkeiten sorgfältig ab und stapften die Treppe hinunter, weil der Aufzug wieder einmal kaputt war. »Wenn gut plaziert und gut geworben wird, könnten wir theoretisch jeden Tag eine Wohnung verkaufen.« Jochem Erlemann blieb stehen und wandte sich um. »Eine? Jeden Tag zehn!«

Gutgelaunt betraten die beiden »Paul's Cocktailstube« in der Innenstadt. Paul, Kölns bester Drinkmacher, wollte für Amann den obligatorischen Whisky Sour und für Erlemann einen Wodka Martini mixen, da hob Jochem Erlemann abwehrend die Hände.

»Heute trinken wir was anderes. Champagner!«

»Jetzt brauchen wir«, sagte Erlemann und hob das Glas, »nur noch die Objekte. Jede Menge Objekte, das wird einen Ansturm geben.«

»Ich fahre ab morgen zu den Immobiliengesellschaften, und du sprichst mit den Banken, die sollen unseren Kunden, den Bauherren, die persönlichen Kredite geben. Dann entwerfen wir die ersten Prospekte, für jedes Objekt einen anderen.«

Erlemann trank und setzte sein Glas ab. »Ich glaube, wir haben etwa sechs, acht Wochen Zeit. Bis dahin muß alles stehen.«

»Wie kommst du auf sechs, acht Wochen?« Amann sah ihn erstaunt an. Erlemann grinste. »Astrid, unsere gute Astrid. Neuestes Gerücht – oder doch nicht das allerneueste; es ist schon ein paar Tage alt: Graebner fährt in Kürze nach Brasilien. Für sechs bis acht Wochen. Wahrscheinlich will er da irgendwas auftun. Während seiner Abwesenheit müssen wir auf den Markt. Mit der ersten Anzeige zum Modell.«

»Graebner wird sich blau und grün ärgern«, murmelte Amann, »wenn der in Brasilien erfährt, daß wir als erste mit einer Großanzeige für das neue Modell werben. Denn der hat auch was vor, irgendein fiskalisches Manöver mit Erbpacht. Er bastelt seit einem Jahr dran. Wenn wir uns nicht beeilen, ist der E.W.G womöglich noch vor uns auf dem Markt.«

»Aber erst mal Schotten dicht!« sagte Erlemann. »Wir machen zunächst alles telefonisch. Die Schreibarbeiten und das Verschicken überlassen wir dem Büro an der Ecke. Erst, wenn alles steht, werden unsere Leute eingeweiht.«

Er lehnte sich zurück und drehte das Glas in den Fingern. »Wir brauchen einen guten Außendienst, für den Anfang mindestens zehn bis zwanzig Leute. Die drei Mann, die wir bisher haben, sind zuwenig. Diesen Sommer könnten wir noch dazunehmen. Ansonsten werde ich mal in den Vertreterbezirken der anderen Umschau halten. Du kennst doch sicher auch Makler, die für die Konkurrenz den Vertrieb machen, auch für diese Münchner Firma – wie heißt sie noch mal?«

»Du meinst die Argenta, Helmut Röschinger?«

Erlemann nickte. »Wir schalten in allen größeren Städten Inserate: ›Anlageberater für das Amann-Modell gesucht!‹ Ich fahre überall hin, werbe die Leute an, schule sie und setze sie ein. Die Idee ist so gut, daß wir jede Menge Berater kriegen, selbst wenn wir ein Prozent weniger bezahlen.«

Amann lachte. »Ich wußte schon, warum ich dich damals aus deiner Gießener Kleinwohnung und deiner Kaufhauskarriere abgeworben habe. Das wird unsere Geschichte. Wir verkaufen ab sofort Steuervorteile mit Wohnungen dran.«

Horst Stalinsky, Sachbearbeiter bei der Oberfinanzdirektion in Düsseldorf, zuständig für den Bereich S 2253 – sprich: für steuerliche Verluste –, parkte seinen Wagen im Keller des Finanzamtes und fuhr mit dem Aufzug ins oberste Stockwerk. Seine Sekretärin nahm ihm den Mantel ab und führte ihn ins Konferenzzimmer. Hier wurde der »Dicke«, wie ihn Freunde nannten, bereits vom Leiter des Finanzamtes, Dr. Brenner, und dem Abteilungsleiter Dr. Klotz erwartet.

Beide Männer sahen Stalinsky erwartungsvoll an. Der nahm sich Zeit, setzte sich erst mal gemütlich hin, leerte seine Aktentasche, stellte sie neben das Stuhlbein und ordnete die Papiere vor sich mit einer Akkuratesse, die eigentlich Winkel und Lineal erforderte oder aber, wie bei Stalinsky, jahrelange Übung. Dann zog er eine Zigarettenschachtel aus der Tasche, zündete sich eine an, suchte mit den

Augen einen Aschenbecher, stand auf, holte ihn von der Fensterbank und bemerkte beim Wiederhinsetzen: »Gibt's Kaffee?«

Dr. Brenner kribbelte es in den Fingern. »Natürlich!« Er erhob sich, ging zur Tür und orderte. Dabei dachte er: »Kein Wunder, daß Anfragen bei der OFD ein Jahrhundert bis zur Beantwortung brauchen.«

»Tja, meine Herren«, eröffnete Stalinsky die Runde und blätterte in seinem Hefter. »Kein Haar in der Suppe! Das Ding der Kölner ist dicht. Auf entsprechende Anfrage hat die Bundesregierung unzweideutig erklärt, daß die steuerliche Behandlung der Eigentumswohnungen grundsätzlich richtig ist.«

»Ist das wahr?« fragte Brenner. »Wissen Sie, was uns das kostet?«

»Hat nichts zu sagen. Die Sache ist legal. Sie wissen doch selbst, daß die Herren Amann und Erlemann hier keine Sondergesetze in Anspruch nehmen. Sie berufen sich auf ganz normale Null-acht-fünfzehn-Steuerparagraphen. Sie errichten Gebäude, Fabrikhallen oder was auch immer und setzen die Kosten und Gebühren voll ab, bevor die langfristige Abschreibung des Gebäudes einsetzt. Wir können den Herren nicht übelnehmen, wenn sie das Ganze, hübsch verpackt, für Reiche entdecken und clever vermarkten.«

»Na, so förderungswürdig scheinen mir die Großverdiener nun auch wieder nicht zu sein. Erfahrungsgemäß verdienen die alle einige Hunderttausend im Jahr.«

»Es sind Privatleute, warum sollen sie nicht alle gesetzlichen Möglichkeiten ausschöpfen dürfen? Weil bisher noch niemand auf die Idee gekommen ist, einen Neubau mit Steuervorteilen zu vermarkten, muß das doch nicht illegal sein. Im Gegenteil! Wir haben eigentlich bisher immer zuviel kassiert.«

Er drückte seine Kippe aus. Dr. Brenner und Dr. Klotz starrten vor sich hin. Dann sagte Dr. Brenner mit drohender Stimme: »Das ist sicher nur der Anfang. Wir werden die Brüder im Auge behalten.«

Am zweiten Oktoberwochenende des Jahres 1971 erschien in der

Frankfurter Allgemeinen Zeitung seitengroß die erste Anzeige der BROKER Dr. Amann GmbH DEUTSCHLAND. Dienstags brachte der Postbote einen Waschkorb voller Anfragen. Erlemann und Amann hatten die Millionenumsätze so gut wie in der Tasche.

»Weißt du, was wir da entdeckt haben?« fragte Amann.

Erlemann lachte. »Ja, Eldorado!«

Dr Jochem Erlemann nahm den Fuß vom Gaspedal seines BMW 2002 ti. Er hatte das Wiesbadener Kreuz passiert. Ein Blick auf die Uhr zeigte ihm, daß er viel zu früh war. Bis zum Steigenberger Airport-Hotel brauchte er allerhöchstens noch 15 Minuten. Und erst in einer Stunde war sein Auftritt geplant.

Zur Zeit werden die Leute von Dr. Ziegler und Rechtsanwalt Mohn mit Rechts- und Steuerdingen zugeschüttet, dachte er. Ich muß noch vor dem Mittagessen zu ihnen sprechen, sonst könnte es passieren, daß einige ihre Sachen packen und abhauen. Hoffentlich hat unser Frankfurter Mann gut eingeleitet.

Die Leute, das waren die Vertreter, die Anlageberater. Mehr als 150 hatten sich auf die Inserate gemeldet, weitere 30 waren über Objektanzeigen an die Firma Amann herangetreten und hatten nachgefragt, ob sie mitvertreiben könnten. Es hatte einen kurzen Streit zwischen Amann und Erlemann über diesen Punkt gegeben. Amann wollte gleich zusagen, Erlemann bestand darauf, alle interessierten Anlageberater erst einmal abzuklopfen.

Vertreter waren bitter nötig, das wußten beide. Es waren derart viele Kundenanfragen eingegangen, daß sie mit dem bisher vorhandenen Stamm von drei Leuten nicht einmal ein Zehntel der Interessenten beraten konnten.

»Wir brauchen gute Leute und Stützpunkte in jeder Großstadt. Nur keine Drückerkolonnen. Damit machen wir alles kaputt. Wir müssen die Leute schulen, schulen und nochmals schulen. Jeden Tag in einer anderen Stadt. Wir müssen ihnen klarmachen, was sie verkaufen sollen. Nicht wie bisher Versicherungen, Grundstücke oder Palmenhaine im Süden, Hotelappartements an der Côte d'Azur oder Staubsauger. Sie verkaufen Eigentumswohnungen über Steuervorteile. Das muß man ihnen klarmachen. Am be-

sten sind Jungabsolventen von der Uni.« Amann hatte zugestimmt.

Bei der Vorauswahl fielen 120 Interessenten sofort aus, 60 wurden zum Seminar nach Frankfurt gebeten. Auf Kosten der Firma,
aber, das wußten beide, es würde sich lohnen.

Als Erlemann auf den Parkplatz einbog, verharrte er einen Moment, bevor er in eine Parktasche einscherte. Sein Blick schweifte
rechts und links über den Platz. Überwiegend Daimler-Benz, ein
paar Porsche und große Opel standen dort. »Wenn unsere Mitarbeiter schon solche Autos fahren, müßte ich mir eigentlich auch
mal ein anderes kaufen.«

Paul G. Hahnemann, Verkaufsvorstand bei BMW und von
Freunden »Nischen-Paul« genannt, war seit zwei Wochen Auf-
sichtsratsvorsitzender bei Amann. Hahnemann hatte ihm über
Hopfstein & Kaiser den neuesten BMW angeboten. Doch Erlemann
liebäugelte mit einem Jaguar. Noch saß er im alten BMW . . .

Er legte den Rückwärtsgang ein, umrundete das Hotel, parkte
und trat durch die Hintertür ein. »Egal durch welche Tür«,
dachte er. »Hauptsache, sie führt zum Ziel. Nur Dummköpfe bestehen auf dem Hauptportal.« In der Halle las er mit Freude den
Wegweiser auf der großen Tafel: »BROKER Dr. Amann GmbH
DEUTSCHLAND, Konferenzsaal II.

Als er die Tür öffnete, sah er, wie befürchtet, in gelangweilte
Gesichter. Steuerberater Dr. Ziegler saß wie ein Lehrer vor der
Klasse und zitierte aus dem Einkommensteuergesetz. Er schaute
auf, unterbrach und stellte vor. »Das ist Doktor Erlemann, Ihr
künftiger Vertriebschef.« Erlemann nickte den Anwesenden zu,
sah sich im Raum um und verschwand wieder: »Ich muß nur
kurz was organisieren.«

Er lief ins Foyer. »Ich brauche eine Tafel. Ja, eine richtige Tafel. So eine wie in der Schule. Mit Kreide und Schwamm.« Er
lachte über den verstört blickenden Empfangschef. »Gibt's so was
nicht?«

»Ich glaube, im Schulungsraum für unsere Mitarbeiter. Ich
lasse sofort nachsehen.«

»Okay. Ich warte hier.«

Wenig später schoben zwei junge Männer eine große Tafel auf Rollen herein. »Mir nach«, sagte Erlemann und ging zum Konferenzsaal. Er öffnete die Tür, und die beiden Pagen schoben die Tafel in den Raum. »Kreide?« Der eine Hotelbedienstete trug welche bei sich. Erlemann sah kurz auf die Armbanduhr. »Gleich eins«, dachte er. »Ich muß noch was sagen vor dem Essen.« Dann wandte er sich an die Leute im Raum. »Mein Name ist Erlemann. Jochem Erlemann. Für die, die mich noch nicht kennen. Wir haben Sie eingeladen, und ich freue mich, daß Sie da sind. Ich denke, bevor wir zum Essen gehen, sollte ich Ihnen noch erklären, wie das Modell funktioniert.«

Er warf einen kurzen Seitenblick auf Dr. Ziegler und Dr. Mohn, die ihn leicht verärgert ansahen. »Ich meine, nach so viel trockenem Gesetz sollte ich Ihnen kurz unser Konzept skizzieren.

Es geht um Geld. Das haben Sie doch verstanden? Um Steuergelder – Steuergelder, mit denen die Kunden Vermögen bilden, genauer gesagt, Eigentumswohnungen bauen.

Das ist der Clou.

Unser Projekt heißt nicht ›Die Eigentumswohnung‹, denn dann würden die Kunden ja kaufen und wären Käufer.

Nein, wir verkaufen das Produkt ›Eigentumswohnungen mit Hilfe des Finanzamts‹. Unsere Kunden sind ›Bauherren‹. Die Wohnungen existieren noch nicht, sie werden erst gebaut, wenn alles gezeichnet ist. Das Finanzamt bezahlt das Eigenkapital – und die Miete Zins und Tilgung. Eigentumswohnungen zum Nulltarif«, wiederholte Erlemann das Schlagwort von neulich, »wollen Sie wissen, wie das geht?«

Die Müdigkeit fiel von den Gesichtern ab. Gespannt blickten sie auf den jungen, selbstbewußten Mann.

»Ich hoffe, Sie sind jetzt skeptisch. Gute Verkaufssprüche hat jede Branche. Auch der Spruch: ›Wir bringen Geld‹ ist sicher in anderen Sparten schon verwendet worden. Nur bei uns stimmt er! Und nun«, er nahm ein Stück Kreide zur Hand, »erkläre ich, wie einfach es ist, ein Bauherr zu werden. Als erstes müssen Sie wissen, mit welchen Kunden Sie es zu tun bekommen, und das hat was mit Politik zu tun. Den Käufer von gestern gibt es für uns nicht mehr, den, der sich sein Häuschen im Grünen vom Brotbelag abspart. Wir wollen die Großverdiener, die Freiberufler, die in den hohen Steuerklassen.«

Er malte einen Trichter auf die Tafel.

»Von denen gibt es viele, mehr als wir denken. Hunderttausende. Das ist etwa ein Prozent der Bevölkerung, meistens CDU- oder FDP-Wähler. Daß diese Parteien zusammen von viel mehr Bundesbürgern gewählt werden, zwischen 40 und 50 Prozent, liegt an der Aufbauarbeit der CDU, die nach dem Krieg gepredigt hat, jeder könne mit Arbeit reich werden, sofern er richtig wählt. Und jetzt kam plötzlich, vor zwei Jahren, die SPD ans Ruder, und alle hatten eine Heidenangst um ihr Geld.

Heute, nachdem sie gemerkt haben, daß die Roten ihnen nichts wegnehmen, trauen sich die Reichen aus ihren Löchern. Das ist unser Signal für den Start in die Steuerersparnisse. Die Gutverdienenden machen viel Geld, nur wissen sie oft nicht wohin damit. Eins allerdings wissen sie genau: Nicht zum Finanzamt!« Erlemann schrieb über den gezeichneten Trichter: »Steuermoraltrichter der Siebziger«. In die Mitte des sich nach unten verjüngenden Trichters kam das Wort »Finanzbehörden« und unten ans schmale Ende der Begriff »Steuersparbranche« und »Wir«. Dabei erklärte er: »Die Anleger werfen das Geld oben rein. Hier, in der Mitte, greifen die Finanzämter ab, was abzugreifen ist, aber das Einkommensteuergesetz erlaubt vieles, so daß vieles zu uns durchfällt. Wir wiederum schleusen es zurück zu den Großverdienern – völlig legal. Und mit dem kleinen Nebeneffekt, daß auch wir unseren Schnitt machen. Wirtschaftlich ist das von großer Bedeutung. In Deutschland fehlen 750 000 Wohnungen! Wir holen die Bauindustrie aus ihrer Talsohle. Da bekommt der Staat die Steuern wieder. Seit Jahren stagniert die Zahl der Neubau-Aufträge.« Erlemann wartete keine Reaktion ab, wischte den Trichter von der Tafel und begann erneut zu schreiben. »Und nun, wie funktioniert das im einzelnen. Ich nehme, zum besseren Verständnis, glatte Zahlen.« Er überschrieb: »Das Bauherrenmodell«. Darunter setzte er seine Beispielfigur »Arzt«. »Steuerpflichtiges Einkommen 200 000. Bei einem Steuersatz von 50 % muß er 100 000 Mark Steuern zahlen, hätte also nur noch 100 000 Mark in der Tasche. Kommt er aber zu uns, dann sieht das folgendermaßen aus:

# Bauherrenmodell

Arzt war bisher <u>Käufer</u> –
Käufer der Eigentumswohnung; z.B.
einer kleineren Studiowohnung
zum Preis von 100.000 DM.                    DM  100.000,–
Das ist der unaufgeteilte
Inklusivpreis, da ist alles mit drin.
Steuerersparnisse gibt es nicht,
denn es gibt nur einen Gesamtpreis.
– Steuerersparnis daher –                    DM        0,00

Nettobelastung des Käufers
nach altem Muster also                       <u>DM  100.000,–</u>

Gute Ideen sind immer einfach : Hier das
– Bauherrenmodell –

Gleiches Beispiel wie eben;
kleine Studiowohnung für                      DM  100.000,–

Der Preis jeder Wohnung lässt
sich aufspalten in Grundstück-
und Gebäudeteil auf der einen
und Kostenanteil auf der anderen
Seite. Das wollen wir tun,
also spalten wir auf :

$\longrightarrow$

51

| | | |
|---|---|---|
| Grundstück und Gebäudeteil | DM | 75.000,— |
| Kostenblock für Finanzierung, Disagio, Zinsanteil, Betreuung und Vertrieb. | DM | 25.000,— |
| Macht zusammen wieder w.o. | DM | 100.000,— |

Wie ein Vertreter seine Benzinquittung absetzen darf, kann der Bauherr den Kostenblock von seinem Einkommen abziehen. Bleiben wir weiter bei unserem Beispiel:

Arzt, Jahreseinkommen vor Steuer 200.000 DM, die Hälfte geht an den Fiskus, bleiben 100.000 DM netto. Doch jetzt wird der Arzt ein Bauherr, und weil's so schön ist, lässt er gleich 8 Eigentumswohnungen für sich bauen.

| | | |
|---|---|---|
| Also 8 Wohnungen, wie oben, für Gesamtkosten à 100.000 DM pro Wohnung, macht, wie oben, 8 Kostenblöcke à 25.000 DM, die er samt und sonders wie die Benzinquittung absetzen darf. Abzug also | — DM | 200.000,— |
| Der Arzt verdiente vor Steuern | + DM | 200.000,— |
| Macht, nach Adam Riese, ein Resteinkommen von | DM | 0,00,— |
| Steuern auf 0,00 bleibt | DM | 0,00 |

$\longrightarrow$

Sie erinnern sich: <u>Ohne Modell</u>
zahlt der Arzt auf sein
steuerpflichtiges Einkommen
von insgesamt          DM    200.000,-
Steuern in Höhe von    <u>DM    100.000,-</u>
Bleiben ihm für seinen
Lebensunterhalt netto  <u>DM    100.000,-</u>

Mit Modell sieht dasso aus:
Die Hypothekenbank gibt
ihrem Kunden 87,5% Kredit,
12,5% muss der Kunde selbst
aufbringen, dass sind pro
Wohnung                DM     12.500,-
Bei 8 Wohnungen sind das  <u>DM    100.000,-</u>

Damit sind wir am Ziel:
Die 8 Kostenblöcke haben die steuerpflicht des
Arztes auf Null gesenkt. Ohne Modell hätte er
dem Fiskus 100.000 DM geben müssen, nun kriegt
das Finanzamt nichts. Statt dessen gehen die
100.000 DM in die Wohnungen, denn 8 x 12.500 DM
sind, wie oben dargestellt 100.000 DM.

Der Arzt hat also weiterhin 100.000 DM zum Ver-
leben und 8 Wohnungen, die die Mieter abbezahlen.

Es war bereits kurz vor zwei, als Erlemann zum letzten Schlag ausholte. »Der Clou ist«, sagte er, »die Steuerersparnisse sind endgültig. Nicht nur gestundet.«

Alle hatten gespannt zugehört, viele Gesichter waren gerötet. Mit einem kurzen Seitenblick überzeugte Erlemann sich von seinem Erfolg. »Jetzt gehen wir essen. Und wehe, sie servieren uns was Kaltes. Dann machen wir dieses Hotel zum Modell, zerlegen es für Bauherren und entlassen den Koch.« Alle lachten.

»Reingefallen!« freute sich Erlemann. »Ein fertiges Hotel kann nicht zerlegt und aufgeteilt werden.«

»Gratuliere, Herr Dr Erlemann«, sagte Dr. Ziegler, »wenn Sie so weitermachen, zeichne selbst ich bei Ihnen drei Wohnungen.«

Vier Tage später im Kölner »Atrium«-Hotel hielt Erlemann den gleichen Vortrag. Eine Woche darauf in Hamburgs »Vier Jahreszeiten«, in München im »Bayerischen Hof«, im Baden-Badener Hotel »Zum Hirsch« und im Berliner »Schweizer Hof«. Den Berliner Auftritt wiederholte er mehrmals. In dieser Stadt waren hochqualifizierte Außendienst-Mitarbeiter zu gewinnen.

Der Anlageberaterstamm – so nannten sich die Außendienstler der Branche – der Umsatz, die Steuervorteile, der Gewinn und schließlich die Bankkonten des Jochem Erlemann vergrößerten sich zusehends. Probleme bereitete lediglich – was nicht vorherzusehen war –, genügend Projekte zu finden. Dr. Ziegler als Steuerberater und Dr. Mohn als Rechtsanwalt waren ununterbrochen beschäftigt, Amann beim Schnüren neuer Anlage-Pakete zu beraten. Das bedeutete jedesmal, das Objekt auszusuchen, die bestehenden Verträge objektbezogen anzupassen, mit den Banken über eine ausreichend hohe Finanzierung zu verhandeln und – das war das Wichtigste – das Finanzamt dazu zu bewegen, die steuerliche Abzugsfähigkeit der Werbungskosten zu bescheinigen. Erlemann hatte jetzt, was er wollte: Soviel Arbeit, daß er kaum noch zum Schlafen kam. Innerhalb von anderthalb Jahren wickelten er und seine Partner mehr als 40 Wohnungsbauobjekte ab. Alles Bauherrenmodelle.

Die Konkurrenz hatte nicht geschlafen. Nachdem man begriff, was die Idee bedeutete, hängten sich alle an und operierten ähnlich wie Amann und Erlemann, mit kleinen Nuancen. Nur Graebner war zeitgleich auf den Markt gekommen, allerdings kaufte er zunächst nicht die Grundstücke seiner Objekte, sondern nahm sie in Erbpacht, zog die Erbpacht-Zinsen für mehrere Jahre zum Baubeginn vor und erzielte so die gewünschte »Verlustsumme«.

Eines Morgens im Februar 1972 kam Erlemann ins Büro, das sein Aussehen gewaltig verändert hatte. Von außen leuchtete eine meterhohe, blaue Neoninschrift BROKER Dr. Amann GmbH DEUTSCHLAND. Innen: grauer Spannteppich, schwarzes Leder, graue metallene Aktenschränke, Tische und Stühle aus Glas, Chrom und Leder oder Mahagoni. Sekretärin Astrid arbeitete nicht mehr alleine, sondern mit 15 Kolleginnen und Kollegen. Am Empfang saß Ilona, ein lebhafter Kontrast zu der grauen Umgebung: rotes Kleid, rot geschminkter Mund, strahlende Augen. »Herr Erlemann, Sie möchten bitte zu Herrn Amann kommen.«

Erlemann nickte freundlich »Guten Morgen« und betrat Amanns Zimmer. Als er die Tür hinter sich geschlossen hatte, spürte er, daß sein Freund nicht in bester Stimmung war. »Was ist los, Jürgen?«

Amann schüttelte schweigend den Kopf und wies auf den Stuhl gegenüber. Dann übergab er Erlemann ein zusammengeheftetes Schreiben. Den Kopf des ersten Blattes zierte die Abkürzung: OFD, Oberfinanzdirektion.

»Was ist das?« fragte Erlemann verdutzt und blätterte, ohne zu lesen. Es war der von der OFD weitergeleitete Bonner Negativ-Katalog für Eigentumswohnungen mit Aktenzeichen S 2253. Daneben das »Handelsblatt« aus Düsseldorf: »Verlustzuweisungen werden erschwert.«

»Das Aus.« Amanns Stimme klang niedergeschlagen.

»Halt, langsam«, sagte Erlemann energisch. »Erzähl, bevor ich's lese.«

»Du liest besser selbst. Die Oberfinanzdirektion hat unser größtes Projekt, Rosenhöhe, abgeblockt.«

»Das geht nicht.«

»Es geht doch. Lies nur.«

»Es sind aber schon 120 Bauherren beigetreten«, sagte Erlemann ruhig.

»Eben«, nickte Amann. »Eben, eben. Und wenn wir die auszahlen müssen, zuzüglich Provision, die wir bereits bezahlt haben, sitzen wir erst mal auf dem trockenen.«

»Das Geld liegt doch auf dem Treuhandkonto. Und die Provision, na ja, die ziehen wir den Beratern ebenfalls ab. Aber ich glaube noch nicht dran. Laß mich lesen.« Erlemann vertiefte sich in das Schriftstück. Schon nach wenigen Sätzen schaute er auf. »Aber es ist doch alles klar. Sie stimmen uns doch zu!« »Lies weiter!« befahl Amann.

Erlemann gehorchte. Manchmal nickte er, manchmal murmelte er vor sich hin, dann wieder schüttelte er den Kopf. Als er fertig gelesen hatte, sah er auf und wieder hinunter auf den Erlaß. Er bestand aus zehn Blättern. Erlemann nahm die ersten drei, hielt sie mit der Linken, die übrigen sieben Blätter mit der rechten Hand und zog die Heftnadel auseinander. »Der erste Teil ist die Zustimmung für das Grundmodell. Im zweiten Teil sind Mängel, die sie sehen. Wir müssen also anpassen. Ich habe auch schon was entdeckt.«

»Entdeckt?« Amann wurde neugierig. »Was denn?«

»Genau weiß ich es noch nicht, aber lies mal. Sie sagen zwar, so geht das Projekt nicht, aber zwei Sätze weiter beschreiben sie, was man tun muß, damit es steuerlich doch geht. Wahrscheinlich unterschätzen sie unsere Flexibilität. Wir werden das Ganze ändern, genauso, wie sie es uns ungewollt vorschlagen. Gib mir doch mal das Einkommensteuergesetz.«

Amann drehte sich um, griff das Buch und warf es Erlemann zu, der es auffing, rasch durchblätterte, Seiten mit Papierfetzen markierte und – rechts das Buch, links das Schreiben – vergleichend zu lesen begann. Etwa zwei Stunden später winkte er mit dem Finger nach dem Schreibblock und Bleistift und machte sich Notizen, während er weiter Gesetz und Text des Finanzamtes verglich. Seine Miene wurde immer ruhiger.

»Also paß auf, sie sagen, die Steuervorteile können nicht gewährt werden, wenn . . . Und wir machen's wie wenn! Wenn sie uns schon selbst die Anleitung geben, wie wir unsere neuen Pakete zu schnüren haben, damit's klappt, dann machen wir das doch. Damit stellen wir sie zufrieden und uns auch. Im Grunde beenden sie damit doch bloß unsere eigene Rechtsunsicherheit.«

»Das kostet wieder mal jede Menge Zeit«, wandte Amann ein.

»Laß die drei ersten Seiten kopieren und an die Anlageberater schicken«, fuhr Erlemann fort, »die Anpassung an den Erlaß folgt in wenigen Tagen nach. Ruf Ziegler und Mohn an. Wir müssen uns treffen. Es wird nicht ganz einfach sein, aber das kriegen wir in den nächsten Tagen schon über die Bühne. Bis dahin stellen wir den Vertrieb ein. Wie heißt der Sachbearbeiter bei diesem Finanzamt?«

»Ein Dr. Klotz, und Mohn hat mit ihm gesprochen.«

»Hm«, brummte Erlemann. »Wir fixieren das jetzt mal, und ich fahre morgen zu ihm und rede mit ihm. Ich wette – obwohl ich ihn nicht kenne –, er ist viel weniger Klotz, als sein Name vermuten läßt.«

Amann schüttelte den Kopf. »Sei nicht so sicher. Er ist bestimmt ein harter Brocken. Nomen est omen.«

»Wir haben die Sache nicht angefangen, um sie uns vom Fiskus vermiesen zu lassen. Laß mich mal machen.«

Der Nachmittag und fast die gesamte Nacht gehörten den vier Köpfen, die eine Lösung für das Hase-und-Igel-Spiel suchten – und fanden. Dann stand die neue Konstruktion fest – das Modell stand. Und die OFD hatte mit ihrem »Lehrbuch« S 2253 »Verluste bei der Errichtung von Eigentumswohnungen« am meisten zur Problemlösung beigetragen. Jetzt probten sie die neue Lösung wie ein Rollenspiel mit Frage und Antwort.

»Was, Herr Dr. Klotz, würden Sie nun beanstanden?« Erlemann lehnte sich zurück und sah Klotz alias Dr. Ziegler gespannt an.

Der wiegte den Kopf. »Unter Umständen würde ich sagen, wir bemühen einen Spruch des Finanzgerichtes Köln aus dem Jahre 1965, der mir vorliegt und der genau die Lücke schließt, die Sie eben geöffnet haben.«

»Gut«, sagte Erlemann. »Dann müssen wir uns jetzt eine weitere Ausweichkonstruktion ausdenken. Wir bringen die erste ein und halten eine zweite bereit; falls auch die abgeschmettert wird, kommt die dritte. Einverstanden?«

Alle nickten und arbeiteten weiter. Astrid hatte noch kurz vor Mitternacht Berge von belegten Broten, Flaschenbier und literweise Kaffee bereitgestellt. Als es drei Uhr früh wurde, lagen nur noch Krümel auf dem Teller. Die Männer sahen erschöpft aus, nur Jochem Erlemann nicht. »Was wollt ihr denn? Wir haben geschafft, worüber andere jahrelang nachdenken. Wir haben jetzt die Ausweichkonstruktion. Wenn sie die nicht anerkennen, verklagen wir sie. Wie hat doch das Bundesfinanzministerium in Bonn zum Aktenzeichen S 2241 ausgeführt: ›Jedem bleibt es unbenommen, gegen entsprechende Entscheidungen der Finanzämter im Einzelfall den Rechtsweg zu beschreiten.‹ Das tun wir dann eben.«

Er stand auf, verließ den Raum, lief die Treppe hinunter und überlegte, ob er zum Frühstück nach Hause fahren sollte. Unterwegs machte er sich Gedanken um seine Zukunft. Nicht etwa wegen des Vorfalls mit dem Finanzamt. In dieser kurzen Nacht schlief Erlemann nicht; er verbrachte den Rest der Nacht im Sessel des Wohnzimmers, seine Familie traf er beim Frühstück. Johannes saß auf seinem Stühlchen, und Andreas, schon fünf, schmierte sich sein Nutellabrot selbst. Seine Frau sah nicht auf, als Jochem eintrat. »Guten Morgen, meine Lieben«, rief er. Die Reaktion war bescheiden. Er trat von hinten an seine Frau heran und wollte ihr einen Kuß aufdrücken, doch sie entwand sich ihm. »Bis jetzt gearbeitet?«

»Aber klar.« Er setzte sich an den Tisch. »Wir hatten ein kleines Problem. Wir haben bis drei gebraucht, um es zu meistern. Ich habe im Wohnzimmer gesessen, konnte nicht schlafen.« »Ein Problem? Und du hattest nicht mal die Zeit, anzurufen?« Gabi Erlemann trug Brot und Aufschnitt zum Tisch. Sie hatte beiläufig gefragt, als interessiere sie eine Antwort im Prinzip gar nicht.

»Ja, da war ein Problem. Du weißt doch, daß ich alles um mich herum vergesse, wenn ich mich richtig konzentriere. Verzeih mir!«

Ihre Stimme wurde scharf: »Ein Problem . . . Problem . . . ich will keine pauschalen Sätze, ich will wissen, um was es geht.« »Ach, Mima«, beschwichtigte Erlemann seine Frau und wollte ihr den Kopf streicheln. Wieder rückte sie zur Seite und entzog sich seiner Hand. »Dieses Geschäftsproblem verstehst du nicht.«

»Ach, ich verstehe nichts? Du hast recht, ich verstehe gar nichts.

Du bist wirklich bald nicht mehr zu verstehen. Kletter nur weiter aufwärts in deinem Elfenbeinturm. Manchmal frage ich mich, wozu du uns bei deinem Höhenflug überhaupt noch brauchst! Als geliebtes Anhängsel bin ich mir zu schade.« Erschrocken über ihren Ausbruch legte Jochem das Brot zurück, in das er soeben beißen wollte. Dann sah er auf die Uhr. »Laß uns ein anderes Mal darüber sprechen.«

Er schob hastig seinen Stuhl zurück, verließ die Küche, stand im Flur und überlegte einen Moment, ob er sich jetzt ins Bett legen oder weggehen sollte. Er entschied sich, einen Spaziergang zu machen, hastete die Stufen hinunter auf die Straße. »Was sie nur will«, dachte er, »ich tue doch alles für sie, für meine Familie. Ich habe wenig Zeit, klar, aber wenn man Karriere machen will, läßt sich das nicht ändern. Meine schöne, verläßliche Frau, meine beiden Söhne. Natürlich brauche ich sie. Anhängsel? Ich benutze meine Frau doch nicht zum Vorzeigen. Wenn ich's erst geschafft habe, wenn ich da bin, wo ich hin will, dann kann ich mich auch mehr um sie kümmern. Das muß sie doch einsehen. Es ist alles zu wichtig, die Familie muß warten. Verdammt, warum zerbreche ich mir den Kopf? Ich muß mich auf was anderes konzentrieren.« Während er so dahintrottete, erreichte er den Chlodwigplatz, trat auf die Straße und wäre beinahe in einen vorbeidonnernden Lkw gelaufen. Zorn stieg in ihm hoch. »Warum läßt sie mich nicht in Ruhe? Sie soll mich unterstützen, nicht nervös machen!« Er stand etwas verloren auf dem Bürgersteig, hinter ihm befand sich ein Friseurgeschäft. Er trat vors Schaufenster und besah sich im Spiegel. Je länger er hineinschaute und sich betrachtete, desto besser fühlte er sich.

Er wandte sich ab und schritt den Ring entlang, Richtung Stadtmitte. »Im Grunde geht's mir gut!« dachte er und versuchte, ernst zu bleiben, aber dann grinste er übers ganze Gesicht. »Ich gefalle mir«, dachte er, »ich bin ein Narziß.« Er beschleunigte seine Schritte. Auf dem Barbarossaplatz betrat er die Kneipe der Vorgebirgsbahn. Sie war um diese Zeit von Arbeitern, Angestellten und Pennern bevölkert. Er stellte sich mitten unters Volk an die Theke und orderte eine Runde für alle. Der Wirt musterte ihn mißtrauisch. Erlemann lachte sich durch bis zur Theke, knöpfte den Mantel auf, zog einen Hundertmarkschein aus der Tasche, legte ihn hin und fragte: »Reicht das? Die Leute sollen am frühen Morgen auch einmal was Schönes erleben!«

Der Wirt rief seine Bedienung, und beide hatten alle Hände voll zu tun, die Kölschgläser zu füllen. Die Frau lief mit dem Tablett durch das Lokal und setzte das Gewünschte ab. Jochem Erlemann hatte sich mit dem Rücken zur Theke gestellt, sein Glas in der Hand, und beobachtete die Leute, wie sie mit seinem Geschenk umgingen. Einer rief laut: »Warum gibt der einen aus?« Erlemann antwortete fröhlich: »Mir geht's heute gut, und ich will, daß es euch allen gut geht. Prost!«

Er kippte den Whisky, drehte sich um und verließ das Lokal.

Die angepaßte Konstruktion des »Braintrusts Amann, Erlemann und Co.« wurde vom Finanzamt anerkannt. Es wurde ein voller Erfolg. In der ersten Novemberwoche versammelte Erlemann alle seine Anlageberater um sich und verkündete: »Es geht aufs Jahresende los. Sie wissen, wir haben eine große Anzeigenkampagne hinter uns, die viel Geld gekostet hat. Wenn ich heute die Rückantworten verteile – es sind 700 Coupons gekommen –, dann erwarte ich von Ihnen sorgfältigsten Umgang damit. Jedes Lead kann ein Umsatz sein – denken Sie daran. Wenn Sie sich telefonisch anmelden, um Himmels willen nicht beraten, nur den Termin machen. Höchstens kurz einfließen lassen: ›Das Jahresende steht vor der Tür, Herr Doktor Sowieso. Sie haben uns geschrieben. Wir bieten Ihnen die Möglichkeit, einen großen Teil Ihres Einkommens legal vor der Steuer zu bewahren und gleichzeitig Eigentümer einer Wohnung zu werden. Mit Hilfe der ersparten Steuer. Wie's geht, sage ich Ihnen bei meinem Besuch.‹ Wir gehen davon aus, daß bis zum 31.12. eine kräftige Steigerung gegenüber dem, was im Verlauf des bisherigen Jahres an Verträgen eingegangen ist, erreicht wird. Ihnen und uns ein gutes Geschäft.«

Die Verkäufer überschlugen sich mit dem Abschluß neuer Verträge. Ein Objekt nach dem anderen konnte geschlossen werden, war voll gezeichnet. Erst dann war auch Zahltag für Erlemann und Co. Wenn alle Bedingungen als erfüllt erklärt waren, wurden die Beträge auf dem Anderkonto für Bauunternehmer, aber auch für die Provisionszahlungen freigegeben.

In diesen Wintermonaten wurde das Brüssel-Objekt des Maklers Bauholz angeboten, streng vertraulich. Jürgen Amann war zu überlastet, er konnte sich nicht darum kümmern. Erlemann sollte prüfen. Es meldete sich bei ihm der Kreditdirektor der belgischen Bank, die das Grundstück als Sicherheit für einen Kredit in Händen hatte und – offenbar war der Schuldner schwach geworden – das Gelände verkaufen wollte.

»Wenn Sie das nächste Mal zu uns nach Brüssel kommen, möchte ich Ihnen das Grundstück zeigen«, lockte Georges Claudes, der Bankier, beim dritten oder vierten Telefongespräch. »Gute Lage, sehr groß und gar nicht so teuer. Vielleicht können wir das, was Sie mir letztens von Ihrem Modell erklärt haben, auch mit einer Brüsseler Firma durchziehen?« »Ich werde das durchrechnen und die entsprechenden Steuergesetze vom Steuerberater prüfen lassen. Aber ich danke Ihnen zunächst einmal. Wir sehen uns spätestens nächste Woche. Wir sind interessiert.«

Brüssel, das wäre ja was, vielleicht sollte man das Projekt ernsthaft abchecken. Das könnte der Grundstock für das erste eigene Geschäft mit eigener Gesellschaft werden. Er hatte schon manchmal an Brüssel gedacht. Brüssel – gar nicht weit weg, aber Ausland. Das müßte ein Renner werden, dachte Erlemann.

Doch die tägliche Routinearbeit blockierte ihn von früh bis spät. Er selbst tätigte ja auch Direktabschlüsse. Zum einen brachte ihm das die übliche Beraterprovision zusätzlich zum Gewinn der Firma mit Amann.

Zum anderen verkaufte er gerne. Es machte ihm Spaß, bei den Leuten zu sitzen, die ihn voller Mißtrauen betrachteten. Es machte ihm Spaß, die Argumente mit ihnen zu diskutieren, zu verzögern, zu beschleunigen, auf den Abschluß zuzusteuern. Er sprach mit leiser und mit lauter Stimme, er konnte auch heftig werden, um die Leute auf den Punkt zu bringen. Wenn er ein Haus verließ, den Vertrag in der Tasche, fühlte er sich voller Energie, als käme er frisch aus der Sauna oder habe soeben ein spannendes Tennismatch gewonnen. »Es gibt eben keinen Ersatz für Erfolg«, dachte er.

Einen Tag vor Weihnachten saßen Erlemann und Amann erschöpft in ihrem Büro. »Ich weiß gar nicht, wo das noch hinführt«, sagte Amann. »Wir ackern und ackern, und das Geld kommt. Es ist mir beinahe unheimlich. Wir haben eine Goldader angebohrt, und sie hört nicht auf zu strömen.«

»Nun mal langsam, natürlich kann was passieren. Was glaubst du, was geschieht, wenn die Baupreise steigen, wenn die Grundstückspreise steigen, wenn die Bauunternehmer teurer werden, die dir jetzt noch, nach der Flaute, alles, was du willst, preiswert hinstellen. Wird das anders, kommen wir mit unserem Modell nicht mehr hin. Und wenn dann noch die Hypothekenzinsen steigen, reichen die Mieteinnahmen nicht mehr aus, um Zins und Tilgung zu bezahlen. Du weißt, wie knapp das jetzt schon ist. Ich glaube wirklich, die Billigzins-Phase mit $5\frac{1}{2}$ % jährlich ist demnächst passé.«

Amann grübelte. »Die Miete reicht schon jetzt nicht mehr ganz, wir müssen bereits die Folgesteuervorteile aus Abschreibung und Kreditzinsen einrechnen.« Erlemann schien nachdenklich. »Das ist jetzt nicht unser Problem. Noch nicht.« »Vielleicht doch.« Amann fischte einen Zettel aus dem Wust der Papiere vom Schreibtisch und reichte ihn seinem Freund hinüber.

»Was ist das?«

»Lochner hat angerufen, einer unserer Anlageberater aus Norddeutschland. Hier sind Adresse und Telefonnummer eines gewissen Heinrich Knicke. Er ist Architekt in Wolfsburg, reich geworden mit Aufkauf von Trümmergrundstücken nach dem Krieg. Angeblich ein großer Fisch. Aber noch unschlüssig, wir dachten, du könntest vielleicht mal . . .?«

Erlemann nickte. »Ich werde ihn morgen anrufen und zwischen den Tagen hinfahren. Sicher hat er es eilig, nächste Woche ist Silvester.«

Als Jochem Erlemann am nächsten Morgen die Wolfsburger Telefonnummer wählte, wußte er bereits nach dem ersten Satz, wo er diesen, den Heiligen Abend, verbringen würde. »Meine Steuern . . . Kommen Sie! Kommen Sie heute noch.«

Gegen 15 Uhr betrat er zusammen mit Heinz Lochner die alte Jugendstilvilla des Architekten. Heinrich Knicke bat sie ins Wohnzimmer, ließ sich in einen Stuhl fallen, bot den beiden an, ihm gegenüber Platz zu nehmen, und rief nach seiner Frau. »Bring uns bitte eine große Kanne Kaffee.« Und zu Erlemann und Lochner gewandt: »Es ist Weihnachten, wir wollen übermorgen für zwei Wochen zu unserer Tochter fahren. Wir verbringen seit 30 Jahren fast jedes Weihnachten zu zweit. Es sind schöne Erinnerungen für uns. Bitte«, wandte er sich nochmals an seine Frau, »mach uns ein paar Brote. Und nun zu Ihnen. Herr La . . . Lo . . .«

»Lochner«, half Lochner ihm nach.

»Ja, Lochner. Sie haben mir Ihr Steuersparmodell kurz am Telefon erklärt. Können Sie das ausführen?« Erlemann stoppte Lochner mit einer Handbewegung und holte selbst aus. Seiner routinierten Rede hielt Knicke nur fünfzehn Minuten stand, dann winkte er ab. »Gut, das reicht, ich verstehe.« Er öffnete ein kleines Notizbuch, sah lange hinein, nahm einen Bleistift zur Hand und sagte: »Im Durchschnitt pro Wohnung 50 000 Mark Werbungskosten, also 50 000 Mark zum Absetzen, ich nehme neun.«

»Wie bitte?« Erlemann glaubte, sich verhört zu haben. »Sie meinen neun Einheiten?«

»Ja, neun Wohnungen.«

»Bitte, Herr Lochner, füllen Sie die Verträge aus.« Lochner kramte in seiner Aktenmappe, brachte die Vertragsunterlagen zum Vorschein und begann sie auszufüllen. Währenddessen herrschte Schweigen. Knicke starrte unbewegt in sein Notizbuch, kritzelte Zahlen, aber noch bevor Lochner die erste Seite ausgefüllt hatte, unterbrach er ihn mit einer barschen Handbewegung. »Nein, warten Sie, das ist noch zuwenig, achtzehn Wohnungen.«

Knickes Frau erschien, brachte zum zweiten Mal Kaffee und bot den Herren Gebäck an. Erlemann zog die Nase kraus und schnupperte. Irgend etwas roch in diesem Haus, roch sehr gut, aber nicht nach Gebäck. Jetzt wußte er es, Gänsebraten oder Puter, irgendein Vogel steckte in der Bratröhre. Wenn wir lange genug hierbleiben, hoffte er, werden wir vielleicht doch noch einen Touch von Heiligabend erleben. Der Duft blieb, Knickes Unentschlossenheit ebenfalls. Lochner hatte den Vertrag bis auf die Datierung fertig gemacht, als Knicke erneut eingriff. »Nein, das reicht nicht, noch zwei Wohnungen.«

Lochner sah zu Erlemann und der zu Knicke. »Herr Knicke, wollen Sie mir nicht sagen, wieviel Geld Sie wegdrücken müssen? Dann können wir uns vielleicht auf die richtige Anzahl von Wohnungen einigen.«

Mürrisch, fast mißtrauisch, blickte Knicke über den Rand des kleinen Büchleins auf die beiden Männer, dann ließ er es sinken und sagte: »Knapp eine Million, genauer gesagt 901 481,75 DM.« »Reden Sie von Ihrem Einkommen oder von Ihren Steuern?« »Von meinen Steuern. Ich muß fast eine Million Steuern zahlen.« Erlemann nickte und kalkulierte: 900 000 Mark Steuern. Also zahlt Knicke den höchsten Steuersatz. Folglich hat er 1,6 Millionen Mark Gewinn gemacht. Den muß er versteuern. Mit 57 %. Macht 900 000 DM Steuern. »Herr Knicke«, fuhr Erlemann fort, »wollen Sie wirklich auf null Mark Steuern kommen? Bedenken Sie, je mehr Sie zeichnen, desto niedriger werden Ihre Steuerprozente. Für die letzte Wohnung ist Ihre Steuerersparnis sehr gering, fast null. Das ist – wie gesagt – wegen der sinkenden Steuerprogression.«

»Ich sehe das anders, lieber Herr Erlemann«, sagte Knicke fast belehrend, »ich sehe den Durchschnittssatz. Der reicht mir. Ich will auf null.«

»Das heißt, Sie wollen Bauherr von 32 Wohnungen werden, Herr Knicke. Denn 32 x 50 000 Mark sind 1,6 Millionen, die dann Ihren Gewinn von 1,6 Millionen auf null herunterdrücken. Es ist Ihre Entscheidung«, sagte Erlemann und begann ruhig zu schreiben, als kämen derartige Anträge täglich vor. »Also, zweiunddreißig Wohnungen.« In diesem Moment öffnete sich die Wohnzimmertür, und Frau Knicke steckte verschreckt den Kopf herein. »Heinrich, laß das doch, du hast doch schon genug.« Offenbar hatte sie die Zahl 32 gehört. »Geh du in die Küche«, rief Knicke, »und überlaß die Finanzen mir.« Dann bestimmte er: »Also gut, zweiunddreißig.«

Während Lochner schrieb und schrieb, dachte Erlemann: »Wie gleichgültig man wird. Wenn er nur 31 gezeichnet und uns dafür den Gänsebraten angeboten hätte, hätte ich sofort auf die zweiunddreißigste verzichtet.«

Als er spät in der Nacht nach Hause kam, hatte seine Frau ihm vom

Gänsebraten eine Keule aufbewahrt. Voller Dankbarkeit dachte er: »Ich muß in den nächsten Tagen mehr für meine Familie dasein.«

Das war leichter gesagt, als getan. Erlemanns Ziel fürs nächste Jahr hieß: Ganz selbständig werden. Das bedeutete: Trennung von Amann und Aufteilung der Geschäfte; Amann macht Inland, Erlemann das Ausland. Er hatte bereits vor Weihnachten mit seinem Freund darüber gesprochen. Beide saßen sich beim Essen im »Marienbildchen« in Köln-Braunsfeld gegenüber. Thema war das Brüsseler Geschäft. Das Projekt war ins Gigantische gewachsen, und so hatten sie sich mehrere Mitgesellschafter gesucht, unter ihnen den bekannten Kölner Architekten Peter Neuffert. Wie aus heiterem Himmel, zwischen Parmaschinken, Steuervorteil und Markklößchensuppe, sagte Jochem Erlemann mit ernstem Gesicht: »Jürgen, ich muß was mit dir besprechen, es ist für mich persönlich sehr wichtig.« »Wichtig? Gibt es was Wichtigeres als Geschäfte?« Amann lachte.

»Es geht ums Geschäft. Aber auch um unsere Freundschaft.« »Zweifelst du daran?« fragte Amann ironisch.

Erlemann schüttelte den Kopf. »Du mußt nicht alles ins Lächerliche ziehen. Ich will über was Persönliches mit dir reden.«

Amann schob den Vorspeisenteller weit von sich, lehnte sich zurück, faltete nachdenklich die Serviette, die auf seinem Schoß gelegen hatte, und sagte: »Du willst raus aus unserem Laden. Du willst alleine arbeiten. Stimmt's?«

Erlemann, der bereits zu einer langen Rede angesetzt hatte, stockte. »Du weißt . . .?«

»Ja. Ich merk's dir an, seit Monaten. Du bist unruhig, es befriedigt dich nicht mehr, Pakete zu schnüren, zu verkaufen, Anlageberater zu schulen, auf die Objekte anzusetzen, dabei immer noch Rücksicht auf mich und die anderen Gesellschafter nehmen zu müssen. Manchmal habe ich den Eindruck, du fühlst dich wie ein Formel-Eins-Pilot unter Sonntagsfahrern.«

Der Vergleich ist nicht schlecht, dachte Erlemann, doch er sagte das nicht.

»Vergiß eines nicht, Jochem! Auch die Sonntagsfahrer kommen ans Ziel, wenn auch nicht so schnell. Also, was hast du dir gedacht?«

Der Kellner brachte die Suppentassen. Beide Männer fingen an zu löffeln und nutzten die Gelegenheit, miteinander zu reden, ohne sich dabei ansehen zu müssen. »Ich habe das Brüssel-Objekt angekurbelt und möchte es für meine eigene Firma gerne mitnehmen. Bei dir laufen all die anderen Sachen, und sie laufen gut. Da gäb's für dich keine Probleme. Es tut mir leid, Jürgen, wegzugehen, aber du hast es richtig beschrieben: Ich kann nicht anders. That's life. Danke, daß du mich aus dieser lebenslangweiligen Kaufhauskarriere geholt hast, noch bevor ich richtig eingestiegen bin. Du hattest recht, dies hier ist mein Leben. Tüfteln, planen, reisen, agieren. Ich werde nicht vergessen, daß wir Freunde sind.« »Wie ich dich kenne, wärst du nicht lange bei Horten geblieben. Wenn du nicht spätestens nach zwei Jahren Vorstandsvorsitzender gewesen wärst, hättest du sowieso die Platte geputzt. Ja, wir sind Freunde, und wir werden uns auch trennen wie Freunde. Weißt du schon, wie deine eigene Firma heißen soll?«

»Nein, noch nicht.« Erlemanns Antwort klang zögernd.

Natürlich wußte er es längst. Er fragte sich, warum er jetzt log. Er wollte wohl seinen Gedankenflug erst in die Tat umsetzen, bevor er ihn Amann präsentierte.

»Ich werde«, sagte Amann, »nach Durchsicht der Bücher den Wert der Firma ausrechnen lassen und dir ein Angebot für deine Anteile machen.«

Die Hauptgerichte wurden aufgetragen. Für Amann gab es Rehrücken, für Erlemann das gleiche vom Hammel.

»Hoffentlich ist das nicht symptomatisch?« spöttelte Amann und wies auf Erlemanns Teller.

»Wieso?« lachte Erlemann und gab den Scherz zurück. »Scheu wie ein Reh bist du nun gerade nicht.«

»Aber du manchmal stur wie ein Hammel. Hoffentlich nicht auch so blöd . . . Übrigens möchte ich, daß du Astrid mitnimmst.«

»Astrid? . . . Gut. Aber ich denke, wir sollten sie doch fragen . . .«

»Nein. Nimm sie mit.«

»Hat das damit zu tun, daß Astrid von Graebners Sekretärinnen Indiskretes erfahren hat?« argwöhnte Erlemann.

»Nein, darum geht es nicht. Das waren Wichtigtuereien, sonst nichts«, gab Jürgen Amann zurück. »Ich meine, sie ist deine Sekretärin in unserem Laden, sie soll deine bleiben, wenn du gehst.«

»Gut, ich sag's ihr«, antwortete Erlemann ein wenig unbehaglich, denn Astrid wußte bereits von seinen Plänen und hatte spontan gesagt: »Wenn Sie hier gehen, gehe ich mit.«

Amann legte das Besteck auf den Teller und lehnte sich zurück: »Im übrigen werden die Karten sowieso neu gemischt, Jochem. Du machst deine Firma auf, und ich arbeite mit Graebners Consulta zusammen.«

»Wie bitte?« Erlemann verschlug es die Sprache.

»Du weißt ja selbst, jeder von uns nutzt den geringsten Vorteil. Jeder von uns wartet auf den Fehler des anderen. Das ist Geschäft, das ist Konkurrenz. Das hat aber nichts damit zu tun, daß wir uns privat gut verstehen und seit einiger Zeit immer öfter zusammen sind. Demnächst bringen Graebner und ich gemeinsam ein Objekt auf den Markt. Und unsere Frauen haben vereinbart, daß wir im Winter zusammen zum Skilaufen fahren, nach Saas Fee in die Schweiz.«

Erlemann war sprachlos.

Der Mann, der das Rheinufer entlangschlenderte, dann den Theodor-Heuss-Ring hinaufschritt, hatte die Hände in die Manteltaschen vergraben und den Kragen hochgeschlagen. Es war kalt. Langsam ging er an den Häusern vorbei, bis zur Nummer 28. Er starrte auf das gelbe, sechsstöckige Gebäude. »Hier ist also eine Etage zu vergeben«, dachte er, »und es sieht verdammt gut aus. Zumindest von außen. Schöner großer Altbau. Jugendstil. Er ging zur Haustür, klingelte ein paarmal, aber es rührte sich nichts. Als er sich eben abwenden wollte, erreichte ihn ein Ruf. »Hallo, wo wollen Sie hin?« Ein älterer Mann stand hinter ihm und musterte Erlemann mißtrauisch. »Ich interessiere mich für die angebotene Wohnung.« Der Blick des Mannes wanderte von Erlemanns dunklem Kammgarnmantel auf die verblichenen Jeans und die Tennisschuhe. »Wir haben keine Wohnung zu vermieten.«

»Nicht? Aber im Hause ist doch eine Etage frei?«

»Erstens ist es keine Wohnung, sondern ein Büro, und zweitens ist sie nicht zu vermieten, sondern zu verkaufen.« Dabei ließ er den Blick nicht von Erlemanns Tennisschuhen. »Eben«, sagte Erlemann, »aber ich kann sie doch schlecht kaufen, bevor ich sie gesehen habe. Meinen Sie nicht?« Während er sprach, setzte er sein entwaffnendes Lächeln ein. »Hm.« Der Mann räusperte sich. »Einen Moment.« Er drängte an Erlemann vorbei und steckte seinen Schlüssel ins Schloß. »Treten Sie ein.«

Erlemann betrat den Flur. Eine breite Marmortreppe führte zum Fahrstuhlkasten. Bis über Kopfhöhe waren die Wände getäfelt, danach schlicht weiß gestrichen, die Decke hing voller filigraner Stuckarbeiten. »Der erste Stock«, schnarrte der Mann und ging die Treppe hinauf. Erlemann folgte ihm. Die dreiflügelige Etagentür aus Metall machte einen teuren Eindruck. Der Mann schloß auf, Erlemann trat in den großzügig bemessenen Flur. Von hier aus führten Türen in alle Zimmer. Fast 350 qm beste deutsche Maurerkunst, Parkettböden und Rauhfaser, dazu Fenster mit Holzsprossen, alles sehr gepflegt. Erlemann durchschritt die Räume sehr langsam. Zimmer für Zimmer begutachtete er. Die Geräusche hallten wie in einem Gewölbe. Der Hausmeister, oder wer auch immer der Mann sein mochte, war im Flur zurückgeblieben. Wer Erlemann kannte, spürte durch die Stille seine Gedankenarbeit. »Ja, das ist das Richtige.« Genau so stellte er sich seinen Firmensitz vor. »Aber kaufen? Normalerweise kaufen Profis nicht, entweder Bauherr bei Neubauten oder mieten«, sagte er sich selbst. Er, dessen Leben damit ausgefüllt war, anderen Menschen Immobilien zu vermitteln, wußte, daß mieten allezeit besser war, als Eigentum zu erwerben. Es gab eigentlich nur einen einzigen Grund, von diesem Geschäftsprinzip abzuweichen, und das war – Erlemann machte sich da nichts vor – das befriedigende Gefühl, Eigentümer zu sein statt Mieter.

Er betrat die Küche, fast so groß wie die anderen Räume. »Hier haben damals die Mägde gesessen und der Koch«, dachte er. »Man müßte sie teilen. Für eine Büroküche, in der nur Kaffee gekocht wird, ist sie zu groß.« Er sah ins Bad, dann in die separate Toilette. Im großen und ganzen war alles genauso, wie er es haben wollte. Dem Verkäufer waren Haus und Renovierung über den Kopf gewachsen, wußte Erlemann. Er hatte recherchiert. Er würde soviel bieten, wie die Hypothek betrug, die diese Wohnung belastete, auf keinen Fall wesentlich mehr. Er kannte die Forderung des Besitzers, sie lag erheblich höher, aber Erlemann war nicht gewillt, das zu bezahlen. Langsam schlenderte er in den Flur zurück. Der Hausmeister stand immer noch an der geöffneten Tür. Plötzlich wurde Erlemann die Stille bewußt, die im ganzen Hause herrschte. »Sagen Sie mal, ist das Parterre auch frei?«

»Nein, da ist eine Firma drin.«

»Aber es ist so ruhig hier.«

»Klar, heute ist Sonntag.«

Erlemann kaufte die Etage, übernahm die Hypothek und zahlte zusätzlich die Hälfte der Differenz zum Kaufpreis. Mit den Gläubigerbanken handelte er die Fälligkeitsdaten der einzelnen Hypotheken aus. Er hatte sich selbst einen Finanzplan zurechtgelegt. Der hing in erster Linie mit dem Erfolg des Brüssel-Projekts zusammen. Zwei Bauabschnitte waren bereits errichtet, jetzt stand das Terrassengebäude auf dem Programm. Es sollte innerhalb von drei Monaten plaziert sein, danach sollte ein dreiflügeliges Hochhaus mit 30 Etagen folgen. Zur Zeit gab es aber noch ein Problem: die Baugenehmigung.

Erlemann arbeitete an jenem Tag mit seinem Anwalt an dem Gesellschaftsvertrag für die Gründung einer Konzeptionsgesellschaft, als gegen 19 Uhr das Telefon klingelte. »Sicher meine Frau, die fragt, wann ich heute nach Hause komme.« Erlemann nahm den Hörer ab. Er erkannte die Stimme sofort, diesen besonderen Akzent. Es war sein Beauftragter Monsieur Callabaise. Erlemann ahnte Schlimmes, denn Callabaises bisherige Anrufe hatten meistens Hiobsbotschaften bedeutet. Auch diesmal kam der Mann aus Brüssel gleich zur Sache. »Morje«, sagte er, obwohl es Abend war. »Setzen Sie sich hin, Herr Erlemann, gleich kommt's.« »Ich sitze schon«, antwortete Erlemann und mußte grinsen über die Art, wie der Mann seine schlechten Nachrichten verteilte.

»Die Nicole hat's geschafft.«

»Wie bitte?« Aber noch während er fragte, wußte er, was der Anruf bedeutete. Nicole, das konnte nur Nicole Vian sein, die Bürgermeisterin. Und wenn Nicole es geschafft hatte, dann . . . Seine Stimmung schlug um.

»Los, erzählen Sie schon, Monsieur Callabaise!«

»Es hat heute eine der längsten Rathaussitzungen in der Geschichte gegeben. Die Nicole hat gesagt, sie steht nicht eher auf, bis die Sache, die ja nun seit Monaten hängt, so oder so vom Tisch ist.«

»Und sie hat es geschafft?«

Monsieur Callabaise lachte dröhnend. »Klar. Auch ein belgischer Ratsherr hat mal Hunger und Durst. Nach sechseinhalb Stunden haben sie ihren anfänglichen Widerstand aufgegeben und zugestimmt.« Er lachte immer weiter, bis er den Hörer aufgelegt hatte. Erlemann notierte für den nächsten Tag: Rosen für Nicole Vian. Das Jahr fing gut an.

Nicht so sehr für seinen Partner Jürgen Amann. Der saß in den »Walliser Stuben« in Saas Fee und grübelte vor sich hin. Das Wetter hatte sich nicht so entwickelt, wie gehofft. Es schneite stark, und wenn der Schneefall aussetzte, herrschte Nebel. An Skifahren war schon seit Tagen nicht zu denken. Amann, Graebner und die Ehefrauen hatten getan, was Skifahrer immer tun, wenn das Wetter schlecht ist: Sie hatten getrunken und erzählt. Auch an diesem Nachmittag. Amann sah aus dem Fenster, das Wetter klarte auf. Obwohl er noch vom Mittagessen einen vollen Bauch hatte und gegen die Kälte schon ein paar Grogs getrunken hatte, beschloß er, die Gelegenheit zu nutzen. »Will jemand mit auf die Piste?«

»Laß uns warten, ob das Wetter wirklich gut wird und morgen früh gemeinsam auf den Berg fahren«, schlug Graebners Frau vor.

»Nein. Ich muß jetzt raus.«

Amann erhob sich und ging auf sein Zimmer. Die bevorstehende Trennung von Erlemann beschäftigte ihn noch. Er lief die Hoteltreppe hinab, nahm seine Skier aus dem Ständer und trat durch die Glastür hinaus. Es war bereits nach drei Uhr nachmittags. In etwas mehr als einer Stunde würde es anfangen, dunkel zu werden. Amann stapfte durch die Kälte bis hin zum Schlepplift. »Wenigstens mal eine kleine Schußfahrt zum Aufwärmen.«

Es war kaum Betrieb auf den Pisten, die erste Schußfahrt schon nach dreieinhalb Minuten zu Ende. Er war nicht einmal richtig warm geworden dabei. Das Wetter war noch schlechter geworden. Entschlossen schnallte Amann die Skier wieder ab, legte sie über die Schulter und ging zurück zum Hotel. 700 000 Mark würde er Erlemann geben müssen. Das entsprach dem korrekt ausgerechneten Anteil an der Firma. Kein großes Problem für ihn. Zunächst würde er Erlemanns Anteil selbst übernehmen. Wenn's nötig war, fand er immer noch einen Partner. Er stellte die Skier in den Halter und stampfte mit den schweren Plastikstiefeln an den Füßen umständlich die Treppe hinauf in den ersten Stock, bis hin zur Tür seines Appartements. Wie üblich wollte er draußen seine Skistiefel abstreifen und auf Socken das Zimmer betreten, als ihn lautes Stimmengewirr irritierte. Graebner stritt mit seiner Frau über Amanns Frau. Was Amann durch die halboffene Tür zu hören bekam, ließ ihn erstarren. Er traute seinen Ohren nicht. Seine Frau und Erwin-Walter . . .?

Das konnte doch nicht wahr sein!

Aber es stimmte. Die Worte ließen keinen Zweifel an ihrem Liebesverhältnis.

Wie ein alter Mann trottete er auf der umlaufenden Veranda zurück, nahm nicht einmal wahr, daß in diesem Moment die Leuchtreklame neben ihm eingeschaltet wurde. Er ging hinunter in die Teutschlerstube, bestellte sich einen Whisky und dachte nach. Sein Kopf schwirrte. »Nie mehr Walliser Hof, nie mehr Graebner, nie mehr Heidi. Ach, Scheiße«, seufzte er. Er ahnte nicht, daß seine Frau 15 Jahre danach noch an Graebners Seite stehen würde.

»Die Caisse d'Epargne, unsere Sparkasse, gibt keinen Kredit.«

»Was?« Erlemann verstand kein Wort und das nicht nur wegen Monsieur Callabaises Dialekt. »Was bedeutet, uns fehlen 5 Millionen, weil die Kunden so schleppend zahlen«, rief er in den Hörer, »und warum zahlt die Bank nicht?«

»Hat nichts mit uns zu tun, die Bank hat durch königlichen Erlaß die Kreditpolitik geändert. Außerdem will man kein Objekt finanzieren, das vorher bei einer Konkurrenz-Bank war.«

»Wann sollten die zahlen?«

»Nächsten Montag.«

»Verdammt, und jetzt?«

»Das frage ich Sie. Der belgische Generalunternehmer will nächste Woche die Arbeit einstellen, wenn er kein Geld sieht.«

Erlemann überlegte fieberhaft. »Sagen Sie ihm, er soll weitermachen und mir drei . . .«, er blickte auf den Kalender, es war Dienstag, »nein, fünf Tage Zeit geben. Er bekommt sein Geld. Kriegen Sie das hin, Monsieur Callabaise?«

»Ich versuche es, ich glaube ja.«

Was tun? Nach einem Telefonrundruf versammelten sich drei Stunden später Mohn, Ziegler und Erlemann im Besprechungszimmer. Später kamen noch Erlemanns Baubetreuer hinzu – Diedenberg und Monsieur Callabaise. Diedenberg blätterte in einem Bündel Papier. »Hier«, er zog ein Schreiben hervor. »Eine Stadtsparkasse. Die ist grundsätzlich bereit zwischenzufinanzieren. Will wohl einsteigen.« »Warum wurde sie bisher nicht berücksichtigt?« fragte Ziegler. Erlemann machte eine abwehrende Handbewegung. »Sparkassen sind zu wenig flexibel, durch ihre kommunale Anbindung – Stadtrat, Bewilligungsausschuß und so weiter.«

»Wir haben nicht viel Auswahl.« Diedenberg hatte recht, das wußten alle. Erlemann überlegte. »Paßt auf, wir müssen einen Schnellschuß hinkriegen. Die Zeit ist knapp. Du«, er zeigte auf Diedenberg, »schickst ein Telex und fragst telefonisch gleich nach. Sie sollen, nein, sie müssen hierherkommen. Dann haben wir ein Heimspiel. Mach' einen Termin für Freitag. Wir müssen das Heft in der Hand behalten.«

Am Freitag derselben Woche, gegen 11 Uhr, erschienen von der Stadtsparkasse der Vorstand Grüsemann, ein langer dünner Mensch, mit unnatürlich blasser Hautfarbe, sowie der Justitiar Dr. Klatt, ein ruhiger, kleiner Mann. Erlemann und Co. hatten das Büro der Europäischen Treuhand auf den wichtigen Besuch eingestimmt:

Zusätzliche Bürokräfte mußten für Überfüllung sorgen. Doch der absolute Gag begann, als die Bankbeamten eintraten und ihre Mäntel in der Garderobe abgaben. Wie auf Kommando fing das Telexgerät an zu rattern, unaufhörlich, mit Meldungen, die keine waren. Grüsemann und Klatt waren beeindruckt. Sie wußten nicht, daß

Astrid, die gute K.K., am Vorabend den Fernschreiber mit endlosen Lochstreifen programmiert hatte.

Zwei Stunden später war Erlemann mit seinen Erläuterungen fertig, formulierte den Kreditantrag und übergab alle relevanten Dokumente. Grüsemann und Klatt steckten die Köpfe zusammen. »Das geht nicht«, meldete Dr. Klatt Bedenken an. »Sie wissen, wir sind eine öffentliche Sparkasse, da läuft alles etwas formaler, zumal wenn es um ein Darlehen in solcher Höhe geht.«

Erlemann erhob sich, als wolle er die Sitzung beenden, doch Grüsemann zog ihn am Ärmel und zwang ihn auf den Sitz zurück. In Grüsemanns Augen standen Zinsgier und Profilierungssucht. »Gut«, entschied er allein. »Vorbehaltlich der endgültigen Überprüfung der Dokumente kriegen Sie die fünf Millionen zur Überbrückung. Wir schicken Ihnen kurzfristig den Kreditvertrag.«

»Wann?«

»In zwei Wochen.«

Erlemann schüttelte den Kopf. »Das ist zu lange. Ich brauch die Zusage nächste Woche.«

Grüsemann schaute zu Klatt, der wich seinem Blick aus. Erlemann bot an: »Sie können unser Telefon oder den Fernschreiber benutzen.«

Grüsemann telefonierte.

Die Zusage kam tatsächlich in der darauffolgenden Woche, doch das Geld erst Wochen später. Erlemann fuhr inzwischen zum Generalunternehmer nach Brüssel, wo er gegen Vorlage der Kreditzusage erreichte, daß die Bauarbeiten erst einmal fortgesetzt wurden. Dennoch sollte Erlemann keine Freude an dem Kredit haben. Schon drei Monate später erhielt er ein Schreiben, in dem die Stadtsparkasse drohte, den Kredit zu kündigen. Der belgische Bauunternehmer wollte unter absichtlich falscher Auslegung des Bauvertrages die Arbeiten niederlegen und forderte drei Millionen Mark mehr. Erlemann konnte die Sparkasse zwar noch hinhalten, dann wurde es kritisch. Wieder saß der Brainstorm im Erlemann-Büro.

»Nach dem Theater mit der Stadtsparkasse können wir Deutsche Banken vergessen. Das ist bei allen Banken rund. Wir brauchen einen privaten Geldgeber, der mit Geld und Sicherheiten die Stadtsparkasse bei der Stange hält.«

»Knicke«, rief Erlemann, »das ist der einzige, der das sofort könnte.«

Sie verabredeten sich in einem Zimmer des Interconti-Hotels. Erlemann kam mit allen Beratern. Architekt Knicke erschien im alten Anzug. Unterm Arm klemmte eine abgewetzte Aktentasche der Marke Spaltleder, Modell 1946, mit Schnappschloß und Rundumriemen. Bis tief in die Nacht wurde verhandelt. Knicke unterbrach um 20 Uhr 15 ohne jede Ankündigung die Erörterungen, drehte seinen Hotelstuhl um, schaltete das Fernsehgerät ein und sah sich ungerührt und wortlos das Fußball-Länderspiel Deutschland gegen Holland an.

Anschließend stimmte er in der für ihn typischen Art und Weise zu. Er nickte einfach. Das bedeutete Sofortzahlung von 290 000 Mark und persönliche Bürgschaft gegen Übertragung des gesamten Restgrundstücks.

Erlemann übertrug ihm außerdem seine eigenen 18 Wohnungen, die für ihn als Gewinnanteil vorgesehen waren. »Ein teurer Preis für den guten Ruf«, dachte Erlemann, »aber lieber keine Wohnungen als einen satten Konkurs. Die Zukunft zählt.« Außerdem hatte er ja die Vertriebsprovision.

Die 290 000 Mark Zinsen, die die Stadtsparkasse verlangte, sollte Erlemanns Chauffeur Walter von Ley in Empfang nehmen. Er wurde von Knicke für den nächsten Morgen um 7 Uhr an eine Wurstbude bestellt, direkt neben einem alten Trümmergrundstück nahe der Stadtsparkasse.

Im Schatten der Bude öffnete Knicke die Tasche. In vergilbtes Zeitungspapier eingewickelt, lagen Bündel von Tausendmarkscheinen.

Eine Stunde später erschien Erlemann in der Stadtsparkasse. Grüsemann und Klatt hatten nicht mehr mit ihm gerechnet und bereits die endgültige Kreditkündigung wegen nicht bezahlter Zinsen formuliert. Erlemann kippte genüßlich den Inhalt seiner Tasche auf den Schreibtisch. Die beiden Bankbeamten verzogen die Gesichter. Grüsemann wickelte ein Geldbündel aus und strich die Zeitung glatt. »Nitribits Mörder verhaftet?« lautete die Schlagzeile, und Klatt sagte überrascht: »Die ist ja von 1957!« »Da sehen Sie mal«, konterte Erlemann, »wie lange Geld sich frisch hält.«

Aber dann »brummte« das Projekt. Acht Wochen später waren

sämtliche Wohnungen plaziert. »Ausverkauft«, hieß eine Anzeige in der Frankfurter Allgemeinen.

Erlemanns persönlicher Erfolg kam morgens mit der Post im blauen Umschlag. Er öffnete ihn und zog mit spitzen Fingern seinen Kontoauszug hervor. Da stand es unter H wie Haben: Überweisung DM 1 244 500,–. Er hatte in 6 Monaten über eine Million verdient. »Aber jetzt muß das Geld unters Volk. Sonst komme ich noch in Versuchung, mich auf meinen Lorbeeren auszuruhen!«

Die beiden, die da ins Gespräch vertieft durch den Kölner Vorort Hahnwald spazierten, waren Vater und Sohn.

Dr. Edmund Erlemann hatte sich zunächst über den Wunsch seines Sohnes gewundert, mit ihm spazierenzugehen, war dann aber gerne darauf eingegangen.

Er hatte sich in Düsseldorf ins Auto gesetzt und war nach Köln gefahren. Düsseldorf war die Stadt des Dr. Edmund Erlemann, obwohl er aus Trier stammte. Seine Vorfahren hatten dort ihr Brot als Fährleute verdient, die die Leute über Mosel und Saar hinwegsetzten.

Edmunds Vater Gustav, Jochems Großvater, war der erste in der Familie, der aus der Art schlug. Der Max-Bruch-Schüler hatte als Komponist und Kirchenmusiker dafür gesorgt, daß in Deutschlands Diözesen einheitlich gesungen wurde. Darüber hinaus hatte er ein umfangreiches Orgelwerk komponiert und wurde vom Papst zum »Ritter des Heiligen Grabes« geschlagen. Als entsprechend hohe Persönlichkeit wurde er nach seinem Tod auf dem Domfriedhof zu Trier beigesetzt. Nach ihm wurde in Trier eine Straße benannt, die »Gustav-Erlemann-Straße«.

Sohn Edmund, Jochems Vater, war Jurist. Er hatte vor dem Krieg als Syndikus der Braunschweiger Mühlenindustrie gearbeitet. Nach dem Krieg machte er das Steuerberaterexamen. Jahre später gelang ihm der Coup seines Lebens: Neben seinem Partner Dr. Willi Kronen aus Krefeld wurde er mit 50 % Gesellschafter und Geschäftsführer der Düsseldorfer Modemesse, abgekürzt und bekannt unter dem Namen IGEDO. Viermal pro Jahr fanden diese Modemessen statt und machten Düsseldorf zur deutschen Modestadt Nummer 1. Die IGEDO wurde zum größten Modemarkt der Welt.

Für die Schlenker, die Sohn Jochem während des Studiums gemacht hatte, München – Hamburg – Köln, zeigte Vater Erlemann Verständnis. Edmund wußte, daß der Umzug des Studenten Erlemann von München nach Köln weniger des Studiums als der Liebe wegen stattgefunden hatte. Diese Liebe war der Grund gewesen, daß Jochem Erlemann bei den ersten Klausuren über Statistik und Finanzmathematik glatt durchgefallen war. Die Rackerei in der Kofferabteilung des Kaufhauses hatte Vater Edmund mit schmunzelndem Wohlwollen betrachtet. Natürlich wäre er im Ernstfall bereit gewesen, für Sohn, Schwiegertochter und die Enkel ein paar Mark mehr zu überweisen. Die Art, wie Jochem reagierte – »Danke, das schaff' ich selbst« – hatte ihm gefallen.

Den Einstieg ins Anlagegeschäft, ins Steuersparsgeschäft, wiederum betrachtete Edmund Erlemann mit Skepsis. Als Steuerberater kannte er das deutsche Steuergesetz ebenso wie die Möglichkeiten, sie auszuschöpfen. Keiner wußte besser als er – aus langjähriger Erfahrung –, daß nicht alles, was moralisch bedenklich war, auch rechtlich erfaßt wurde. Steuermoral hatte kaum einer der großen Steuerzahler. Besonders reiche Konservative sowie der wohlhabende Mittelstand, der am lautesten nach einem starken Staat rief, waren am wenigsten bereit, ihn auch zu finanzieren.

Zwei- bis dreimal hatte Edmund Erlemann versucht, sich einzumischen, seinem Sohn Ratschläge zu geben. Doch dessen Vermarktungsideen für Objekte, die mit Staatshilfe zu Steuerersparnissen führten, waren die besten. Seine Steuer- und Rechtsberater waren führend in ihrem Metier. Er merkte, sein Sohn war perfekt organisiert im Dschungel der Steuerspar-Objekte. Daher wunderte es Erlemann senior, zu diesem Spaziergang eingeladen zu sein. Seine Fachkenntnisse waren sicher nicht gefragt. Ob Jochem Geld brauchte?

Edmund schloß das Auto ab, das er am Waldparkplatz abgestellt hatte, und trat zu seinem Sohn, der ihn erwartete. Jochem fragte nicht nach Geld. Die beiden Männer schlenderten durch eine Gegend, die davon lebt, daß irgendein Prominenter als erster sein Haus dort baut und alle anderen nachziehen.

»Wie geht's den Kindern?«

»Gut«, sagte Jochem.

»Und deiner Frau?« Edmunds Stimme klang besorgt. Er selbst war seit dem Krieg geschieden und kannte seinen Sohn. Er wußte, wie schwierig es war, mit einem Erlemann zusammenzuleben, für den Arbeit nicht nur lästige Nebensache ist.

»Hm, gut.«

Edmund schüttelte den Kopf, glaubte nicht ganz daran, aber er wollte das Gespräch nicht auf Ehebeziehungen bringen, die ihn, wie er meinte, nichts angingen, es sei denn, sie wurden an ihn herangetragen.

»Schau mal!« Jochem Erlemann war stehengeblieben und zeigte zwischen zwei Holunderbüschen auf ein Haus im Landhaus-Stil mit einem friesischen Walmdach aus Schiefer. Es war ein gewaltiges Haus, mitten in einem Park voller Laubbäume mit einem breiten Privatweg zu den Garagen. Edmund Erlemann trat einen Schritt näher, beugte sich nieder und spähte ebenfalls zwischen den Zweigen hindurch. »Ja, sehr schön.«

»So was möchte ich haben«, sagte Jochem Erlemann voller Begeisterung.

»Das kann ich mir vorstellen«, antwortete der Vater. »In zehn Jahren, wenn es so weitergeht, kannst du an so was denken. Aber jetzt ist das alles noch zu früh. Trotzdem, ich gebe zu, du hast einen verdammt guten Geschmack.«

»Ich möcht's mir mal ansehen.« Jochem Erlemann setzte einen Fuß auf die niedrige Mauer, und schon stand er mitten im Gebüsch. »Komm!« Er winkte seinem Vater zu.

»Aber Jochem!« Der alte Erlemann entrüstete sich. »Du kannst doch nicht einfach ein fremdes Grundstück betreten.«

»Ach komm schon, ist doch niemand da.«

Erlemann fragte sich, warum er seinem Sohn folgte, obwohl ihm die Art, wie der von dem fremden Grundstück Besitz ergriff, zutiefst widerstrebte. Jochem durchschritt die Buschreihe und stand auf dem Weg, der zum Haus führte. Er wartete, bis sein Vater neben ihm stand, und eilte auf das Gebäude zu. Edmund folgte zögernd. »Jochem!« Nochmals versuchte er, seinen Sohn aufzuhalten. Der winkte ungeduldig ab. Nun standen sie vor der Einfahrt zwischen Garage und Haustür. »Phantastisch!« mußte der Vater zugeben. Jochem strahlte: »Komm, wir gehen mal rum. Keiner da.«

»Wir bleiben hier.« Edmund versuchte, sich durchzusetzen. Aber sein Sohn hörte nicht auf ihn. Er verschwand aus seinem Blickwinkel und tauchte erst Minuten später wieder auf, nachdem er das Haus umrundet hatte. »Komm!« Er winkte dem Vater zu, griff in die Manteltasche, brachte einen Schlüssel zum Vorschein und schob ihn ins Schloß. Er probierte ein wenig hin und her, dann ließ sich der Schlüssel zweimal drehen, die Tür ging auf.

»Jochem, was machst du da? Woher hast du den Schlüssel?«

Erlemann junior drückte die Tür ganz auf, Licht ging an. Er winkte seinem Vater, der noch immer vor der Haustür zögerte. »Komm rein! Ich habe das Haus gekauft.«

Natürlich gefiel Erlemanns Frau Gabi das Haus, natürlich gefiel ihr die Möglichkeit, in Zukunft Personal zu haben und besser mit Haushalt und Kindern fertig zu werden. Natürlich gefiel ihr die Gegend. Natürlich gefiel ihr das große Grundstück, auf dem die Kinder ohne Aufsicht spielen konnten. Natürlich gefiel es ihr, daß ihr Mann mit ihr, clever wie er war, den Hauskauf im Rahmen der Gesellschaft bürgerlichen Rechts abwickelte, in dem sowohl sie als auch Jochem zu 50 % beteiligt waren. Natürlich zum Steuersparen.

Das einzige, was sie störte, war die plötzliche Umstellung auf ganz neue Verhältnisse. Ein kleineres Haus hätte sie eigentlich bevorzugt. Aber sie konnte den Höhenflug ihres Jochem nicht mehr bremsen.

Die Villa gehörte vorher dem damaligen Klöckner-Humboldt-Deutz-Vorstand Baumhoff. Erlemann hatte von der Veräußerungsabsicht des KHD-Mannes Wind bekommen, und Baumhoff hatte ihm die Villa gezeigt. Der auf die Schnelle ausgehandelte Kaufpreis von neunhunderttausend Mark war für diesen Traum keineswegs zuviel. Einige Jahre später, als das Haus verkauft werden mußte, brachte es 2,1 Millionen. Viel Geld – das an die späteren Gläubiger floß.

Das Brüssel-Objekt war ja ertragreich verlaufen. Nach und nach hatten Erlemann und seine Anlegergruppen auch die letzte Einheit verkauft – aber die Rendite der Initiatoren war immer geringer geworden.

Auch in Belgien waren die Baupreise explodiert, und die Kreditzinsen hatten sich verdoppelt. Da mit Festpreisen geworben worden war, notariell beglaubigt, mußten Erlemann und Co. die Teuerung mit ihrer Gewinnspanne auffangen. Erlemann hatte zwar 18 Eigentumswohnungen verloren und sein Engagement übertragen, aber am Verkauf der Wohnungen eineinviertel Millionen verdient.

Dennoch suchte er ständig neue Wege, Objekte mit Steuervorteil zu verkaufen.

Seine Prognose, daß die Kölner Modelle wegen Steigerung der Kosten im Baugewerbe den Anlegern bald über den Kopf wachsen müßten, wenn sie erst auf den Hypotheken-Bergen saßen, schien sich langsam zu bewahrheiten.

Vorher schnürten er und die Partner in seiner Firma, Diplom-Ingenieur Willi Flammenberger und Diplom-Kaufmann Wolfgang Diedenberg, noch schnell ein kleines Auslandspaket: »Voilà Paris«. Das Wohnhaus in Villemomble, am Stadtrand der französischen Metropole, war ein Objekt mit nur 30 Einheiten. In 72 Stunden ununterbrochener, konzentrierter Arbeit entwarf Erlemann einen der in seiner Branche hochgerühmten Verkaufsprospekte.

Den Verkauf übernahm Vertriebschef Diedenberg.

Schwierig war es nicht zuletzt, weil im Ausland die Steuervorteile geringer waren, als er sie gerne seinen Kunden in Deutschland anbot. Bei Auslandsinvestitionen nach dem »Kölner Modell« ergab sich lediglich der Vorteil aus dem sogenannten »negativen Progressionsvorbehalt«, d. h. im Ausland entstandene Werbungskosten waren nicht direkt abzusetzen, sondern minderten höchstens den Prozentsatz der Steuerlast. Mit anderen Worten, die Steuerersparnis war null, wenn der Kostenblock nicht ausreichte, den Steuersatz zu senken. Dies galt vor allem für Großverdiener, die trotz dieser »Verluste« nicht unter die Höchstbesteuerung von 57 % fielen. Aber Erlemann mußte höhere Steuervorteile verkaufen. Das war es, was die Anleger wollten. Die zahllosen Anfragen sprachen eine deutliche Sprache. Es mußten hohe Steuerverluste her, wollte er mit der Konkurrenz mithalten. Er wußte natürlich die Rangliste des CAPITAL-Magazins auswendig: »Die Großen der Steuersparbranche«:

1. Consulta, Köln (Erwin-Walter Graebner)
2. IFV, Köln (Dr. Dieter Quast, Dr. Than)
3. Dr. Rüger-Gruppe, Köln (Dr. Renatus Rüger)
4. Dr. Amann, Köln (Dr. Jürgen Amann)
5. Europäische Treuhand, Köln (Dr Jochem Erlemann)

»Ich bin nur die Nummer fünf«, grollte Erlemann, »das muß anders werden!«

Längst war die Konkurrenz mit Steuervorteilen von über 200 % und mehr auf dem Markt. »Mir laufen ja die Kunden weg, wenn ich nicht mitziehe«, erkannte Erlemann und beschloß, künftig Objekte mit über 200 % Steuervorteil zu bringen. Das ist der Schlüssel zum Erfolg, das ist es, was die Kunden von mir erwarten, dachte er, dann ist bei 50 % Steuern die Ersparnis genau so hoch oder höher als das angelegte Eigenkapital. Vermögensbildung aus eingesparter Steuer – das war die Formel!

Erlemann traf seine Unternehmerentscheidungen auf dem sicheren Boden gültigen Steuerrechts, steuermoralische Bedenken waren fehl am Platz, der Bundesfinanzhof stimmte ihm schließlich mit seiner neuesten Baupaten-Rechtsprechung zu: »Das Streben nach hohen Steuervorteilen ist Gewinnerzielungsabsicht genug.«

»Ja«, sagte sich Erlemann, »das Gesetz ist der Weg. Ob deine Objekte nun volkswirtschaftlich wertvoll oder unsinnig sind, ist nicht die Frage. Entscheidend ist, was im Gesetz steht!«

Erlemann verabredete sich mit seinen Beratern Dr. Ziegler und Dr. Mohn, nicht wie üblich in der ET, sondern in einem Restaurant am Rheinufer, im »Gasthaus zum Treppchen«. Hier führte er seine Gäste ins leere Obergeschoß. Er verbat sich jede Einmischung – auch der Kellner war unwillkommen – und gab seine Entscheidung bekannt. Die drei Männer steckten die Köpfe zusammen. Es wurden Notizen gemacht und in den Papierkorb geworfen. Es wurden Gedanken aufgegriffen und im nächsten Moment fallengelassen, bis Dr. Mohn plötzlich sagte: »Paragraph 6 Absatz 2 Einkommensteuergesetz.«

Ziegler und Erlemann schauten ihn gespannt an.

»Es geht um die geringwertigen Wirtschaftsgüter«, fuhr Mohn fort. Als Steuerberater wußte er, wovon er sprach. »Anschaffungen bis zu 800 Mark können wie die Benzinquittung eines Handelsvertreters direkt in die Kosten gehen, sie brauchen in der Bilanz nicht aktiviert zu werden. Stellen Sie sich vor, Sie kaufen eine Schreibmaschine für 800 Mark. 400 Mark nehmen Sie vom eigenen Geld und 400 Mark von der Bank als Kredit. Dann haben Sie 200 % Steuervorteil, Herr Erlemann, denn die sofort absetzbaren 800 Mark für die Schreibmaschine sind doppelt so hoch wie das Eigenkapital von 400 Mark, macht 200 %. Dies bedeutet, daß das Finanzamt bei 50 % Steuern 400 Mark gutschreibt, also genau so viel wie das Eigenkapital. Ergebnis: Echter Eigenkapitaleinsatz null, das Finanzamt erstattet das Eigenkapital.«

Dr. Mohn lehnte sich zurück, lächelte in die Runde, er wußte, das neue Modell war geboren. Jetzt war Erlemanns Stunde gekommen, er dachte an seinen Freund aus Bad Kreuznach, Vice-President bei der größten Bierbrauerei der Welt: Anheuser Busch in St. Louis, USA. Die würden Millionen von Bierfässern haben.

Zur besseren Erklärung nahm Erlemann ein Stück Papier und malte zwei Kreise.

»Ich stelle mir zwei Gruppen von Anlegern vor. Die einen kaufen, na sagen wir mal für 10 Millionen Mark Bierfässer. Kaufpreis pro Faß unter 800 Mark. Wir können die Bierfässer als ›geringwertige Wirtschaftsgüter‹ sofort voll von der Steuer absetzen.

Die Bierfässer werden nicht bewegt, im Leaseback-Verfahren werden sie bei Kaufabschluß direkt an die Brauerei zurückvermietet, die dafür Miete bezahlt.

Die 10 Millionen bestehen aus 4 Millionen Eigenkapital und 6 Millionen Kredit, aber die gesamten 10 Millionen können sofort abgeschrieben werden. Das ergibt einen Steuervorteil von 250 %. Na, ist das was?«

Mohn nickte heftig, wieder lag ein Lächeln auf seinem Gesicht, Erlemann hatte ihn verstanden. Ziegler schwieg. Er wirkte betroffen. Er nahm Erlemann den Bleistift aus der Hand, zog das Blatt zu sich herüber und erklärte: »Sie wissen schon, Herr Erlemann, man könnte das fortführen . . .«

Erlemann lachte. »Ja, wie beim Menuett-Tanz. Hin und her – vortreten, zurücktreten. Aber das wollen Sie dem Finanzamt bitte nicht vorschlagen.«

»Das Menuett?« Dr. Mohns fragender Blick ging zwischen Erlemann und Ziegler hin und her. Erlemann griff wieder zu Bleistift und Papier, rückte näher zu Mohn hin und erklärte: »Dr. Ziegler hat das schon richtig begriffen. Wenn sich zwei Anlegergruppen die Fässer immer wieder gegenseitig hin- und herverkaufen, so ist das wie beim Menuett. Morgen kauft die erste Anlegergruppe und übermorgen die zweite. Auf deutsch gesagt . . .«, er blickte auf. Die beiden Männer vor ihm sagten aus einem Mund, als hätten sie es wie ein Gedicht auswendig gelernt: »Der Staat geht pleite.«

Dr. Mohn faßte sich als erster. »Das Menuett ist spätestens beim zweiten Tanz zu Ende, wir können froh sein, das einfache Menuett durchzukriegen. Alles andere ist Wahnsinn, Exzeß. Wir müssen, wenn wir die vorläufige Verlustbescheinigung beantragen, die Sache so klar fassen, daß die Leute vom Finanzamt gar nicht erst auf die Menuett-Idee verfallen.«

»Meine Herren«, Erlemann richtete sich auf, zerknäulte das Stück Papier mit der linken Hand, faltete es gleich darauf wieder auseinander, zerriß es in kleine Stücke, warf es in den Aschenbecher und zündete es an. »Glauben Sie, daß Sie bei unserem Finanzamt eine vorläufige Verlustzuweisung bekommen, die wir den Anlegern beim Verkauf der Bierfässer-Anteile vorlegen könnten?«

»Dieser Dr. Klotz hat uns ja schon mehrfach Schwierigkeiten gemacht. Ich denke, es wird nicht einfach sein. Aber ich bin sicher, er kommt nicht drum herum. Gesetz ist Gesetz.«

Dr. Mohn nickte.

»Also gut«, bekräftigte Erlemann, »verkaufen wir das Ganze als das Erlemann-Konzept mit 250 % Steuervorteil.«

Wenige Tage nach dem Gespräch marschierte Dr. Mohn ins Finanzamt. In der Mappe trug er ein Gutachten mit sich, das er von einer unabhängigen Wirtschaftsprüfungs- und Steuerberatungsgesellschaft hatte erstellen lassen. Die Herren waren nach ihrer ersten Verblüffung zum gleichen Ergebnis gekommen wie Erlemann auch. Diese Sache war steuerlich zulässig, das Finanzamt mußte anerkennen. Mohn war zufrieden, als er zwei Stunden später das Finanzamt verließ. Dem Sachbearbeiter war zwar beim Durchlesen der Konstruktion vor Überraschung die Kinnlade herabgefallen, aber die Argumentation der angesehenen Steuerkanzlei hatte ihn überzeugt. Nach kurzem Herumstöbern in den Steuergesetzen konnte er nur sagen: »So wie es aussieht, müßte das gehen.«

Mit einem Blick auf Mohns erfreutes Gesicht beeilte er sich aber hinzuzufügen: »Eine verbindliche Zusage kann jedoch nur, wie Sie wissen, schriftlich erfolgen. Ich muß das dem Vorsteher vorlegen, und das dauert schon einige Zeit, aber . . .« Wieder schüttelte der Sachbearbeiter den Kopf. »Ich sehe nach den geltenden Gesetzen eigentlich nichts, was dagegen spricht.«

Zurück im Büro der Europäischen Treuhand war Dr. Mohn mit Erlemann alleine. »Und?« fragte Erlemann.

Dr. Mohn nickte. »Mündliche Zusage.«

»Na denn«, strahlte Erlemann. »Machen Sie eine Notiz über die mündliche Zusage für unsere Akten, mit Datum, Uhrzeit und so weiter, und wir legen los!«

Unter dem Namen »Das Erlemann-Konzept« wurde das Bierfässer-Modell im Frühjahr 1974 über Inserate in der FAZ bundesweit vorgestellt und angeboten. Die gesamte deutsche Presse griff die Idee auf, es hagelte Berichte, die das Konzept zum Inhalt hatten. Bierfässer-Leasing mit Hilfe des Finanzamts.

Nieselregen und tiefhängende Wolken lagen über dem Rheinland, ein diesiges Wetter, wie es in der Kölner Bucht häufig herrscht. Auch das Gebäude des Finanzamts lag im Nebel. Es war spät abends und längst Feierabend. Dennoch schimmerten durch den Dunst ein paar trübe Lampen aus dem obersten Stockwerk.

Dr. Klotz und sein Vorgesetzter, der Vorsteher Dr. Brenner, sowie der Spezialist aus der OFD, Herr Stalinski, saßen sich gegenüber. Nicht nur die Köpfe rauchten. Alle drei Aschenbecher auf der großen Tischplatte liefen vor Kippen über. Sogar Kaffee- und Untertassen hatte man zu Aschenbechern degradiert. Die Kaffeekannen waren längst leer, und die Papierberge, die vor den Herren lagen, schienen so welk wie die Gesichter.

»Das können wir so nicht genehmigen«, sagte Dr. Brenner zum wiederholten Male. Stalinski führte den Satz fort.

»Aber wir müssen«, Stalinski stand auf und lief neben dem Konferenztisch hin und her. Die Jacke hatte er abgelegt. Den Schlips auch. Immer wieder mußte er seine Hose, während er sprach, in Position ziehen.

»Ich hab's Ihnen heute schon mehrfach gesagt, natürlich würde ich diesem Erlemann gern eins auswischen. Aber er kennt alle Schwachstellen. Was er macht, steht so im Gesetz.«

»Dann muß das Gesetz geändert werden«, mischte sich Klotz ein. »Ich habe dem Finanzministerium in Düsseldorf heute mittag bereits ein Telex geschickt, mit der Bitte, den Staatssekretär im Bundesfinanzministerium, Herrn Dr. Weber, über diese Konstruktion zu unterrichten. Es ist doch klar, wenn das Ding Schule macht, ist der Staat pleite. Und die Reichen sind noch reicher. Dann zahlen die Großverdiener nicht nur keine Steuern mehr, sondern zerren aus Bundes- und Länderkassen auch noch heraus, was die anderen Steuerzahler einzahlen. Da ist der Rubikon überschritten, das geht zu weit.«

»Ich stimme Ihnen ja zu. Nur, wie können wir das verhindern? Herr Dr. Mohn fordert uns im Interesse seiner Anleger auf, endlich zu entscheiden und die mündliche Genehmigung zu bestätigen. Und nach Lage der Dinge müssen wir das tun.«

»Richtig«, nickte Stalinski. »Soviel mir bekannt ist, hat Erlemann auf dieses Konzept schon einige Millionen eingesammelt. Innerhalb weniger Wochen!«

»Na klar, überzeugt doch jeden.«

»Und wissen Sie auch, wer in Erlemanns Aufsichtsrat sitzt?« stieß Klotz aus. »Kein Geringerer als Dr. Josef Augstein in Hannover, der Bruder des SPIEGEL-Herausgebers Augstein.« »Nicht einmal einen Winkeladvokaten hat er!« stöhnte Brenner. »Bei einem Geschäft, das den Staat Pleite machen kann, erwartet man illegale Hintergründe. Aber nein, hier ist alles offiziell. Hoch angesehene und gut beleumundete Menschen starten einen Frontalangriff auf unsere Taschen!« Der Finanzamtsleiter schien erst jetzt, nach Stunden, richtig durchzublicken.

»Das sag' ich bereits den ganzen Abend.« Klotz klappte den Mappendeckel zu.

»Also«, beschloß Brenner, »ich werde morgen früh mit dem Finanzminister telefonieren und auf Ihr Telex hinweisen. Ich versuche auch, Staatssekretär Dr. Böhme in Bonn zu bekommen, zumindest spreche ich in Bonn mit Ministerialdirektor Koch. Sie, Herr Stalinski, nehmen sich die ganze Sache noch einmal vor und suchen nach einem wunden Punkt. Und Sie, Herr Dr. Klotz, teilen diesem Erlemann mit, daß wir noch einige Tage brauchen, um über die Erteilung der Vorabbescheinigung zu entscheiden. Damit muß er sich zufriedengeben. Den erwischen wir schon noch! Gute Nacht, meine Herren.« Dr. Brenner rückte seinen Stuhl mit einer Hast zurück, daß er umfiel, und eilte aus dem Konferenzzimmer.

Dr. Klotz sammelte die Akten ein, stutzte kurz und sah seinen Kollegen an, der sich schnaufend gegen den Tisch lehnte. »Wissen Sie was, Herr Klotz?« Der sah zu Stalinski hinüber. »Im Grunde ist diese Erlemann-Gruppe für uns gar nicht so übel. Die machen uns nach und nach die Steuergesetze dicht. Erlemanns Berater finden die Schwachstellen, und wir schließen sie. In fünf Jahren ist Erlemann tot, und unsere Maschen haben keine Schlupflöcher mehr.

Wissen Sie, nichts gegen die steuerliche Förderung von Berlin, nichts gegen Zonenrand-Abschreibung, nichts gegen Steuervorteile beim Schiffbau, aber solche Exzesse wie das Ding mit den Bierfässern müssen aus der Steuerlandschaft verschwinden!«

»Das kann doch nicht wahr sein!« Erlemanns Hand zitterte, als er das Schriftstück auf den Tisch zurücklegte. Sein Vertriebschef Diedenberg nickte traurig. »Die haben uns ausgetrickst.«

»Und dieses Mal haben sie uns kein einziges Loch gelassen.«

»Aber das war zu erwarten«, meldete sich Dr. Ziegler zu Wort. »Wir haben doch schon bei der ersten Konstruktion so etwas befürchtet. Die sind nicht so dumm, wie sie sich manchmal geben.«

»Aber sie hätten uns die Vorabbescheinigung erteilen müssen. Der Erlaß des Finanzministers ist gestern ergangen. In Vorbereitung auf eine Gesetzesänderung durch den Bundestag. Es wird also eine Lex Erlemann gegen Erlemann geben. Aber wir haben nicht unrecht gehabt, bis gestern zumindest.«

»Davon redet niemand, aber das Geschäft ist tot. Die Konsequenz können Sie sich vorstellen.«

Diedenberg nahm das Schreiben des Finanzministeriums vom Tisch, das vor zwei Stunden von einem Boten zugestellt worden war. Es war der koordinierte Länder-Erlaß S 2180 – 21 VI 31a vom 13. 3. 1974.

»13. 3. 1974«, dachte Erlemann nachdenklich, »was für ein Tag!« An diesem Tag war sein Sohn Andreas acht Jahre alt geworden.

»Der Erlaß ist ein Hammer«, sagte Diedenberg und las laut vor: »Zur Frage, wie Abschreibungsgesellschaften steuerlich zu behandeln sind, die im großem Umfange bewegliche Wirtschaftsgüter des Anlagevermögens mit einem Anschaffungswert für das einzelne Wirtschaftsgut von nicht mehr als 800,– DM erwerben und diese in größerer Zahl, meist im Rahmen eines Finanzierungs-Leasing, vermieten, vertritt der Finanzminister im Einvernehmen mit dem Bundesminister der Finanzen und den Obersten Finanzbehörden der anderen Länder folgende Auffassung: Die Vorschrift des Paragraphen 6 Abs. 2 EStG dient nach ihrem Sinne und Zwecke der Vereinfachung. Mit diesem gesetzgeberischen Zweck ist die Inanspruchnahme der Bewertungsfreiheit nicht zu vereinbaren, wenn eine Leasing-Gesellschaft geringwertige Wirtschaftsgüter in großem Umfange kauft und an Leasing-Nehmer vermietet. Steuervorteile nach § 6 Abs. 2 EStG können in diesen Fällen nicht gewährt werden.«

»Klar«, schimpfte Erlemann, »die stellen auf die Sachgesamtheit ab, ein Bierfaß allein bringt wirtschaftlich keinen Nutzen, es fehlt also an der selbständigen Nutzungsfähigkeit. Eine Brauerei braucht immer mehr als ein Faß, Tausende, Zigtausende, vielleicht Hunderttausende von Bierfässern. Sie wird in den seltensten Fällen ein einzelnes Bierfaß ordern, um es dann abzusetzen, sondern einen Großauftrag erteilen. Bereits daraus ergibt sich die Sachgesamtheit. Scheiße!«

Erlemann war vom Schreibtisch aufgestanden, die linke Hand in der Tasche, in der rechten eine Zigarette, die nicht angezündet war. Trotzdem führte er sie von Zeit zu Zeit an den Mund und kaute mit den Zähnen auf dem Filter herum, während er erregt auf und ab lief. Im Laufen riß er sich die Krawatte vom Hals.

Die anderen Männer im Raum sagten kein Wort.

»Wir müssen die eingesammelten Gelder zurückzahlen.«

Dr. Mohn atmete tief ein und aus. »Das Zurückzahlen der Anteile wird kein großes Problem sein. Wir informieren Dr. Augstein und die Wirtschaftsprüfungsgesellschaft, die die Mittelverwendung kontrolliert. Aber was ist mit den Vertreterprovisionen, Anwaltshonoraren, Wirtschaftsprüfern, Gutachten und den Druckkosten für die Prospekte. Das sind anderthalb Millionen mindestens, oder auch zwei.« Er sah fragend auf Erlemanns Gesicht.

Der tat, als habe er nichts gehört. Er marschierte weiter hin und her. Die Zigarette zerbröselte in seiner Hand. Er trat zum Schreibtisch und holte sich eine neue. Diesmal zündete er sie an.

»Ja, ich weiß. Gehen Sie jetzt alle nach Hause. Bis morgen früh. Ich will alleine sein.«

Diedenberg trat dicht an Jochem Erlemann heran. »Mach keine Dummheiten, geh einen trinken. Laß uns morgen früh darüber sprechen.«

Erlemann schüttelte unwillig den Kopf. »Geh nur. Hau ab, los.«

Als alle fort waren, sackte Erlemann in seinen Bürosessel. Fahrig griff die Hand zum Telefon. Er wählte die Nummer seines Hauses.

»Gabriele Erlemann.«

»Ja, Mima.«

»Warum bist du noch nicht zu Hause? Ich habe gekocht. Du weißt doch.«

»Ja, ja, ich weiß. Ich habe Probleme.«

»Die hast du immer.« Das klang ironisch.

»Nein. Diesmal habe ich wirklich welche.«

»Kommst du zum Essen oder nicht?«

»Mensch, warum fragst du mich nicht, welche Probleme ich habe? Sonst sagst du immer, ich beziehe dich nicht ein. Jetzt heißt es nur: Wann kommst du zum Essen.«

Er legte den Hörer auf. Nach wenigen Sekunden schrillte das Telefon. Erlemann nahm ab.

»Es ist Ihre Frau«, sagte Astrid.

»Wieso sind Sie noch nicht weg?« fauchte Erlemann die Sekretärin an.

»Solange Sie noch da sind, bleibe ich auch.«

»Quatsch!« sagte er. Aber insgeheim tat ihm ihre Treue gut.

»Dann geben Sie mir meine Frau.«

»Jochem, es tut mir leid, aber sag solche Dinge nicht zu mir.«

»Ich sage solche Dinge und noch ganz andere Dinge, wenn es sein muß.«

»Was ist denn los?« unterbrach sie ihn.

»Es ist viel los oder eigentlich gar nichts. Sense, Feierabend. Wir sind pleite.«

»Was?«

»Das könnte bedeuten, daß wir aus unserem Haus ausziehen müssen.« Erlemann horchte in den Hörer. Er erwartete einen Protest oder ein Zeichen der Enttäuschung. Aber statt dessen kam nur ein ermutigendes: »Na, wenn schon. Ziehen wir halt wieder nach Ehrenfeld in die Mansarde. So schlecht war's da auch nicht. Es gibt Schlimmeres.«

Erlemann hielt den Hörer ein Stück von sich und betrachtete ihn wie einen fremden Gegenstand. Dann: »Also gut, ich komme bald.«

Erlemann saß im Fond seines Wagens und betrachtete nachdenklich die Landschaft. Sein Chauffeur hatte es längst aufgegeben, ein Pläuschchen mit seinem Chef zu halten, und achtete nur noch auf die Autobahn, über die sie mit großer Geschwindigkeit Richtung Belgien fuhren.

»Wir müssen um 12 in Brüssel sein«, hatte ihm Erlemann erklärt, als er am Morgen um halb 10 in die dunkelblaue 8-Zylinder-Limousine kletterte. Kurz zuvor hatte Erlemann vor versammelter Mannschaft erklärt: »Ihr seht hier zehn Flaschen Champagner, dort drüben stehen Gläser. Ich möchte, daß ihr euch alle bedient. Ich habe euch etwas mitzuteilen.«

Auch er nahm sich ein Glas und schaute sich um. Keiner schien erfreut, alle befürchteten, der Champagner würde zum Entlassungstrunk.

Jochem Erlemann sah sich um. Er genoß die Unruhe in den Blicken. Dann mischte er sich unter seine Angestellten – auch Dr. Mohn und Dr. Ziegler waren anwesend – und verkündete: »Die Anleger kriegen ihr Geld zurück. Und die Provisionen für die Anlageberater werden auch ausgezahlt. Zusammen mit den bereits entstandenen

Kosten bin ich mit mehr als einer Million im Minus. Ich brauche Geld. Hat hier jemand soviel einstecken?« Er sah sich um und schaute in gequälte Gesichter. »Na also, das habe ich mir gedacht. Ich muß das Geld auftreiben, und das tue ich sofort. Herr Diedenberg wird die Mitteilung an die Anleger vorbereiten. Tenor: Erlaß der Finanzbehörde hat steuerliche Durchführung unmöglich gemacht, weshalb wir Ihnen, sehr geehrter Anleger, Ihren Zeichnungsbetrag samt 5 % Vertriebsagio zurückzahlen. Und ich sage euch, wir zahlen aus.«

Überraschung stand in den Gesichtern, als klar wurde, daß der Chef auf dem Weg war, die Niederlage in einen öffentlichen Sieg umzufunktionieren. Noch zögernd, aber freudiger als vorher griffen sie nach ihren Gläsern.

»So einfach, wie ich das mit wenigen Worten erklärt habe, wird die Sache nicht werden«, dachte Erlemann. In Brüssel würde ihm vielleicht jemand das Geld leihen.

Vor einigen Wochen hatten sie ein gewaltiges Richtfest gefeiert. Regierungsmitglieder, hohe Beamte, Diplomaten und Bankdirektoren aller Benelux-Länder hatten ihm, Erlemann, dabei auf die Schulter geklopft. Jetzt hoffte er, daß sie ihr Schulterklopfen in bare Münze umwandelten. »Wir schaffen es nicht«, seufzte von Ley. Erlemann sah auf die Uhr. »Geben Sie mir mal das Telefon.«

Von Ley reichte es nach hinten. Die Telefonistin vom Amt stellte die Verbindung zur Bank her, er wurde mit dem Direktor verbunden. »Ich bin auf dem Wege, aber bis zwölf schaffe ich es nicht. Wollen wir's auf den Nachmittag vertagen?«

»Aber gerne, Herr Dr Erlemann. Paßt Ihnen 15 Uhr?«

»Paßt mir. Danke, bis dann.« Erlemann reichte den Hörer nach vorne zurück. Die Freundlichkeit des Bankpräsidenten tat ihm gut. Er war optimistisch. »Dann fahren Sie zunächst zum Hotel ›Amigo‹. Ich glaube, Astrid hat dort für uns Zimmer bestellt.«

»Jawohl, Chef.«

Punkt 12 überquerten sie hinter Aachen die belgische Grenze, und schon fünfundvierzig Minuten später erreichte der Wagen die Auffahrt zum Hotel. Erlemann schaute an sich herunter. Er trug Jeans und Turnschuhe vom Vortag, ein ehemals weißes Hemd, dazu Krawatte und Sakko. Sein Fahrer wirkte in seiner Dienstkleidung – blauer Anzug, hellblaues Hemd, Krawatte – wesentlich gediegener als er.

»Na denn, auf«, sagte Erlemann und packte seinen kleinen Aktenkoffer, mehr hatte er nicht dabei. Schnell zu Hause vorbeifahren, dazu hatte er nicht die Zeit gehabt.

»Herr von Ley, Herr Erlemann?« Der Rezeptionist drückte jedem einen Schlüssel in die Hand. »Einen Moment, der Page wird Sie begleiten.« Der Page kam, sah sich die Zimmernummern der Schlüssel an und bat Walter von Ley, ihm zu folgen. Mit einem kurzen Hinweis schickte er Erlemann in die andere Richtung. Der dachte sich nichts dabei, doch als er das Zimmer betrat, war er enttäuscht. Er hatte soviel von diesem Hotel gehört, und nun fand er ein karges, einfaches Hotelzimmer, wie es sie tausendfach überall gibt. »Ist ja nicht wichtig«, tröstete er sich, ließ sich aufs Bett fallen, verschränkte die Arme hinter dem Kopf und dachte an die bevorstehende Begegnung. Gegen zwei stellte er sich unter die Dusche und kämpfte seinen täglichen Kampf mit sich selbst. Soll er nach dem heißen Strahl die Dusche verlassen oder kalt aufdrehen? Der Genießer in ihm verlangte Wärme, sein Wille die Kälte.

Der Wille siegte, wie meistens. Prustend floh Erlemann vor dem eiskalten Strahl. An der Rezeption wartete sein Fahrer. Auf dem Weg zum Auto schwärmte Walter von Ley: »Mensch, die haben vielleicht tolle Fahrerzimmer, sage ich Ihnen. 16 qm großes Bad, Balkon, Durchgang, Salon, Bar, alles vorhanden, was das Herz begehrt.«

»Kleider machen Leute«, Erlemann begriff und grinste. Er gönnte von Ley das komfortable Zimmer. Aber er nahm sich vor, bei der Abreise dem Empfangschef zu beweisen, daß grauer Anzug und »von« vor dem Namen nicht alles sind.

Bankier Sossart hatte Erlemanns Ausführungen aufmerksam gelauscht. Zwischen sich die Breite des Schreibtischs, und die war gewaltig, saßen sie sich in dunkelgrünen Ledersesseln gegenüber. Der Raum war hoch wie eine Halle und bis unter die Decke getäfelt. Der

Boden wurde von einem alten Keshan bedeckt. Schon bei seinem ersten Besuch hatte Erlemann diesen antiken, mit Pflanzenfarben veredelten Teppich bewundert. Dies ist richtige Bankiersatmosphäre. Ihm hier wird jeder sein Geld anvertrauen wollen. Aber Erlemann wollte kein Geld loswerden, er wollte das Gegenteil. Sossart lehnte sich zurück, faltete die Hände und stützte sie unter sein Kinn. »Haben Sie mit Ihren deutschen Banken bereits über Ihr Problem gesprochen?« »Nein, ich weiß das Ganze erst seit vorgestern, und der erste, der mir einfiel, waren Sie. Die Art, wie Ihre Bank mein Geschäft, das oft sehr schnelle, unbürokratische Entscheidungen fordert, gefördert hat, hat mich sehr beeindruckt. Sie sind der erste, zu dem ich komme.«

Der hagere, alte Mann mit dem immer noch dunklen Haupthaar zeigte ein flüchtiges Lächeln, das aber sofort wieder verschwand. »Herr Erlemann, Sie brauchen mir keine Anlage zu verkaufen, aber . . . Es ehrt mich.« Dann versank er wieder in Schweigen. Erlemann rutschte millimeterweise auf seinem Sessel hin und her. Er überlegte, ob er weitersprechen sollte. Die Stille störte ihn. Er war es gewöhnt, daß nach seinen Wortergüssen Handlungen folgten, Fragen kamen, Verträge auf den Tisch gelegt wurden, und solange das nicht der Fall war, redete er weiter und weiter und weiter. Aber hier hatte er Hemmungen. Er überlegte kurz, ob er irgend etwas vergessen hatte, aber nein, er hatte die Lage dargestellt, wie sie war.

»Sie haben mir Ihre Immobilien als Sicherheit angeboten. Bei der Dringlichkeit, mit der Sie offensichtlich Geld brauchen, wäre es schwierig für uns, die entsprechenden Sicherheitsübereignungen durchzuführen. Im übrigen darf ich es Ihnen auch nicht leichtmachen. Das sind Bankbestimmungen.«

Wieder senkte sich der Kopf des Bankpräsidenten auf seine gefalteten Hände. Erlemann drängte es, noch einmal zu erklären, welche Projekte offenstanden, welche Ideen er hatte und welche Gelder, die – da war er sicher – in den nächsten Monaten und Jahren fließen würden. Aber irgend etwas hielt ihn zurück.

»Allein auf die Bonität eines Menschen Geld zu verleihen, ist ehrenhafte Banktradition. Aber das hat schon manche Bank in Schwierigkeiten gebracht. Der Betrag, um den Sie bitten, würde dieses Risiko natürlich nicht heraufbeschwören.« Sein Mund verzog sich zu einem sekundenlangen Lächeln. »Dennoch will ich mit dieser Tradition nicht brechen. Ich sagte bereits, Sie haben uns, auch mich persönlich, bei der Abwicklung unserer gemeinsamen Geschäfte überzeugt. Wir geben Ihnen eine halbe Million Kredit. Allerdings unter einer Bedingung: Daß Sie die verbleibenden anderthalb Millionen bei Ihren deutschen Banken oder sonstwoher zusammenbekommen. Nur wenn Sie einen Beleg vorweisen können, der Ihnen gestattet, Ihr Geschäft fortzuführen, nur dann gebe ich Ihnen die halbe Million.« Jetzt hob der Bankier den Kopf, und seine Stimme klang klar und entschieden: »Sie erhalten dann das Geld zu den üblichen Zinsen. Schicken Sie mir die Bestätigungen über die anderen Kreditzusagen so früh zu, daß sie nachprüfbar sind, dann können Sie bei unserer deutschen Partnerbank über den Betrag verfügen. Ich lasse Ihnen die entsprechenden Papiere ausstellen. Ich hoffe, ich konnte Ihnen dienen.«

Der Bankpräsident stand auf, umrundete den Schreibtisch, blieb vor Erlemann stehen und schüttelte ihm die Hand. »Ich wünsche Ihnen viel Glück.«

»Das ist nichts!« dachte Erlemann im Fond des Firmen-Mercedes auf der Fahrt zur Grenze. »Fahren Sie durch die Eifel nach Frankfurt«, bestimmte er und versank wieder in Gedanken. »Eine halbe Million, nicht schlecht, aber viel zuwenig.«

Dennoch, mit dem Papier in der Tasche konnte er andere Banken vielleicht überzeugen. Bei seiner Hausbank wollte Erlemann nicht anfragen. Dort würde er nur hämisches Gelächter ernten, sobald er den Raum verlassen hatte. Erlemann übernachtete im »Hessischen Hof« und begann am Morgen von seinem Zimmer aus, die Verabredungen für den Tag zu treffen. Bei den ersten beiden Kontakten hatte er dummerweise erklärt, worum es ging, und keinen Termin erhalten. »Total überlastet! Diese Woche ist nichts mehr zu machen. Sprechen Sie mit meiner Sekretärin. Ich bin mit einem Bein schon in der Maschine!«

Beim dritten Versuch sprach Erlemann nur von Geschäften und erhielt prompt einen Termin für den späten Vormittag.

Bereits nach den ersten Sätzen Erlemanns wechselte der Gesichtsausdruck seines Gegenübers von Staunen bis zur Ablehnung. Direktor Gutbrod sah ungeduldig auf seine Uhr, bis er endlich Erlemanns Vortrag unterbrach.

»Fixieren Sie das Ganze schriftlich, geben Sie's rein. Ich werde mit meinen Kollegen darüber beraten. Darf ich Sie in die Kantine zu Tisch einladen?«

Erlemann nickte. Als er im Aufzug stand, dachte er: »Mein Essen kann ich mir noch selbst bezahlen!«

Ob er sich noch lange ein Essen leisten könnte, das begann er allmählich zu bezweifeln, als er am Nachmittag des zweiten Tages seine Frankfurt-Tour ergebnislos abbrach und erschöpft Richtung Köln fuhr. Weder seine Frau noch die Firma informierte er. Jetzt war Rettung weiter entfernt denn je.

Am frühen Abend erreichten sie Köln. Es regnete. Die Straßen glänzten im Laternenlicht. Erlemann stieg am Theodor-Heuss-Ring aus. »Fahren Sie nach Hause. Gute Nacht«, verabschiedete er seinen Fahrer. Von der anderen Straßenseite schaute er zu seinem Büro hinüber. Es brannte noch Licht. Hinaufzugehen, zu berichten, dazu fehlte die Kraft. Er machte kehrt und lief am Rheinufer entlang, die Hände tief in die Taschen des Mantels vergraben.

Er fror. »Gewiß, ich kann von vorn anfangen, das Büro verkaufen, das Haus in Hahnwald, aber was soll das bringen? Es muß doch möglich sein, für wenige Wochen das bißchen Geld zusammenzukriegen.« Es fiel ihm nicht auf, daß er diesen hohen Betrag »ein bißchen Geld« nannte. Aber das war keine Arroganz. Geld an sich war nicht wichtig, war nur Hebel zur Macht und Mittel zum Spiel. Monopoly. Auch seine Anschaffungen: Jaguar, Zweitwagen, Büroetage, Villa im Prominentenvorort, bedeutete ihm nicht wirklich etwas. »Scheißgeld«, schimpfte er vor sich hin. »Scheißgeld«, schrie er, trat gegen das Eisengeländer, das das Rheinufer säumte, rüttelte daran und brüllte: »Scheißgeld, Scheißgeld, Scheißgeld!«

Er löste seine Hände von dem Eisenrohr und starrte wehmütig ins dunkle Wasser. Er erinnerte sich an Romane, die er früher gelesen hatte, in denen Mädchen, die geschwängert wurden, aus Angst vor der Schande ins Wasser gingen.

Das war's, die Schande, die er fürchtete, die Schadenfreude der anderen. Hinzu kam eine ohnmächtige Wut, daß es ein Problem gab, das er aus eigener Kraft nicht lösen konnte. Nicht einmal mit Kniefällen, wie er sie gestern und heute in Frankfurt geübt hatte. Dabei hatte er längst geglaubt, zu denen zu gehören, die keine Kniefälle mehr nötig haben.

Erlemann stapfte weiter, lief unter drei, vier Brücken hindurch, ihm wurde warm vom Laufen. Er betrat eine Kneipe. Um die Theke drängte sich typisches Altstadtpublikum: eine bunte Mischung, vom Studenten bis zur Oma. Der Wirt, groß und mit einem dicken Schnurrbart, wie ihn englische Sergeanten früher trugen, reichte unaufgefordert ein Kölsch über die Theke. Erlemann trank es mit einem Zug leer. Er deutete auf Frikadellen und Mettbrötchen. »Von jedem eins!« Er kaute, trank, bestellte neu. Er zelebrierte seine Trauer inmitten der warmen, schwatzenden Menge und nahm sie doch kaum wahr.

»Häste Sorje, Jung?« Erlemann schreckte aus den Gedanken auf.

Die Frau war blaß, mit strähnig ungepflegtem, weißblondem Haar. Sie war betrunken. Erlemann schätzte sie auf fünfzig. Sie strahlte ihn an, hauchte ihm ihre Alkoholfahne ins Gesicht und schüttelte an seinem Arm, als wolle sie ihn aufwecken. Erlemann zwang sich zu einem Lachen. Es mißlang. »Ein paar kleine Sorgen«, beantwortete er ihre Frage. »Wie klein?« wollte sie wissen, zeigte mit Daumen und Zeigefinger zwei Zentimeter und senkte die Hand bis in die Höhe seines Hosenlatzes. »Sin dat die janz kleene Sorje?« Sie lachte. Die Thekennachbarn wurden aufmerksam und stimmten ins Lachen ein. Erlemann seufzte. »Wenn das alle Sorgen wären!«

»Lüch net, Jung, dann wärste ding janz Lävve unzufreede. Also sach schon, wat för Sorje?«

Erlemann trank sein fünftes Kölsch. Vom Magen aus strahlte der Alkohol Ruhe durch den Körper. »Kleine finanzielle Probleme«, antwortete er. »Häste jehört?« Die Frau stieß ihren Nachbarn an. »Finanzielle Problemche, als ob mir die nich alle hätten.« Wieder lachten die Umstehenden, und Erlemann lachte mit. »Wat fählt dir dann?«

»So anderthalb Millionen.«

Einen Moment schienen die Gäste verwirrt, dann brachen sie in brüllendes Gelächter aus. Der Wirt hörte aufmerksam zu. Jetzt beugte er sich über die Theke und rechnete Erlemanns Deckel aus. Ihn trieb die Sorge um kleinere Summen. »Frikadelle, Mettbrötchen, fünf Kölsch, elf Mark!« forderte er mißtrauisch. Erlemann zückte einen Zwanzigmarkschein und drängte sich durch die Menge zur Tür. Die Klinke in der Hand fühlte er eine Berührung an der Schulter. »Net beleidisch sin, bes doch ne hübsche Jung.« Die Frau griff in ihr Handtäschchen und zog einen zusammengeknäuelten Hundertmarkschein hervor. »Brauchst du dat?« Erlemann stand stumm vor ihrer Hilfsbereitschaft. »Danke, wirklich nicht, aber vielen Dank.«

Er lief jetzt schneller die Straße entlang, der Tiefpunkt war überwunden. Die einfachen Menschen in ihrer Unkompliziertheit und die Frau mit ihrem Geschenk hatten ihm Hoffnung gemacht. Im Büro waren die Lichter verloschen. Er stieg die Treppen hoch in sein Zimmer. Er leerte die Manteltaschen und fand ein Stück Papier. Es war die Bestätigung des Brüsseler Bankhauses. »Morgen muß ich es anders machen«, dachte er. »In Belgien war meine Ehrlichkeit angemessen. In Deutschland gibt's offensichtlich nur auf Bluff Geld. Ich gehe morgen hin, verlange zwei Millionen für ein neues Geschäft. Das wäre nicht mal gelogen, denn ohne die Abwicklung des alten Geschäfts wird es kein neues mehr geben«, sinnierte er weiter. »Dann wollen wir mal sehen, wie sie reagieren!«

Er behielt recht. Die Hausbank gab eine Million, immer noch fehlte eine halbe. Kurz entschlossen griff Erlemann zum Telefon, wählte und wartete, bis sich der Teilnehmer meldete. »Vater, ich brauche Geld.«

In der darauffolgenden Woche erhielten die Anleger der »Phönix Gesellschaft zur Vermietung von Wirtschaftsgütern GmbH Köln« einen Brief. Erlemann und seine Geschäftspartner teilten den Kunden mit: Trotz Gutachten von Steuerberatern und Wirtschaftsprüfern sowie mündlicher Zusage des Finanzamtes kann das angestrebte Geschäft nicht weitergeführt werden. Eine kurzfristig verkündete steuergesetzliche Änderung entzieht ihm die Grundlage der

Abschreibungsmöglichkeit. Wir werden Ihnen in Kürze Ihre Einlage zuzüglich Agio zurückerstatten. Wir hoffen, Sie bald als Kunden wieder begrüßen zu dürfen. Hochachtungsvoll Dr Jochem Erlemann.

Erlemann rechnete in einer stillen Stunde den Verlust noch einmal durch, am Betrag änderte sich nichts. Er hatte Maklergebühr bezahlt, Steuerberater, Rechtsanwälte und Provisionen. »Den letzten beißen die Hunde, in diesem Falle mich. Aber freut euch nicht zu früh, ich beiße zurück.«

Alle wichtigen Tageszeitungen machten in ihren Wirtschaftsteilen das »Wunder Erlemann« zum Thema Nr. 1. Pleitefonds hatte es schon viele gegeben, daß jemand die Einlage zurückerstattete, war ein Novum. Der Wirtschaftsjournalist Jens Friedemann lobte Erlemann in einem ZEIT-Artikel: »Er straft alle negativen Vorhersagen Lüge.« Die Aktion »Geld zurück« zeigte Wirkung. Anleger riefen nach Eingang des Geldes auf ihren Konten an und erbaten eine Option auf Erlemanns nächstes Geschäft. Und das kam an diesem Morgen in Sicht.

*In jenen Tagen in Frankfurt war ich down. Aber ich war nicht ohne Leben. Ich war nicht ohne Willen weiterzumachen, mehr zu machen, etwas Besseres zu machen. Ich erinnere mich genau an die Leute im Büro, die alle umherliefen, als hätte es ihr Geld gekostet. Dabei war es allein meines. Meins und das der Leute, von denen ich es mir gepumpt hatte. Ich war total »geputzt«, wie man in Köln sagt. Aber ich besaß immerhin noch Immobilien von hohem Wert. Das Brüsseler Geschäft hatte mir die Büroetage bezahlt, und auf der Villa lag nur noch eine unbedeutende Hypothek. Es ging mir ja nie darum, große Werte zu besitzen. Es ging mir immer darum, etwas zu bewegen, Werte zu schaffen, und da mußte ich einen neuen Anfang finden. Ich blätterte im Monatsheft der German American Chamber of Commerce und stieß auf ein Inserat: Ranchland in USA zu verkaufen. Die USA waren um diese Zeit, durch ihren Vietnam-Krieg, keineswegs Wunsch-Geschäftspartner der Europäer. Aber der Trend hat mich noch nie gestört. Einer meiner gra-*

*vierendsten Wesenszüge ist mein antizyklisches Verhalten. Immer dann, wenn andere sich mit dem Strom treiben lassen, schwimme ich dagegen an. Und wenn jetzt keiner in den USA investiert, wo der Grundstückswert des Farmlandes so schnell verfällt wie der Dollar, dann ist das eine günstige Ausgangsposition. Außerdem habe ich ein persönliches Faible für die Vereinigten Staaten. Wenige Monate zuvor hatte ich in New York die Europäische Treuhand Corporation gegründet und zusammen mit einigen Partnern ein Grundstück mitten in Manhattan, zum Preis von 4,3 Millionen Mark, gekauft. Wir planten The Plaza Condominium, ein Hochhaus mit Studios, ein und anderthalb Zimmer groß, für um die 50 000 Dollar pro Einheit. Ich war der erste, der das Bauherrenmodell in die USA übertrug. Hugh L. Carey, der Gouverneur des Staates New York, und die Direktoren der größten New Yorker Banken hatten mich bei diesem Projekt unterstützt. Dabei stellte ich fest, daß die Amerikaner gute, zuverlässige Geschäftspartner sind. Ich rief also meinen Freund in New York an, ließ mir einige Informationen geben und erhielt dann die Telefonnummer der Oppenheimer Industries, 1707 Mainstreet, Kansas City, Missouri, Telefonnummer: 001/816/4711/750. Es gelang mir, Mister Oppenheimer selbst an den Apparat zu kriegen. Ich habe selten einen Mann erlebt, der nach wenigen Sätzen Einweisung alles begreift. Er sagte nur: »I'm interested. Come on over here and let's do the rest.«*

In der Concorde auf dem Flug nach New York herrschte Freudenstimmung. Zumindest bei den drei Männern, denen die Stewardess den Whisky brachte. »Trinken Sie ein Glas mit uns, schöne Frau«, forderte Erlemann fröhlich die Stewardess auf, obwohl er wußte, daß Sie es nicht durfte. Sie wiegte den Kopf. Während sie die Flasche öffnete, beugte sie sich nieder und flüsterte: »Ich darf im Dienst nicht trinken. Aber ich würde gern.«

»Kein Problem«, flüsterte Erlemann zurück. »Bringen Sie uns einfach ein Piccolo, und lassen Sie's hier stehen, und ab und zu kommen Sie und holen sich einen Schluck.«

Die Stewardess füllte die Gläser ihrer Gäste nach und lächelte Erlemann an.

»Tolle Frau.« Erlemann sah ihr nach. »Die Figur, einfach alles optimal. Ich habe ein verdammt gutes Gefühl.« Er strahlte, hob sein Glas und prostete seinen Begleitern zu. Er hatte sein neues Berater-Team an Bord. Den Wirtschaftsprüfer Georg Bader aus Frankfurt und den Rechtsanwalt Dr. Alexander de Faria aus Wiesbaden.

Die Stewardess erschien mit dem vierten Glas, setzte es ab und sah sich vorsichtig um. Erlemann griff das Fläschchen und schenkte ihr ein. Gebückt leerte sie das halbe Glas und huschte schmunzelnd davon.

»Was macht Sie eigentlich so sicher, daß wir mit Oppenheimer klarkommen?« fragte de Faria.

»Einfach alles«, antwortete Erlemann. »Schon der Telexverkehr in den letzten Wochen war angenehm. So locker, so positiv konstruktiv. Der Mann ist unser Partner. Da bin ich ganz sicher. Prost!«

»Sie haben schließlich etwas anzubieten. Das muß man ganz klar sehen«, sagte Bader. »Die Amerikaner schwimmen wegen Vietnam bei uns nicht gerade auf einer Sympathiewelle. Mit ihrer Wirtschaft steht es auch nicht zum besten. Dazu die Hochzinspolitik, um den Dollar zu stärken. Und die Grundstückspreise sind in den letzten Jahren bodentief gefallen. Keiner kauft.«

»Eben!« lachte Erlemann. »Das sind für uns die besten Voraussetzungen, die jetzigen Dollarkurse sind Kaufkurse.«

»Gehen wir einmal davon aus, Sie kommen mit diesem General Oppenheimer klar. Ihr Verkaufstalent in Ehren, aber wie wollen Sie das den Deutschen schmackhaft machen?«

»Zweifeln Sie an mir?« rief Erlemann gespielt enttäuscht. »Es ist doch ganz einfach«, erklärte er – und dies zum wiederholten Mal. Dennoch hörten seine beiden Gesprächspartner aufmerksam zu. »Wir kaufen billig große Mengen Ranchland in Südkalifornien. Von dem Rest des Kapitals wollen wir das Land wertvoller machen, wollen es bewässern; wir werden es einzäunen, urbar machen, Wege anlegen, so daß sich eine höhere Nutzbarkeit ergibt. Gleichzeitig verpachten wir das Land; wir bekommen Pacht, die zur Rendite wird. Ich sage Ihnen, das wird ein Bombengeschäft. Mit Steuervorteilen erwerben die Deutschen Land in den USA, so mache ich sie zu Ranchern. Die Verwirklichung des deutschen Cowboy-Traums: ›Ab in den Wilden Westen.‹ Sie müssen nur dafür sorgen, daß das Finanzamt die nötigen Verlustbescheinigungen ausstellt und das Projekt genehmigt. Das ist meine einzige Sorge. Hier in den USA komme ich schon klar.«

De Faria lehnte sich in die Polster seines Sitzes zurück, während Georg Bader erklärte: »Herr Dr Erlemann, Sie kennen mich noch nicht, dies ist unser erstes Geschäft, aber ich habe Ihnen schon gesagt, ich lege dem Finanzamt Offenbach/Land seit Jahren Steuerobjekte zur Prüfung vor. Der dortige Vorsteher steht Abschreibungsprojekten aus Überzeugung positiv gegenüber.«

Jochem Erlemann hatte die Ellenbogen auf die Knie und den Kopf in die Hände gestützt. Sein Blick wechselte von Georg Bader zu de Faria. Die Stewardess bot neue Getränke an, aber Erlemann ließ sich diesmal von ihren Reizen nicht ablenken. Spontan schlug er vor: »Wenn das hinhaut, überlasse ich jedem von Ihnen eine Eigentumswohnung in New York – in unserem Plaza Condominium.«

Die beiden Männer taten, als hätten sie sich verhört. Bader beugte sich vor, de Faria saß sprachlos da. Dann begann er zu lachen. »Wissen Sie, Herr Erlemann, auch ohne solche Angebote tun wir unser Bestes. Aber wenn Sie es ernst meinen, dann fixieren wir das doch auf die schnelle . . .«

»Ja«, lachte Erlemann, »da spricht der Fachmann. Ohne Vertrag glauben Sie an gar nichts. Verständlich, Herr Rechtsanwalt.«

Der hob die Schultern, als wolle er sich entschuldigen.

»Nein, nein«, Erlemann klopfte seinem Gegenüber auf den Unterarm. »Ich nehme Ihnen das nicht übel. Als Rechtsanwalt haben Sie es meistens mit Menschen zu tun, die erst zu Ihnen kommen, wenn das Haus abgebrannt ist. Und die dann das Blaue vom Himmel versprechen, damit ihnen geholfen wird. So was muß man natürlich schriftlich fixieren. Aber Sie sollten wissen«, Erlemann rückte jetzt dicht an ihn heran, »ich bin ein Mann des Handschlags.«

De Faria schien peinlich berührt. Er sah hilfesuchend zu Georg Bader, doch der drehte sich um und schaute den Beinen der Stewardess nach, als habe er mit alldem nichts zu tun.

»Trotzdem, ich verstehe Sie.« Erlemann rief die Stewardess.

»Chéri, bringen Sie mir doch bitte ein Blatt Papier!«

»Papier?«

»Lassen Sie, es geht auch ohne!« Er nahm vom Tablett zwei Servietten, zückte seinen Kugelschreiber, setzte die Brille auf und kritzelte. Bader, de Faria und auch die Stewardess sahen ihm zu.

Mit einem Schwung unterzeichnete Jochem Erlemann beide Servietten. »Bitte!«

Bader nahm eine der beiden Servietten und steckte sie in die Reverstasche. Das 59 000-Dollar-Papier hing wie ein Ziertuch heraus. De Faria nahm die zweite Serviette, straffte sie mit beiden Händen und las: »Übereignungsverfügung. Hiermit übertrage ich, Jochem Erlemann, Herrn Rechtsanwalt Dr. Alexander de Faria aus dem Objekt ›The Plaza Condominium‹ New York, Manhattan, 315 East, 48. Straße, die Eigentumswohnung Nr. 55, Wohntyp A, im 8. Stock. Bedingung: Die Herren Alexander de Faria und Georg Bader erwirken für das SCR-Objekt in Südkalifornien beim Finanzamt Offenbach/Land umgehende Überprüfung und steuerliche Anerkennung.

Über dem Atlantik, Air-France-Flug von Paris nach New York, gezeichnet Dr Jochem Erlemann.«

De Faria faltete das Wertstück sorgsam zusammen, holte seine Brieftasche aus dem Jackett und ordnete die Serviette zwischen Paß, Ticket und Kreditkarten an. Kurz vor der Landung schob Jochem Erlemann der Stewardess seine Geschäftskarte zu. Auf der Rückseite stand die Hoteladresse für seinen eintägigen Zwischenstopp in New York: »Regency Hotel, Park Avenue . . .«

General »Larry« Oppenheimers Landsitz sah genauso aus, wie die Südstaaten-Residenzen im Film »Vom Winde verweht«. Sein Landhaus war groß, mit hohen weißen Säulen am Hauptportal, umgeben von gepflegtem Rasen, der bis ans Ufer des Missouri reichte. Larry Oppenheimer hatte im 2. Weltkrieg als Brigade-General gedient. Er war schon über 60, hager und muskulös, und er machte im Sattel seines Pferdes eine ebenso blendende Figur wie auf dem Traktor. Oppenheimer war der Chairman der größten landwirtschaftlichen Management-Gesellschaft der Vereinigten Staaten. Zu seiner Familie gehörte die MCA Music Corporation of America. Sein Stiefvater Jules Stein hatte vor Jahrzehnten die MCA und die Universal Film Studios in Los Angeles gegründet. An diesem Abend trug er ausnahmsweise keine Cowboytracht, sondern Smoking. Er und Jochem Erlemann schritten am Haus vorbei, zum Ufer des Missouri hinunter. Sie waren in der abgelaufenen Woche Freunde geworden. Die Gäste – 100 geladene Freunde und Geschäftspartner – blieben auf dem Vorplatz des Hauses zurück, lauschten der Band oder kauten pfannengroße Steaks. Anwalt de Faria und Wirtschaftsprüfer Bader diskutierten mit einem massigen Mann, dem Bankdirektor Ron Mitchell von der First National City Bank in Kansas City, der Garantiebank für das heute abgeschlossene und zu feiernde Geschäft. Dabei war auch der Bank-Justitiar O'Flaherty, der mit seinen ewigen Quertreibereien beinahe das Geschäft zerstört hätte. Ab und zu drehten Gäste ihre Köpfe zu den beiden hinüber, die am Flußufer hin und her wanderten.

»Du mußt wissen, ich treffe nicht oft einen Mann, der wie du den Kopf und den Mut hat, schnell die richtige Entscheidung zu treffen.« Das Kompliment tat Erlemann gut. Die beiden Männer betrachteten nachdenklich den Sonnenuntergang, bevor sie langsam aufs Haus zuschlenderten. General Oppenheimer fuhr fort: »Ich glaube an dein Konzept und damit an unseren Erfolg. Sobald der sich abzeichnet, ruf an. Dein Wort genügt bei mir.« Sie blieben stehen.

Erlemann reichte dem Amerikaner die Hand und gab ihm das Kompliment zurück. »Ich danke dir. Noch nie wurde ein Projekt so gut vorbereitet wie bei dir. Alles hat geklappt. Die Besichtigungsflüge, die Bankgarantie, die Behördentermine, der Kaufvertrag, Titelinsurance und Grant Deed. Ich bin begeistert! Von der positiven Art, wie du die Dinge angehst, aber auch von dir, Larry.«

Der Amerikaner im Smoking streckte die Hand aus, der Mann aus Deutschland in Jeans und Clubjackett schlug ein. »Komm, Jochem, gehen wir ans Buffet.«

»Eine Frage noch«, Erlemann hielt Oppenheimer am Arm zurück. »Daß du uns die First National City Bank besorgt hast, finde ich prima, aber der Justitiar, dieser O'Flaherty, ist eine Qual. Was will der mit dem Nadelstreifen-Anzug?«

Oppenheimer lachte, legte den Arm um Erlemanns Schulter und

zog in Richtung Haus. »Mach dir nichts draus. The finer the suit, the thumber the banker!«

Sie hatten viel gearbeitet in den letzten Wochen. In Südkalifornien waren Millionen von Quadratmetern Ranchland gekauft worden. Dank Oppenheimer war die First National City Bank in das Geschäft eingestiegen und garantierte dafür, daß die Anleger ihre investierten Dollar zurückbekämen, falls die Entwicklung nicht, wie erwartet, positiv verliefe. Alles war abgesichert. Der Vertrag sollte an diesem Abend unterzeichnet werden.

Mittlerweile war es dunkel geworden. Diener hatten im Haus und Garten Lichter angezündet und die hohen Verandatüren geöffnet. Ein Gong ertönte. Die Gäste strömten ins Haus. Auf einem kleinen, weiß gedeckten Tisch lag das Vertragswerk: Zwei dicke, viele hundert Seiten umfassende Packen Papier. General Oppenheimer schlug zwei Gläser gegeneinander und brachte das Gemurmel zum Schweigen.

»Meine Freunde«, er erhob die Stimme. »Ich will Ihnen nicht nur den Abschluß eines Geschäftes bekanntgeben, sondern etwas viel Wichtigeres. Ich habe Ihnen meinen Freund aus Deutschland vorzustellen.« Der General streckte beide Hände aus. »Das ist er, Jochem Erlemann!«

Oppenheimer bat um Ruhe. »Wir zwei, Jochem Erlemann und ich, haben heute diese Vertragspakete gemeinsam genehmigt und unterzeichnen lassen.« Während er sprach, wies er auf die beiden Papierpacken und lachte herzlich. »Sie sind so umfangreich, daß wir selbst nicht mehr durchblicken. Sollte sich in den kommenden Tagen herausstellen, daß diese Verträge irgendwelche Fehler enthalten oder Dinge, die dem einen oder anderen nicht aufgefallen sind, so wird hiermit per Handschlag vereinbart, den Vertrag zu zerreißen und neu zu fassen.«

Die Gäste verstanden Oppenheimers Geste und applaudierten. Dann gaben sich beide die Hände. Jochem Erlemann räusperte sich. »Auch ich will nicht über den Inhalt dieser Verträge sprechen oder über das große Vertrauen zwischen Larry und mir. Ich will nur eines, mich bedanken für die schöne Zeit hier, in Ihrem schönen Land!«

Es war der 25. September 1974, als die drei von der Europäischen Treuhand in Düsseldorf landeten. Am nächsten Tag gründeten sie die SCR Southern California Ranch Landentwicklungs KG. Sitz der Firma wurde Neu-Isenburg. Damit fiel sie in die Zuständigkeit des Finanzamtes Offenbach/Land und seines Vorstehers Reinhold Hock.

Wenige Tage später marschierte Georg Bader mit dem ins Deutsche übersetzten Vertrags- und Zahlenwerk samt Antrag auf Erteilung einer Verlustbescheinigung in die Bieberer Straße 59 nach Offenbach.

18 Tage danach meldete er sich erneut im Finanzamt und brachte zwei Stunden später die Bescheinigung über 170 % Steuervorteil mit.

Erlemann entwarf den Prospekt. Titel: »Die Freiheit ist noch nicht ausverkauft.«

Der Vertrieb begann im Oktober. Tag und Nacht wurde in der ET gearbeitet. Vertriebschef Diedenberg wünschte sich einen 30-Stunden-Tag.

Schon eine Woche nach Zeichnungsbeginn war abzusehen, daß die Ranches ein Renner würden.

Erlemann erhöhte in der Folgezeit das Investitionsvolumen in Tranchen auf knapp 100 Millionen Mark.

Allmorgendlich sortierten Erlemann und Diedenberg die eingegangenen Kundenanfragen. Ab und zu stockte der Blick, wenn auf der ausgeschnittenen Prospektpostkarte eine zusätzliche Mitteilung zu lesen war. »Lieber Herr Erlemann, ich habe 60 000 Mark plus Zinsen aus dem Bierfässergeschäft von Ihnen zurückerhalten. Ich will den Betrag und weitere 60 000 Mark bei Ihnen anlegen. Anbei die Schecks.«

»Diesen Brief müßte man eigentlich als Inserat in die Zeitung setzen«, dachte Erlemann. Beim nächsten Absender stutzte er. Mehrere Formulare trugen den gleichen Familiennamen. Burda. – Änne, Franz, Frieda, Heiner. Vier Wochen später wurde im Handelsregister die Investition der Verlegerfamilie in die Missouri-Ranch bei St. Joseph, Kansas City, veröffentlicht. Gesamtinvestition: inklusive Darlehen 19 Millionen Mark.

Erlemann brauchte mehr Land und telefonierte wieder mit Larry Oppenheimer. Der sagte okay. Alles lief optimal.

Ein einziges Problem blieb: die Familie.

Der Umzug in den Hahnwald, die Geschäfte hatten die Erlemanns in eine neue gesellschaftliche Dimension katapultiert. Jochems Aktivitäten, bisher den Wirtschaftsseiten der Zeitungen vorbehalten, waren über Nacht in die Klatschspalten gerückt. Der Jungmillionär gehörte zur Prominenz. Gartenfeste wurden gefeiert, aber die Hauptperson, Jochem Erlemann, fehlte häufig. Die Arbeit war wichtiger.

Im Sog der Ranch-Objekte liefen auch ältere Projekte besser, die restlichen Wohnungen von »Voilà Paris« in Villemomble bei Paris fanden ihre Eigentümer, bis auf eine letzte Einheit. Die nahm Erlemann selbst. Schließlich brauchte auch er Steuerverluste. Das dritte Ranchprojekt, aufgelegt im November 1974, entwickelte sich wie die Vorgänger. Mehr als 40 % zeichnete einer der größten Opel-Händler Deutschlands. Auch hier übernahmen Erlemann, Diedenberg und seine Top-Verkäufer selbst Anteile.

Zehn Tage vor Weihnachten verließ Erlemann spät abends sein Büro und erreichte gerade noch den Jaguar, da begannen seine Knie zu zittern. Er atmete schnell ein und aus, ihm wurde schwarz vor Augen. Er ließ sich in den Sitz fallen. »Mein Gott, mein Kreislauf«, stöhnte er.

Es war kein Herzinfarkt. Nach einigen Minuten hatte er sich wieder erholt. Doch die Anzeichen von Übelkeit und Schwäche ließen ihn handeln. Als der Wagen vor der Garage seiner Villa ausrollte, stand fest, er mußte ausspannen. Das Jahresendgeschäft mußte ohne ihn laufen.

Im Haus angekommen, machte er kein Licht, sondern schlich auf leisen Sohlen ins Schlafzimmer. Er setzte sich auf die Bettkante und streichelte das Haar seiner Frau. »Gabi«, flüsterte er. Sie murmelte etwas Unverständliches. »Gabi«, sagte er etwas lauter. »Ja«, ihre Stimme war schläfrig. »Gabi!« Nun war's unüberhörbar.

»Ja!« Sie war wach.

»Gabi, bitte steh auf, wir packen die Klamotten. Wir fahren zum Skilaufen. Die Jungens nehmen wir mit. Andreas schwänzt die Schule.«

»Wann?«

»Jetzt.«

»Jetzt?«

»Jetzt«, bekräftigte Jochem. »Jetzt sofort. Heute nacht!«

In den frühen Morgenstunden kamen die Erlemanns im Hotel »Jagdschloß Kühtai« im Tiroler Sellraintal an. Schon seit zehn Jahren hatten sie immer wieder dort gewohnt. Das Jahrhunderte alte Gebäude gehörte einem Grafen aus der Nachfahrenschaft der Habsburger. Es war einmal der Jagdsitz der Tiroler Landesfürsten. Noch in der Nacht hatte Erlemann vom Autotelefon aus die Hotelnummer angewählt und mit dem Hotelbesitzer gesprochen. Dieser versprach, ihre Lieblingszimmer im ersten Stock vorbereiten zu lassen.

Am Steuer saß Gabi. Jochem versuchte zu schlafen. Doch die Aufregungen der letzten Monate gingen ihm nicht aus dem Kopf. Als sie ankamen, erreichte Jochem gerade noch das gemütliche, mit Zirbelholz getäfelte Zimmer, fiel aufs Bett und schlief 15 Stunden ohne Unterbrechung. Am Tag darauf weckte ihn der Anruf seines Vertriebsdirektors Diedenberg. Sofort war Jochem hellwach. Anrufe aus der Firma bedeuteten meist nichts Gutes. Doch Diedenburg teilte lapidar mit: »Umsatz: Gestern haben wir für drei Millionen verkauft. Der Fonds ist zu. Wir sind ausverkauft. Gratulation. Sie sind ein gemachter Mann. Frohe Weihnachten.«

*Nicht, daß ich an dem Amerika-Geschäft gezweifelt hätte, aber so wie das gelaufen ist, hat es selbst mich überrascht. Ich weiß noch genau, an jenem Morgen, als Diedenberg anrief, war mir noch gar nicht klar, was da geschehen war. Meilensteine waren geflogen. Ich hatte innerhalb von fünf Monaten drei Millionen verdient. Das Finanzamt Offenbach/Land machte reiche Deutsche zu Ranchbesitzern. Staatlich geförderter Nonsens. Ich war auf einen Schlag alle meine Schulden los. Aus eigener Kraft, mit eigenen Ideen. Und ich wußte, es würde weitergehen.*

*Durch das Ranch-Objekt war ich in der geschwätzigen Branche in aller Munde. Vor Monaten erst hatte man gefeixt und über mich gelacht. Dabei war die Bierfässer-Geschichte grandios. Wenn sie geklappt hätte, hätten mich alle imitiert. Aber jetzt habe ich es ihnen gezeigt. Mensch, tat mir das gut. Ich weiß genau, ich bin an jenem Tag mit den Skiern schneller abgefahren, als es Franz Klammer je geschafft hätte.*

*An dem Tag beschloß ich mit meiner Frau, die österreichische Staatsbürgerschaft zu beantragen.*

Nach Hause zurückgekehrt, meldete sich Erlemann zwei Tage nicht im Büro. Er tat, als sei er noch in Tirol. Während der Ferien hatte er das Verhältnis zu seiner Frau überdacht, sich mit ihr ausgesprochen, und auf dem Höhepunkt seiner Erfolgsgefühle gestand er ihr und sich zwei weitere Tage Privatleben zu.

Es war nur wenig Post gekommen, die er im Bett liegend öffnete. Darunter befand sich eine Karte aus der Nachbarschaft.

Jochem runzelte die Stirn. »Eine Einladung, zur Weinprobe.«

»Zur Weinprobe? Im Winter? Hier?« Gabi lachte, Jochem lachte mit. »Ja, da steht: zur Primeur-Probe, den jungen Beaujolais gibt's ja nur in dieser Zeit.«

»Klar«, sagte Gabi, »aber wir kennen die Nachbarn hier nicht. Irgendwas wird der wollen. Ich denke, wir gehen mal hin. Was meinst du?« Gabi huschte ins Bett zurück. »Aber es muß doch nicht sofort sein, oder?«

Erlemann legte die Karte zurück. Der Absender lautete: Dr. Peter Helmut Klein.

So oder ähnlich könnte die Vorgeschichte für Kleins Einladung zum Primeur gewesen sein:

Die Maschine der Middle East Airways stand mindestens schon eine halbe Stunde am Boden des Frankfurter Flughafens. Auch das Zeichen »gelandet« auf der Anzeigetafel war längst erschienen. Aber immer noch wartete eine große Menschentraube auf die Passagiere dieses Fluges. Unter ihnen, am Ausgang B 8, mit dem Rücken an den Informationsschalter Nr. 14 gelehnt, stand Dr. Helmut Klein. Aus der dicken Winterbekleidung, einem hellbraunen Cashmeremantel und einem schweren Schal, lugte ein schmales, intelligentes Gesicht hervor. Er hatte schlohweiße Haare und gelbbraun getönte Haut, wie jemand, der sich oft in den Tropen aufhält. Die Hände waren in den Manteltaschen vergraben. Er wirkte äußerst ruhig. Wer aber seine Augen und Mundwinkel beobachtete, stellte ein leicht nervöses Zwinkern und Zucken fest.

Klein fixierte den Ausgang B 8. Endlich öffnete sich die automatische Tür. Ein großer Gepäckkarren kam zum Vorschein, geschoben von einem älteren Ehepaar. Schlag auf Schlag sprang die Tür nun auf und zu. Klein behielt seine Position bei. Erst als ein kräftiger, großer Mann mit orientalischen Gesichtszügen um das Absperrgitter herum in die Auskunftshalle trat und sich suchend umsah, kam Bewegung in die Gestalt am Informationsschalter. Mit dem Ellbogen stieß Klein sich von der Wand ab und ging auf den Mann zu. Ein Erkennen huschte über die Gesichtszüge des Libanesen.

»Hallo, Mr. Klein, nice to meet you again!«

»Mr. Khoury, kommen Sie. Ich habe einen Wagen in der Garage.«

Klein wandte sich ab, doch der große Mann, der als einziges Gepäckstück eine Aktentasche trug, hielt ihn am Ärmel fest. »Nicht nötig, Mr. Klein. Fahren wir mit dem Taxi zum Airport-Hotel und besprechen da, was wir zu besprechen haben. Ich nehme die Nachmittagsmaschine nach Rom. Dort habe ich am Abend Anschluß nach Beirut.«

Klein zuckte unter den klaren, bestimmenden Worten des Mannes zusammen. Es schien, als wolle er widersprechen, aber er beherrschte sich und zeigte ein gewinnendes Lächeln.

»Wie Sie wollen, Dr. Khoury, nehmen wir ein Taxi.«

Sie stiegen ins erste freie Fahrzeug. Der Taxifahrer freute sich nicht über die Kurz-Tour.

Khoury und Klein beachteten ihn nicht. Sie schwiegen, bis sie ihr Ziel erreicht hatten. Klein zahlte, und Khoury trat an die Rezeption. »Ich hätte gern ein Zimmer für die nächsten Stunden. Ein großes Zimmer. Ich will mich ausruhen, bevor ich weiterfliege.«

Der Empfangschef schien über den Wunsch einer stundenweisen Zimmervermietung nicht überrascht. Doch seine Augen funkelten listig, als er fragte: »Darf es die Präsidentensuite sein?« »Mir egal«, sagte Khoury unwirsch und warf die goldene American-Express-Kreditkarte auf die Theke. Sofort hatte der Empfangschef die Schlüssel der Präsidentensuite in der Hand. Er winkte einem Pagen und übergab den Schlüssel. »Gepäck?«

»Kein Gepäck«, brummte Khoury und folgte dem Pagen. Klein folgte ihm. »Ihre Kreditkarte!« rief der Empfangschef hinterher. »Wollen Sie nicht den Kartenscheck . . .« Khoury kümmerte sich nicht um die Zurufe. Er stapfte hinter dem Pagen in den Aufzug, und es schien ihm gleichgültig, ob auch Klein eingestiegen war.

In der Präsidentensuite schloß Khoury von innen die Tür ab. »Suchen Sie sich was zu trinken. Sie kennen sich ja in Hotelzimmern dieser Güte aus. Ich muß mal eben ins Bad.«

Er kam in Hemdsärmeln zurück. Die Krawatte hatte er bereits abgelegt. Er trocknete die feuchten Hände an einem Handtuch und warf es aufs Bett. »Irgend etwas nicht in Ordnung?« Kleins Frage klang nicht wie eine Frage. Ihm war nicht nur der Eile der Verabredung wegen, sondern auch an der Art und Weise, wie Khoury sich benahm, klar, daß etwas nicht stimmte. Khoury ließ sich in einen Sessel plumpsen, steckte sich eine Zigarette an.

»Gar nichts ist klar. Alles ist Scheiße, wie man bei Ihnen zu sagen pflegt.«

Klein spielte den höflichen Gastgeber. »Etwas zu trinken, einen Whisky oder . . .?«

»Sie wissen doch, daß ich Moslem bin!« Dabei grinste Khoury übers ganze Gesicht, und Klein wußte nicht, ob er lachen sollte oder nicht. »Also um die Sache kurz zu machen, lieber Dr. Klein, wir brauchen Geld. Das heißt, Sie müssen Geld beschaffen. Andernfalls ist das ganze Geschäft dahin, und Sie sind draußen oder noch schlimmer, drinnen!« Dabei kreuzte Khoury beide Hände mit abgespreizten Fingern. Symbol für Gefängnis.

»Aber wieso?« Klein war alarmiert.

»Wieso? Es läuft nicht, wie Sie sich das vorgestellt haben. Dr. Thamassi von der Banque Méditerrannée hat uns die Kündigung der Kreditzusage angedroht, und die politischen Verhältnisse . . . Na ja, Sie wissen ja selbst, was in unserem Land zur Zeit los ist. Klar gesagt, die Lieferanten werden unruhig. Die Baumaschinen, die Schwertransporter, alles hängt im Hafen fest und droht mit Arrest belegt zu werden. Wenn sie durch Kriegseinwirkung nicht vorher zerstört werden. Außerdem ist das Gascontainer-Geschäft erst gar nicht in Gang gekommen. Und unter den derzeitigen politischen oder – besser gesagt –

kriegerischen Umständen wird das auch nichts werden. Das können wir uns abschminken.«

Khoury machte eine Pause und sah Klein durchdringend an, bevor er fortfuhr: »Die Situation ist äußerst ernst. Noch habe ich unsere Banken zum Stillhalten bringen können. Aber nicht von Dauer. Wir brauchen richtiges Geld.« Dabei machte er mit Daumen und Zeigefinger das Zeichen des Geldzählens. »Cash! Wenn Sie wissen, was ich meine, Herr Dr. Klein.«

Klein hatte sich während der Rede scheinbar wieder beruhigt. Nur wer ihn kannte, wußte, daß sein Kopf kurz vor dem Platzen stand, so schnell überschlugen sich seine Gedanken. Da sollte sich ein klug aufgebautes Geschäft zerschlagen, nur weil im Libanon die Leute mit der Waffe Amok liefen. Seine Geschäfte waren bisher durch schnelles Umschlagen der Ware gegen Geld gut verlaufen. Es konnten gar keine Zweifel an Kreditzusagen entstehen, weil der Gewinn so schnell eingespielt war, daß die Ausgangsposition niemanden mehr interessierte.

Klein wußte, daß langes Hinundherfragen keinen Sinn hatte. Auch die fast drohende Art, mit der Khoury ihm die gemeinsamen Probleme vorwarf, als sei alleine er der Verursacher, störten ihn kaum. Er dachte nur: »Wenn's hart auf hart kommt, kann ich mich auf diesen Kerl nicht verlassen. Der läßt mich fallen, das muß ich mir merken.«

»Wieviel Geld brauchen wir, damit die Banken stillhalten?«

»Das, was in den Kreditzusagen steht. 15 Millionen reale Deutsche Mark.«

Klein schüttelte den Kopf. »Soviel kann ich nicht auftreiben. Unmöglich.«

Khoury machte keine weiteren Vorwürfe. Schweigend starrten sie vor sich auf den Tisch. Das Eis in Kleins Drink schmolz. Dann sprach Klein, leise und langsam. Er schaute dabei nicht hoch, weder auf Khoury, noch aus dem Fenster oder auf seinen Whisky. Er betrachtete seine Hände, während er unablässig seine Lippen bewegte. »Die Geschichte mit den Kreditzusagen ist mir schon lange aufgestoßen. Ich mache mir seit Monaten Gedanken darüber, wie wir ohne das auskommen könnten. Ich wüßte auch wie, aber ich allein schaffe das nicht. Seit einigen Jahren gibt es hier in Deutschland Leute, die Steuervorteile verkaufen und bei bundesdeutschen Investoren Geld einsammeln. Jede Menge Geld, um es vor der Steuer zu bewahren. Und zwar legal und offiziell. Also kein Schwarzgeld. Ich weiß natürlich auch und habe nachgelesen und überlegt, wie diese Abschreibungsgeschichten steuerlich zu verpacken sind, wie sie konzipiert sein müssen. Was mir fehlt, sind zwei Dinge. Erstens, und das ist das Wichtigste, ein guter Kontaktmann zu einem Finanzamt. Die kurzatmigen Anläufe, die ich unternommen habe, waren Fehlschläge. Daher . . .«, jetzt hob Klein die Augen, winkte beschwichtigend ab und fuhr fort, »daher habe ich Ihnen von meinen Überlegungen bisher nichts gesagt. Deutsche Großverdiener sind die einzigen, die derartige Beträge aufbringen und sie auch verschmerzen könnten, wenn es schiefgeht, weil sie allein schon durch die hohen Steuervorteile vorab kaum Geld verlieren können. Doch ehrlich gesagt, bisher habe ich die Sache nur halbherzig betrieben, weil es bis jetzt nicht so aussah, als käme unser Geschäft in Schwierigkeiten. Und zweitens habe ich mir noch keinen von diesen Abschreibungs-Anbietern ausgesucht, um sie auf unsere Projekte einzustimmen.« Er schwieg. Khoury erhob sich, ging ins Badezimmer, holte ein Wasserglas, setzte sich, schenkte das Glas randvoll mit Whisky und nahm einen großen Schluck. Schweigend wartete er auf Kleins weitere Erklärungen.

»Es gibt allerdings gerade bei mir in Köln die erfolgreichsten und bekanntesten Abschreibungs-Firmen. Neider nennen sie spöttisch ›Arbeitsgemeinschaft Abschreibung‹, wie bei einer Baugesellschaft, abgekürzt ARGE: Dabei steht A für einen Mann namens Amann, R für Rüger, G für Graebner und E für Erlemann. Gerade dieser Erlemann scheint mir der Ergiebigste für uns. Es gibt dafür mehrere Gründe. Erstens ist er noch nicht die Nr. 1 im Geschäft, will weiter nach oben, will sich profilieren. Der ist leicht anzufassen, wenn man ihm das Gefühl gibt, er sei der erste Mann an Deck. Ihn sollten wir uns vor den Karren spannen. Zweitens hat der Mann gute Ideen. Und drittens – das Allerwichtigste –, er hat ein Team von Rechts- und Steuerberatern, die beim Finanzamt fast alles durchkriegen!«

»Diese Leute sind geheim, keiner kennt sie, oder?« fragte Khoury.

»Natürlich«, antwortete Klein, »natürlich kennt man sie. Ein gewisser Georg Bader und der Rechtsanwalt Dr. de Faria. Aber sie sind vertraglich an Erlemann und dessen Treuhand-Firma gebunden und machen, soviel mir bekannt ist, für keinen anderen Steuermodelle, mit einer Ausnahme: Es gibt da in Köln noch die Firma des Dr. Quast, auch für ihn sind sie tätig, aber sonst kommt man nicht an sie ran. Ich müßte also über Quast oder Erlemann gehen. Von beiden ist für mich Erlemann der Erfolgversprechendere.«

»Und warum tun Sie es nicht?«

»Ich denke schon seit längerem darüber nach. Wenn, dann werden wir das ganze Ding vergrößern, dann nehmen wir nicht nur die Lkw- und Baumaschinen-Geschichte, sondern dann machen wir doch noch unser Gasgeschäft.«

»Und wer soll uns das abnehmen, im Libanon?«

»Das interessiert doch das deutsche Finanzamt gar nicht! Da werden wir schon jemanden finden.«

Khoury war hellhörig geworden. Plötzlich legte sich ein breites Grinsen über sein Orientalengesicht.

»Sie meinen . . . ?«

»Genau, das meine ich. Wenn wir schon mit Steuergeldern arbeiten, dann bitte in anderen Ausmaßen. Nicht 10 oder 15 Millionen. Dann brauchen wir eben 100. Die reichen Deutschen zahlen es doch, beziehungsweise das Finanzamt.«

»Nicht schlecht. Nicht schlecht. Und wie lange dauert so was?«

»Ich weiß es nicht. Einige Monate bestimmt. Aber wohl nicht länger als ein halbes Jahr, bis das erste Geld fließt. Die Geschwindigkeit dieses Erlemann ist atemberaubend. Auch deswegen habe ich ihn mir ausgesucht, nur weiß er das noch nicht.«

»Gibt es sonst noch einen Grund, warum Sie ihn bevorzugen?«

Jetzt lachte Klein, und das verschmitzte, intelligente Gesicht schien vor Freude zu platzen. »Ja, es gibt noch einen Grund. Er ist seit einigen Monaten mein Nachbar.«

Jochem Erlemanns Haus war schon beeindruckend. Aber die Villa des Dr. Klein war auch nicht von Pappe. Klein nahm Gabi den Pelz ab, und die Erlemanns ließen sich von ihm ins Kaminzimmer führen. »Nehmen Sie bitte Platz, Frau Erlemann, Herr Erlemann. Meine Frau hat sich erlaubt, ein kleines Abendessen für Sie zu arrangieren.

Kleins Frau trat ins Zimmer, eine weißblonde, üppige Frau im rotschwarzen Seidenkleid. »Unser Leih-Koch aus dem ›Goldenen Krug‹«, sie wies auf einen gelbhäutigen, schlitzäugigen Mann, der im Türrahmen stand und sich nun verneigte, »stammt aus Vietnam.«

»Er ist der beste Koch des Mekong-Deltas«, warf Klein ein, »wenigstens wird das behauptet. Wir können ja nachher darüber abstimmen. Bitte nehmen Sie Platz.«

Innerlich lächelte Erlemann über Kleins Gehabe. Aber die Selbstverständlichkeit, mit der der Koch verschwand und ein livrierter Butler erschien, beeindruckten ihn und Gabi. »Ganz wie im englischen Kriminalfilm«, dachte sie. Kristallgläser, Meißner Porzellan und goldenes Besteck auf dem Damasttischtuch, seidene Ghom- und Nain-Teppiche auf dem Boden, wertvolle Gemälde an den Wänden – der Prunk drohte sie zu erschlagen.

»Wie kommen wir zu der Ehre, von Ihnen eingeladen zu werden?« Mit gespielter Lässigkeit versuchte Erlemann, sein brennendes Interesse an der Antwort zu verbergen.

Klein lächelte. »Ganz einfach, ich wollte Sie, Herr Erlemann, geschäftlich kennenlernen. Und ich bin froh, daß Sie meiner Einladung gefolgt sind. In Geschäftskreisen spricht man über Sie. Man sprach bereits über Ihre ersten Geschäfte, aber als Sie mit den Bierfässern in die Klemme gerieten und die ganze Branche lachte, war ich gespannt, was Sie unternehmen würden. Und ich muß sagen, das war ein Bravourstück, wie Sie sich an den eigenen Haaren aus dem Sumpf gezogen haben. Der Spott in der Geschäftswelt ist verstummt. Ich muß gestehen, ich habe Ihre Probleme immer mit besonderer Anteilnahme verfolgt. Es hätte mir leid um Sie getan. Ein paarmal war ich versucht, Ihnen meine Hilfe anzubieten. Aber immer wieder haben Sie sich allein freigeschaufelt. Meine Hochachtung.«

Ohne es sich anmerken zu lassen, genoß Erlemann Kleins Lob. Klein – offensichtlich ein erfolgreicher Kaufmann – schilderte ihn so, wie er sich selbst am liebsten sah: Der Macher, der Kämpfer, der Größte.

»In welcher Branche sind Sie tätig?« fragte Gabi, die von Kleins Worten nicht so beeindruckt war. Außerdem fühlte sie sich übergangen. Alles drehte sich wie immer um Jochem. Ein Männergespräch bahnte sich an, das sie außen vorließ.

»Entschuldigen Sie, gnädige Frau«, Klein erhob sich halb aus seinem Sessel und deutete eine Verbeugung an, »ich habe Ihrem Mann nur seine Frage beantwortet. Im übrigen gilt mein Interesse den gesellschaftlichen Gepflogenheiten in diesem Stadtteil, wo man doch unter sich ist und sich öfter zusammensetzen sollte, um Informationen auszutauschen. Der Smalltalk der Kaufleute seit Hunderten von Jahren. Davon leben sie!« Er wandte sich wieder an Jochem Erlemann.

»Als Sie es schafften, sich von dem Schlag zu erholen, wußte ich, Sie sind mein Mann. Sie sind ein As im Verkauf. Ich bin ein As mit meinen internationalen Industriekontakten. Ich habe im Kopf eine Geschichte durchgespielt, so ähnlich wie Sie Ihre Modelle bisher aufgezogen haben, in Brüssel, in Paris, in Kalifornien usw. Sie sehen, ich bin über alles im Bilde. Auch wenn das nur kleine Fische sind.«

»Kleine Fische?« Erlemann schien beleidigt.

Klein lachte versöhnlich. »Nehmen Sie es mir nicht übel. Ich meine es tatsächlich so. Bei dem Objekt, das ich ausgeklügelt habe und das in seinen Grundzügen, im Konzept und auch schon zahlenmäßig steht, handelt es sich um 100 Millionen Eigenkapital, um 100 Millionen, die aus eingesparten Steuern kommen sollen. Weitere Tranchen können folgen. Letztlich kann ich eine Milliarde unterbringen! Nach meinen, zugegebenermaßen nicht ganz so fundierten Vorabberechnungen, wie Ihre zu sein pflegen, dürften die Steuerspar-Kunden einen Steuervorteil von über 250 % erzielen.«

»250 %?« Erlemann wurde neugierig.

»Wäre es vielleicht möglich . . .«, Gabi Erlemanns Stimme klang etwas ungehalten, »daß Sie Ihre Geschäftsgespräche, sofern Sie in die Einzelheiten gehen, vielleicht erst später oder morgen führen. Ich würde sonst zurück zu unseren Kindern gehen.« Sie wandte sich entschuldigend an Klein, dessen Frau offensichtlich gewohnt war zu schweigen.

»Da haben Sie aber recht, gnädige Frau.« Klein strahlte über das ganze Gesicht. »Für heute Schluß mit den Geschäften.«

Der Koch aus dem »Goldenen Krug« fuhr einen Wagen herein, dessen Platte mit einer großen, silbernen Glocke bedeckt war. Er hob den Silberdeckel: Aus einer Vielzahl von Gemüsen, farbigem Reis und Fleischstücken aller Sorten hatte der Kochkünstler einen Berg modelliert. Einen Berg mit bewaldeten Flanken und einem schroffen Abhang. Die Bäume bestanden aus Brokkolikronen, Blumenkohl und Pilzen. Die Felsstrukturen bildete grauer, brauner und weißer Reis, und das Wasser zu Fuße des Berges bestand aus Sauce. »Der Muslai«, sagte der Koch. »The mountain near the place I'm coming from.«

»Und das kann man auch essen?« fragte Erlemann gespannt und schnupperte.

»Worauf Sie sich verlassen können!« nickte Klein und schnippte mit den Fingern. Eine Serviererin trat an den Tisch und hielt die Teller, die der Koch ihnen füllte. Mal nahm er ein Stück Felsen, mal ein Stück Busch oder Baum. Dann tunkte er seinen Löffel in einen See.

»Eigentlich schade«, dachte Erlemann, »zumindest hätte man ein Foto von dem Kunstwerk machen sollen.«

Auf dem Heimweg blieb Erlemann plötzlich stehen. Aufgeregt wandte er sich an seine Frau. »Jetzt fällt es mir ein, woher ich den Namen kenne. Dieser Klein hat ein Buch geschrieben mit dem Titel: ›Das Geld liegt auf der Straße‹. Morgen werde ich es mir kaufen.«

»Die Sache wird Contruck, Con von Container und Truck von Trucks, Baumaschinen, heißen. Wir kaufen und vermieten Baumaschinen und Schwerlastfahrzeuge, Kranwagen und Kipper im Nahen Osten. Außerdem kaufen wir 100 Lkws zum Transport der Butangasflaschen. 800 000 Gasflaschen werden wir noch anschaffen müssen, 100 000 sind schon vorhanden. Die bestehende Gasabfüllstation wird übernommen, Abnehmer und Vertriebsfirmen haben bereits Verträge unterzeichnet«, erläuterte Klein.

Erlemann saß in Kleins Büro. Er war überzeugt. Nicht zuletzt, weil er gestern den Direktor der Deutschen Bank AG, Köln, Herrn Dr. von Bitter, auf Klein angesprochen hatte. Der Bankmann schien überrascht. »Wie bitte? Sie haben Kontakt mit Herrn Dr. Klein? Das ist aber eine allererste Adresse. Ich kann Ihnen versichern, mit diesem Mann haben Sie den besten Partner, den Sie sich vorstellen können.«

Erlemann, »der Handschlag-Mann«, vertraute schnell. Die Auskunft des Bankdirektors war die Bestätigung.

Er ahnte nicht, daß dies der erste Schritt zu seinem Untergang war.

»Ein phantastisches Fest! Ein phantastisches Haus! Eine phantastische Gastgeberin! Darf ich mich bedanken?« Der Mann im großkarierten Sakko, den grauen Hosen und dem gleichfarbenen Rollkragenpulli reichte Gabi Erlemann die Hand. Er verbeugte sich und stieß mit Brille und Nase auf ihren Arm. Gabi Erlemann lächelte gequält, der Mann drehte sich um und verschwand im Getümmel der Tanzenden, die sich nach den Klängen der Kapelle bewegten. »Wer war das?« Jochem Erlemann, der zu seiner Frau getreten war, zuckte die Schultern. »Weiß nicht. 'ne Menge Leute hier, die ich nicht kenne und die ich auch nicht eingeladen habe. Irgendwie scheint sich das Fest herumgesprochen zu haben. Aber laß sie.« Erlemann folgte Joe, einem Kölner Wirt, dem er die Organisation des Festes aufgetragen hatte. »Kennst du den?« Erlemann versuchte, mit dem Finger in der Menge der Tanzenden den Mann mit dem großkarierten Sakko ausfindig zu machen. »Klar. Ein Journalist. Boulevardpresse. Wundert mich, daß du ihn nicht kennst. Seit fast anderthalb Jahren bringt er Geschichten über dich.«

»Ach...« Erlemann sah zu dem Pressemann hinüber. »Oft schreibt er Erfundenes. Er hat keine Ahnung!« mischte sich Gabriele Erlemann ein.

»Du bist im Gespräch, Jochem«, sagte Joe. »Ganz besonders hier in Köln und in deiner Branche. Jeder in der Stadt kennt dich.«

»Na, na, na! Nicht jeder.«

»Ja, glaubst du denn, andernfalls wären all diese Leute hergekommen? Unter den achtzig, neunzig Gästen sind doch jede Menge Prominente, die sonst ihren Hintern nicht hierher gehoben hätten! Weißt du eigentlich, wie oft ich in meinem Restaurant auf dich angesprochen werde, Jochem? Jeder zweite fragt mich, ob ich ihn nicht mir dir bekanntmachen könnte, damit er sein Geld bei dir anlegen kann. Übrigens, Jochem, kannst du denn nicht auch mal was für mich tun? Ich möchte auch dabei sein.«

Erlemanns Antwort kam ohne Zögern: »Joe, in den Geschäften stecken auch Risiken, das kannst du in den Prospekten nachlesen. Mit Freunden mache ich grundsätzlich keine Geschäfte.« Gabi Erlemann unterbrach das Gespräch. »Wirklich prominent sind für mich höchstens fünf. Die anderen halten sich nur dafür.«

»Ist doch egal«, beschwichtigte Erlemann.

»Egal? Früher kannte dich keiner. Heute, wo du oben bist, wollen sich alle an deinen Tisch setzen!« Sie sagte das sehr sachlich. »Okay«, beendete Erlemann das Gespräch. »Wir müssen uns um die Gäste kümmern.«

»Einen Moment, bitte.« Gabi zog ihn beiseite. »Eben fiel es mir wieder ein. Die ganze Woche wollte ich schon mit dir darüber reden. Sag mal, du stellst doch ständig neue Leute ein. Welche Voraussetzungen müssen sie erfüllen? Müssen sie Ahnung vom Geldmarkt haben?«

»Das kommt darauf an. Grundsätzlich ja, es sei denn . . .«

»Weißt du«, fuhr Gabi dazwischen, »ich begegne beim Einkaufen in der Hertie-Lebensmittelabteilung immer einem Mann, den ich als besonders angenehm empfinde.«

»Angenehm?« Erlemann sah sie an.

»Ja, angenehm! Natürlich sind wir inzwischen bekannt dort, aber er ist auch zu den anderen Kunden freundlich. Er empfängt mich am Eingang, sagt mir, was es Neues, Frisches gibt, was im Angebot ist, führt mich herum, hält meinen Korb und macht das so geschickt, daß ich eigentlich immer viel mehr kaufe, als ich will. Deshalb schreibe ich mir jetzt immer einen Zettel. Was glaubst du, hat dieser Typ gestern gemacht? Er sagte, ›Guten Tag, Frau Erlemann. Wir haben „Französische Woche“. Dort drüben am Faß gibt es frische Austern für eine Mark das Stück, bitte genießen Sie die Austern und einen trockenen Chablis. Währenddessen erledige ich Ihre Einkäufe, denn ich sehe, Sie haben einen Zettel gemacht!‹«

Erlemann zeigte Interesse. Sie fuhr fort: »Nicht nur das. Er kam zu mir, weil an der Kasse eine lange Schlange stand, und sagte: ›Würden Sie mir bitte Ihr Portemonnaie geben. Ich rechne auch gleich für Sie ab.‹ Er hat alles gemacht, er hat's mir zurückgebracht, hat mich darauf hingewiesen, was er über den Zettel hinaus gekauft hat, was besonders gut sei, und ich . . . ich konnte ihm überhaupt nicht böse sein, im Gegenteil.« Sie schaute auf ihren Mann, der in prustendes Lachen ausgebrochen war.

»Das ist gut. Weißt du, wie er heißt?«

»Soviel ich weiß, Widder oder so ähnlich.« Erlemann nickte. »Den werde ich mir in den nächsten Tagen einmal ansehen. Aber jetzt mußt du mich entschuldigen, da kommen noch ein paar spezielle Gäste.«

»Spezielle Gäste?«

»Ja, die Haie . . .«

»Die Haie . . .?«

Jochem lachte. »Das sind die vom Kölner Eishockeyclub, die nennen sich ›die Haie‹. Ich glaube, die wollen mich für irgendwas ködern. Es stand doch in der Zeitung, die sind so gut wie bankrott.«

»Aber du verstehst doch gar nichts von Eishockey, hast ein einziges Spiel auf der Olympiade gesehen . . .«

»Stimmt. Wahrscheinlich soll ich denen helfen, die Kiste wieder flottzumachen. So was Ähnliches wie das, was der Amann macht.«

»Aber der macht Tennis. Außerdem spielt er selbst Tennis.«

»Klar spielt der Tennis, aber nicht bei dem von ihm gesponserten Cologne Cup. Da läßt er für sein Geld die Weltelite spielen.«

»Das ist ihm aber immer noch näher, als dir Eishockey!«

Erlemann sah seine Frau an. »Eigentlich hast du recht. Komm, mischen wir uns unter die Gäste.«

Gabi hakte sich bei ihrem Mann ein. Zusammen wanderten sie durch die Gästeschar, eine bunte Mixtur aus Wirtschaft, Politik, Presse, Prominenz, Kunst und Kölschem Klüngel.

Als sie einen der Tische passierten, steckten drei Männer die Köpfe zusammen. »Und du meinst, den könnten wir für unsern Club interessieren?«

»Ich weiß es nicht, aber wir sollten es probieren.«

»Und hät der dann och jenuch Jeld?« fragte der dritte.

»Na, hör mal!« regte sich der erste auf. »Schau dich doch mal um!«

»Sie müssen Herr Widder sein?«

»Widder ist mein Name«, antwortete der junge Mann im weißem Kittel. Er schien nicht überrascht. »Und Sie sind Doktor Erlemann.«

»Sie kennen mich?«

»Aus der Zeitung. Aber Ihre Frau kommt sehr oft hier her. Sie ist eine gute Kundin.«

Erlemann grinste. »Nicht zuletzt dank Ihres Verkaufstalents.«

Widder deutete eine altmodische Verbeugung an.

»Sagen Sie mal, sind Sie eigentlich mit Hertie verheiratet?«

»Wie soll ich das verstehen?«

»Ich meine, haben Sie sich schon mal Gedanken gemacht, Ihr Verkaufstalent anders einzusetzen und mehr zu verdienen?«

»Wollen Sie mir ein Angebot machen?«

»Ja.«

»Was kann ich verdienen?«

»Bei Ihrem Talent«, Erlemann seufzte, er legte sich nicht gerne fest.

Provisionen wurden erst nach Abschlußfreigabe durch den Wirtschaftsprüfer ausgezahlt. Für Anlageberater gab es weder Garantien, noch ein Grundgehalt. Der ständige Anreiz, Erfolg haben zu müssen, trieb die Leute an, und der Druck: »Kein Geschäft = kein Geld« setzte immense Kräfte frei.

Erlemann sagte: »Gar nichts, wenn Sie nichts verkaufen. Aber wenn Sie nur halb so gut verkaufen, wie ich Sie einschätze, fünf- bis zehntausend Mark.«

»Pro Monat?«

»Pro Woche.«

Clemens Widder schob die Einkaufswagen ineinander, schob sie auseinander und schien sich nur mit der Technik von Einkaufswagen zu beschäftigen. Dann hob er den Kopf und verkündete: »Wenn ich hier alles geregelt habe, melde ich mich bei Ihnen.«

Als Erlemann das Kaufhaus Hertie verließ, hatte er die Gewißheit, dem jungen Mann eine vielversprechende Karriere eröffnet zu haben. Er dachte an die Stunde seiner Versuchung durch Jürgen Amann und war sicher, dieser Widder würde es schaffen. Das war keine Fehlprognose.

»Clan« hieß eine Clubdiskothek in der Kölner Altstadt. Jochen Virnich, der Wirt, hatte es fertiggebracht, sogenanntes »gutes Publikum« anzuziehen, worunter in Köln in erster Linie der »Kölsche Klüngel« zu verstehen ist, Prominenz und Halbprominenz aus allen Schichten. Das wiederum zog durchreisende Künstler an, die vom nahen WDR-Gelände oft auf einen Drink hereinspazierten. Wie an diesem Abend André Heller. Er saß am Ende der Bar in einer Ecke, wechselte ein paar Worte mit der Ehefrau des Wirts und dachte an Wien, an Roncalli, Feuerwerk und an nichts Böses, als Jochem Erlemann den Club betrat. Der »Clan« war an diesem Abend gut besucht. Die Wirtin winkte Erlemann. Er steuerte auf sie zu. Als er direkt neben André Heller stand, erkannte er ihn.

Erlemann überlegte, ob er den Wiener ansprechen sollte. Geschäft? Kaum.

Heller kam ihm zuvor. »Roncalli muß sterben, wenn nicht bald etwas geschieht.« Heller erzählte: Er war schon bei Stadtverwaltungen und Landesregierungen gewesen und hatte um Finanzhilfe gebeten, aber erfolglos. »Aus meiner eigenen Tasche«, seufzte er nach dem fünften Wein, »kann jetzt nichts mehr kommen, die sind leer. Ich habe alles in Roncalli gesteckt, der meine Idee, der mein Traum ist.«

Am nächsten Mittag erschien André Heller in der Treuhand. Erlemann zückte Scheckbuch und Kugelschreiber und füllte aus: Fünfundzwanzigtausend Mark. »Reicht das fürs erste?« fragte er. Heller schien beeindruckt. »Und was kann ich für Sie tun?«

»Weiß ich noch nicht. Bei Gelegenheit erinnere ich Sie daran.«

Einige Tage später erhielt Erlemann einen gedichteten Brief aus Wien, der mit dem Satz begann: »In Köln bei Doktor Erlemann, da fängt für uns der Reichtum an.«

Vorstand und Verwaltungsrat des Kölner Eishockeyclubs »Die Haie e. V.« bitten im Namen seines Förderkreises zu einer Riverboat-Shuffle auf dem Rhein.

Start: Mittwoch, 8. September 1976, 19 Uhr.
Treffpunkt: Landesteg 1 der »Köln-Düsseldorfer« in Köln.
Was erwartet Sie?
Musikalisch: Chris Barber and his Jazzband, London, und die
»Bläck Fööss« aus Köln.
Kulinarisch: Hundert Sorten Brot, Töpfe mit Schmalz, selbstge-
machte Wurst, Sülze, rote Grütze.
Unterwegs kommt aufs Schiff ein ganzer Ochse vom Spieß. Um
23 Uhr: 20 m frischer Zwetschgenkuchen und Kaffee.
Die Kleidung: sportlich.
Gezeichnet: Dr Jochem Erlemann, Präsident,
Dr. Helmut P. Klein, Vorsitzender des Verwaltungsrates,
Robert A. Lutz, Vizepräsident.

Für 800 Gäste war das Schiff der weißen Flotte polizeilich zugelas-
sen. Tausend waren bereits an Bord. Sie drängelten sich an der
Steuerbordseite und schauten auf das Geschiebe an Land, wo weitere zweitausend versuchten, an Bord zu kommen. Aber der Kapitän
rief: »Jetzt ist Schluß, sonst kentern wir!« Gewaltsam mußte man die
Leute vom Landesteg zurückdrängen, damit die Seile gelöst werden
konnten. Der Kapitän befahl den Neugierigen: »Verteilen Sie sich!
Das Schiff hat Schlagseite!«

Wäre der Dampfer an diesem Abend untergegangen, Köln hatte
seinen Kölschen Klüngel komplett verloren.

Die Präsidentschaft des Dr Jochem Erlemann im Kölner Eishockeyclub »Die Haie e. V.« hatte schon früher begonnen. Die grandiose
Schiffsparty, von der noch heute in Köln geredet wird, war sein Ein-
stand. Gleichzeitig wurde die Mannschaft für die kommende Saison
der Öffentlichkeit vorgestellt. Vorangegangen war der Rücktritt des
langjährigen Präsidenten Peter Rentergent.

So trafen sich im Mai 1976 in der Clubdiskothek »Clan« drei
Männer mit traurigen Mienen und düsteren Ahnungen, um zu beraten, was aus ihrem Eishockeyclub werden sollte. Neben Trainer Gerhard Kiessling war der technische Direktor Georg Simbeck anwesend. Außerdem ein Mann namens Klaus Wawer. Der Clan-Wirt,

Jochen Virnich alias »Carnera«, ein ehemals guter Eishockeyspieler, der alle Leute kannte, die es in Köln zu kennen lohnte, nahm an dem Gespräch teil. Er wurde bestürmt, ob er niemanden wüßte, der den Verein aus dem Schuldenberg befreien könnte. Doch so sehr die Köpfe auch rauchten, einen Ausweg wußte auf Anhieb niemand. Der Wirt fragte seine Gäste, Klaus Wawer fragte seine Freunde. Viele Namen wurden genannt, die meisten wieder verworfen. Am Ende blieb nur ein einziger Name übrig. Als die vier einige Tage später im Kölner Löwenbräu saßen, sagte Klaus Wawer: »Dä Erlemann!«

*Der Anlaß war ganz einfach. Die Vertreter des wirtschaftlich kaputten Vereins kamen auf mich zu und fanden eine offene Tür. Wenige Monate zuvor, bei den Olympischen Winterspielen 1976 in Innsbruck, hatte ich das erste Eishockeyspiel meines Lebens gesehen und war fasziniert. Diese harte Männersache gefiel mir. Beinhart wie das Geschäft, aber sportlich fair. Ich war schnell bereit, den Verein ehrenamtlich als Präsident zu übernehmen. Die Sorgen kamen hinterher. Schatzmeister Heinen, der im Herstatt-Strudel versunken war, hatte mir einen Schuldenstand von 465 000 Mark ausgerechnet. In Wirklichkeit waren es etwa zwei Millionen. Insofern bin ich – was für einen Steuer- und Finanzmann ja interessant ist – aufs Glatteis geführt worden. Daß dieser Verein einmal ein Stück Lebensinhalt würde, ahnte ich zu dem Zeitpunkt nicht.*

*Wir waren in Zeitnot. Der »Patient« sollte ja nicht auf dem Weg ins Krankenhaus sterben. Das hieß, der Verein brauchte sofort Geld, nicht erst morgen. Das war mein Zielkonflikt zwischen Soforthilfe und dem Warten auf das Ergebnis der Wirtschaftsprüfung. Als mich dann drei Monate später die wirklichen Zahlen fast umhauten, habe ich kurz überlegt und dann trotzdem gesagt: »Okay, du hast angefangen, jetzt gehst du den Weg auch zu Ende. Wenn der Club schuldenfrei und die Profi-Liga eingeführt ist, mache ich Platz für andere.« Hätte ich damals gewußt, was auf mich zukommt, ich hätte dieses Amt nicht übernommen. Aber die Menschen, die ich getroffen und die Spiele, die ich gesehen habe, werde ich nie vergessen.*

Der Sommer 1976 war für »Die Haie« eine schwierige Zeit. Der Club war ein Torso. Die Spieler hatten seit Monaten kein Geld gesehen, und viele waren abgewandert. Als der Vorstandsrest Erlemann den Präsidentschaftsantrag gemacht hatte, wartete man ängstlich auf seine Entscheidung. Erlemann bat sich einen Tag Bedenkzeit aus. Ihm war klar, wenn er auf dieses Abenteuer einstieg, würde er ihm einen großen Teil seiner Zeit und Energie opfern müssen, die dann seiner Firma und Familie fehlen würden. Andererseits – was für eine Aufgabe! Lange saß er an dem entscheidenden Abend allein in seinem Büro. Er warf Zahlen aufs Papier, griff sich die Vereinssatzung und Unterlagen, las nach, verglich, kritzelte und versank in dumpfes Brüten.

Der Verein mußte ein ganz neues Konzept erhalten. Ein Korsett. Er mußte geführt werden – wie die Europäische Treuhand – straff, erfolgreich, mit positivem Bild in der Öffentlichkeit. Und natürlich steuergünstig.

Als Erlemann das Licht löschte, hatte der Kölner Eishockeyclub »Die Haie« einen neuen Präsidenten und war auf dem Wege zu den größten Erfolgen seiner Vereinsgeschichte. Erlemann sah auf die Uhr. Es war halb drei. Ihm kam ein Wortspiel in den Kopf, und er mußte grinsen. »Wer denkt so spät noch um halb drei? Der Erlemann mit seinem Hai.«

In der Villa Hahnwald schlief schon alles. Leise öffnete Erlemann die Schlafzimmertür, schlich zum Bett seiner Frau und weckte sie mit einem Kuß. »Guten Morgen, Frau Präsidentin!«

»Hhm?«

»Guten Morgen, Frau Präsidentin!« wiederholte Erlemann.

»Was soll der Quatsch?«

»Was das soll? Ganz einfach, du bist jetzt Präsidentin, und ich bin der Präsident. Ich habe soeben den Kölner Eishockeyclub gekauft.«

Am nächsten Tag fuhr Erlemann in die Geschäftsstelle des KEC und sagte zu. Dann erbat er sich die Geschäftsunterlagen und trug sie in seine Steuerkanzlei, mit dem Auftrag festzustellen, wo welche Verbindlichkeiten bestanden. Dem Spielobmann drückte Erlemann vierzigtausend Mark in die Hand, um die dringlichsten Schulden zu bezahlen. Als er noch einmal bei der Geschäftsstelle aufkreuzte, begegnete ihm ein Mann im schlichten grauen Anzug. »Sie sind der neue Präsident, habe ich eben gehört?«

»Ja, mein Name ist Erlemann. Wer sind denn Sie bitte?«

»Schmitz. Einfach Schmitz. Ich bin der Bote vom Finanzamt.«

Damit überreichte er Erlemann einen Pfändungsbeschluß der Finanzkasse Köln und verschwand. »Das kann ja heiter werden!« Erlemann stand da, wog den Brief in der Hand, drehte sich auf dem Absatz um, lief schnurstracks zu seinem Wagen und fuhr zum Finanzamt. In der richtigen Abteilung, an der richtigen Tür klopfte er an und betrat das Zimmer. Seine Hast hatte den Mann am Schreibtisch derart überrascht, daß ihm sein Brötchen im Hals steckenblieb. Flugs verpackte er die Reste seines Mittagessens in Papier und schob es in die Schublade. »Jetzt ist kein Publikumsverkehr. Was wollen Sie?« Erlemann trat an den Schreibtisch und legte den Pfändungsbeschluß vor. »Das ist der Pfändungsbeschluß gegen den Eishockeyclub ›Die Haie‹. Ich bin seit heute Präsident. Ich garantiere dafür, daß die Steuerschulden bezahlt werden. Allerdings nur, wenn Sie erst mal stillhalten. Ich werde alles regeln. Nehmen Sie den Pfändungsbeschluß zurück.« Der Mann hatte seinen Bissen zu Ende gekaut und heruntergeschluckt. »Das kann ich alleine nicht entscheiden.« »Na los, kommen Sie! Gehen wir zu Ihrem Vorsteher.«

Eingeschüchtert schob der Mann den Stuhl zurück und schlurfte vor Erlemann her ins Nebenzimmer. Erlemann brauchte anderthalb Stunden, dann war alles geklärt. Schließlich war er auf dem Finanzamt kein Unbekannter.

Im Büro der Europäischen Treuhand stand das Telefon nicht mehr still. Sekretärin Astrid nahm Dutzende von Telefonaten entgegen. Wie ein Lauffeuer hatte sich herumgesprochen, daß Erlemann den KEC übernommen hatte. Einer der Anrufer war Dr. Klein. Er las laut aus der Boulevardzeitung Express vor: »Haie gerettet, Spezialitäten-Doktor Erlemann übernimmt KEC«.

»Herr Dr. Klein«, unterbrach Erlemann den Anrufer, »ehe Sie weiterlesen, möchte ich Sie kurz in Ihrem Büro aufsuchen.«

»Nun haben Sie es doch gemacht«, empfing Klein seinen Besucher.

»Na und?« Erlemann warf sich in einen Sessel, schlug die Beine übereinander und lachte. »Erstens macht es mir einfach Spaß. Es ist bestimmt nicht leicht, diesen Club zu sanieren, aber mir ist da schon was eingefallen. Übrigens waren Sie es, der mich auf den Werbeeffekt aufmerksam gemacht hat. Die Europäische Treuhand künftig auf allen Sportseiten. Im Fernsehen, in der Sportschau, im Sportstudio, in Sport am Sonntag, im Sportkalender. Überall, wo es um Eishockey geht, wird auch vom KEC die Rede sein, wenn er gut spielt. Und dafür müssen wir sorgen.«

»Wir?« Klein sah erstaunt auf und zeigte mit der Hand auf sich.

»Ja, wir«, entgegnete Erlemann. »Ich habe da ein Modell entwikkelt. Erstens brauche ich einen starken Verwaltungsrat, da habe ich an Sie gedacht. Dann einen großen Förderkreis, so was, wie der 1. FC Köln es auch hat. Betuchte Leute haben die besten Plätze, werden in den Drittelpausen hofiert, kriegen Kölsch vom Faß und belegte Brötchen, vielleicht noch ein warmes Würstchen, und dafür zahlen sie 2500 Mark im Jahr. Außerdem – Sie haben doch auch Steuern zu zahlen.«

»Ja, wieso?«

»Warum sollen wir nicht auch Eishockey abschreiben? Steht alles im Gesetz, mein Steuerberater hat ein Modell entwickelt. Beteiligungen an einer Eishockey-Werbe-GmbH. Wir kaufen dem Club die Mannschaft ab. Wert nach meinem Überschlag 5 Millionen. 2 Millionen legen wir in bar hin, der Rest wird gestundet. Aber die gesamte Ablösesumme von 5 Millionen schreiben wir über die Vertragsdauer hin ab. Macht rund 200 % Steuervorteil. Ist das was?«

»Das hat noch keiner gemacht!« Klein zögerte.

»Einen Gesellschafter habe ich schon«, fuhr Erlemann fort, »Gerd Schmitz, den Inhaber des Freizeitparks. Außerdem den Willi Bellheimer und den Kranzler. Sie passen da auch noch rein, Herr Dr. Klein.«

Klein nickte vor sich hin. »Sagten Sie nicht, die Werbung ist davon abhängig, ob die Mannschaft in den Schlagzeilen steht? In die Schlagzeilen kommt eine Sportmannschaft nur, wenn sie Spitze ist. Wo steht denn dieser Kölner Eishockeyclub? Soviel ich weiß, alles andere als oben.« Klein sprach das Wort »Eishockey« aus, als sei es etwas Unanständiges. Erlemann winkte ab.

»Darf ich mal von ihrem Apparat mit Bob Lutz telefonieren?«

»Bob Lutz? Was wollen Sie denn von dem?« Immerhin war Bob Lutz damals Ford-Deutschland-Chef. Heute sitzt er als Nachfolger von Iacocca auf dem Vorstandssessel der Chrysler Corporation in Detroit. »Ich will klotzen, nicht kleckern. Und da fange ich beim Vorstand an. Ich brauche einen Vizepräsidenten. Einen mit Charisma.«

Klein runzelte die Brauen: »Sie glauben doch nicht, daß Bob Lutz so etwas macht?«

»Werden wir ja sehen.« Erlemann telefonierte. Am nächsten Tag hatte er seinen Vizepräsidenten.

»Zurück zum Thema«, sagte Klein, »wenn ich Geld investieren soll, müssen Sie mir sagen, wie Sie die Werbewirksamkeit herstellen wollen. So einfach wird aus einem Pleiteclub keine Meistermannschaft.«

»Stimmt. Wenn er ein Pleiteclub bleibt. Eishockey ist eine bayrische Domäne. Aber das muß nicht so bleiben. Wir werden Spieler kaufen. Die besten, die es in Deutschland gibt.«

»Und wer sind die besten?«

»Das weiß ich doch nicht!« Erlemann winkte ab. »Als ich vor vier Monaten in Innsbruck auf der Olympiade mein erstes Spiel sah, da wurde es von einem baumlangen Kerl alleine entschieden. Das ist der einzige Name, den ich mir gemerkt habe: Erich Kühnhackl. Den müssen wir haben.«


»Ja, den Kühnhackl müßten wir haben, aber der ist nicht zu kriegen.« Klaus Wawer schüttelte den Kopf. Er war, wie die anderen Alt-Vorstandsmitglieder, von K.K. Astrid in Erlemanns Haus bestellt worden. Nun saß man im Garten, trank Bier und nahm einen Imbiß zu sich.

»Das gibt es nicht. Jeder hat seinen Preis!« verkündete Erlemann seine Lebenstheorie.

Wawer wehrte ab: »Der ist in Landshut so angebunden, der kommt nicht, und die lassen den auch nicht.«

»Ist er geborener Landshuter?« fragte Erlemann.

»Nein«, antwortete Wawer, »seine Familie stammt aus Böhmen.

Seit acht Jahren leben sie in der Bundesrepublik. Er war schon als Junge ein Talent. Das haben die Landshuter erkannt und dem Vater eine Arbeitsstelle vermittelt. Der Erich arbeitet bei der Stadt, aber eigentlich ist er nur Eishockeyspieler.«

»Wer etwas Besonderes kann und das auch noch besser als andere«, sinnierte Erlemann, »sollte nur das tun und entsprechend hoch bezahlt werden. Das macht den Profi aus, alles andere sind halbe Sachen.«

»Da gibt es noch einen Spieler in der Tschechoslowakei, der spielt in den USA, zu dem hatte ich mal Kontakte. Er heißt Nedomanski«, sagte Simbeck. »Aber ich weiß im Moment nicht, wie wir an den rankommen sollen, und was der kostet.«

»Was kostet ein Spieler?«

»Sagen wir mal, ein guter Spieler kostet 100 000 Mark«, klärte Wawer auf.

»Also gut«, entschied Erlemann. »Du«, er streckte die Hand aus und zeigte auf Klaus Wawer, »kommst morgen zu mir ins Büro. Ich gebe dir Vollmacht und Bargeld. Damit fährst du nach Landshut und holst mir den Kühnhackl.«

Wawer sackte zusammen. »Willst du das nicht lieber selbst . . .?«

»Ich habe keine Zeit. Ich muß Geld verdienen, damit ich dem Verein unter die Arme greifen kann. Morgen geht's los.«

So fuhr Klaus Wawer Blut und Wasser schwitzend am nächsten Tag nach Landshut, um die Eishockey-Legende nach Köln zu holen. Er hatte sich in Absprache mit Erlemann, der laufend unterrichtet werden wollte, im Landshuter Hotel »Leopold« einquartiert. In seinem Handgepäck befand sich ein kleiner, schwarzer Koffer. Die Anzahlung. Als er an Kühnhackls Haustür schellte, wurde nicht geöffnet.

Was die Kölner nicht wußten: Im Ort war Schützenfest. Und wenn in Bayern Schützenfest ist, geht jeder hin und feiert mit. Auch Eishockeyspieler. Den ganzen Tag irrte Wawer über die riesige Festwiese, den schwarzen Koffer in der Hand, und sah sich die Augen nach Erich Kühnhackl aus. Am Abend berichtete er seinem Präsidenten telefonisch von den erfolglosen Bemühungen.

»Jochem, es ist wie in Köln am Rosenmontag. Unmöglich, ich finde ihn nicht. Was soll ich machen?«

»Weitersuchen und morgen wieder melden.« Erlemann legte auf.

Aber auch am Mittag des zweiten Tages war kein Erfolg in Sicht. Noch immer trieben die Bayern ihr Maßkrugspiel, und Wawer war gegen Mittag ziemlich erschöpft. Wieder berichtete er seinem Präsidenten.

»Wo bist du jetzt?«

»In Landshut auf dem Festplatz, im ersten Schützenzelt.«

»Dort bleibst du sitzen, am ersten Tisch rechts oder links, und rührst dich nicht von der Stelle.«

Erlemann wählte eine neue Nummer. Jochen Virnich meldete sich. Erlemann ließ erst gar keinen Widerspruch aufkommen und bestimmte: »Du mußt sofort nach Landshut. Wawer ist mit den Nerven fertig. Ich brauche da unten einen frischen Mann. Nimm die nächste Maschine nach München und dann ein Taxi. Beeil dich!«

Dem »frischen Mann« gelang es am Sonntagabend, Kühnhackl zu stellen. Er lotste ihn in eine stille Ecke, öffnete das Köfferchen, nestelte aus der Tasche einen von Erlemann handgekritzelten Vertrag, legte ihn auf den Koffer, zückte einen Kugelschreiber und sagte: »Und dort, Erich, mußt du unterschreiben.«

Wenn auch Landshut eine ländliche Gegend ist, so hatte Erich Kühnhackl doch kein ländliches Gemüt. Obwohl ihn der Vertrag reizte, setzte er seine Unterschrift nicht unter das Papier. »Gib mir den Vertrag. Ich gehe morgen zu meinem Anwalt nach München. Wenn alles klar ist, unterschreibe ich und komme zu euch an den Rhein.«

Gesagt, getan.

Montag gegen 14 Uhr erreichte Erlemann ein erboster Anruf von Kühnhackls Anwalt. »Was stellen Sie sich eigentlich vor? Das sind ja Wildwest-Methoden. Und für ein Butterbrot kommt der Erich schon mal gar nicht nach Köln. Der Verein will 1,3 Millionen.«

»Nie!« sagte Erlemann in den Hörer und legte auf. Mehr denn

je war er entschlossen, diesen Mann zu kaufen. Außerdem hatte er mittlerweile über den ZDF-Sportreporter Ben Wett aus den USA erfahren, daß die Alternative Nedomanski fünfhunderttausend Dollar pro Jahr verdiente. Zuviel für Köln.

Kühnhackl hatte nicht abgesagt. Der E. V. Landshut drohte mit Verbandsmaßnahmen gegen den KEC, mit dem ordentlichen Gericht, aber je klarer ihnen wurde, daß Erich Kühnhackl wechseln wollte, desto mehr wandte sich der Zorn einer ganzen Stadt gegen ihren Liebling.

Insgeheim hatten Kühnhackl und Erlemann sich nach vielen Telefonaten und Treffen in München geeinigt. Sechshunderttausend Mark war die Obergrenze. Aber die Landshuter ließen nicht locker. Es hagelte Briefe, Proteste und einstweilige Verfügungen.

Erlemann dachte sich ebenfalls eine List aus. So ließ er einen Möbelwagen der Kölner Spedition Hasenkamp vor Kühnhackls Wohnung vorfahren und zwei Tage lang parken, so daß in Landshut das Gerücht umging, der Erich zieht schon um.

Kühnhackl war irritiert von den Wogen der Emotionen für oder gegen ihn. Für Bayern war sein Wechsel Landesverrat. An einem Vormittag schlich er aus der Stadt, bestieg in einem Feldweg das Auto eines Freundes, ließ sich nach München kutschieren, flog mit einem gecharterten Privatjet nach Köln und traf gegen 17 Uhr im Gasthaus »Zum Treppchen« in Köln-Rodenkirchen ein. Dort waren der neue Vorstand, die 1. Mannschaft und die Presse versammelt. Bis zuletzt glaubte niemand, daß wahr werden sollte, was Erlemann fünf Minuten vorher versprochen hatte. »Gleich kommt der Erich.« Sie glaubten es erst, als der Hüne durch die Tür stapfte. Er unterschrieb einen Vertrag, fuhr zurück zum Flughafen, bestieg eine Linienmaschine der Lufthansa nach München und war gegen Mitternacht wieder zurück in Landshut. Keiner hatte seine Abwesenheit bemerkt.

Die Schlagzeilen des nächsten Tages ließen die Gerüchte verstummen. Der sensationellste Transfer der deutschen Eishockeygeschichte war perfekt. Doch es dauerte noch Wochen, bis schließlich der E. V. Landshut resignierte und seinen Top-Star für 650 000 Mark Ablösesumme freigab. –

Hier auf der Riverboat-Shuffle, während das weiße Schiff den Rhein aufwärts dampfte und 1000 Menschen beim Tanzen das Schiff zum Vibrieren brachten, wurde alles offiziell. Der KEC stellte seine 1. Mannschaft für die Saison 76/77 vor. Er hatte sich kräftig verstärkt und alle guten Leute gehalten oder zurückgeholt.

Erlemanns eiserne Hand war bereits zu spüren. Liefen die Spieler früher buntgescheckt herum, trugen sie heute Vereinskleidung: Graue Hosen, ein Seidensakko von Pierre Cardin mit dem Emblem der Haie, entworfen vom Designer Roberto Patelli. Erlemann lief aufgekratzt auf dem Schiff herum, schüttelte Hände über Hände und sammelte Spenden für seinen Verein, reiche Leute für den Förder-kreis, der kurz zuvor von Lutz, Klein, Patelli und Erlemann aus der Taufe gehoben worden war. Als das Schiff kurz vor Mitternacht zur Anlegestelle zurückkehrte, warteten dort immer noch Hunderte von begeisterten Eishockeyfans, um ihre Mannschaft zu empfangen.

»Wir müssen pro Eintrittskarte einen Aufschlag von vier Mark neh-men.«

»Was?«

Erlemann hatte den Satz so hingeworfen, wohl wissend, damit das Diskussionsthema des Abends geliefert zu haben. Er zog sein Jackett aus, setzte sich auf den Schreibtisch und erklärte: »Die Abschrei-bungssache ist angelaufen, vom Finanzamt haben wir eine mündli-che Zusage. Wir sammeln laufend Geld vom Förderverein, auch das sind ein paar hunderttausend Mark, aber das alles reicht nicht. Ich zahle und zahle. Das ist ein Faß ohne Boden. Seht mal, was ich hier habe.«

In der Hand trug er zusammengerollt einen Hefter, den er nun auf den Schreibtisch warf. Es war der testierte Bericht über den wahren Schuldenstand.

»Der Wirtschaftsprüfer hat mir heute den genauen Stand der Club-Verbindlichkeiten mitgeteilt. Es sind genau zwei Millionen, einhundertzweiundachtzigtausend, dreihundert und neun Mark.«

Es wurde so still, daß man plötzlich die Geräusche von der Straße hörte, sogar die fast lautlosen Umdrehungen des Ventilators. Erle-mann löste das bedrückte Schweigen. »Eigentlich müßte ich den ganzen Kram hinschmeißen.« Er ballte die Fäuste. »Ihr habt mich angeschmiert.« Schwacher Protest kam auf, aber Erlemann rief: »Ruhe!« Dann fuhr er fort: »Ich schmeiße nichts hin, aber wie wir finanziell zurechtkommen, dafür bin ich ab sofort allein verantwortlich. Die Mitgliederversammlung mag nächstes Jahr über mein Tun entscheiden. Und ich sage euch, wir brauchen die höheren Eintrittspreise! Der Kühnhackl ist hier! Allein für ihn zahlen die Leute den Aufpreis!«

»Da bin ich aber nicht sicher«, Vorstandsmitglied Lenzen sträubte sich.

Auch die anderen mochten sich Erlemanns Meinung nicht anschließen. »Dann kommt überhaupt keiner mehr, die Eintrittspreise sind hoch genug. 10 Mark Stehplatz, 25 Mark für die Sitzplätze, das ist die absolute Obergrenze.« Erlemann kämpfte weiter. »Unsinn! Wir haben in Köln die beste Eishockeymannschaft Deutschlands, mit Kühnhackl, Kiessling, Kuhl, Langemann, Craig Sarner, Schiller, Milton. Ich bin sicher, die Fans honorieren das.«

»Wenn du dich da mal nicht irrst!«

Auch Spieler und Presse waren gegen die Erhöhung. Erlemann schien geschlagen. Zornig erschien er bei der nächsten Vorstandssitzung.

»Ich mache es euch nicht einfach«, begann er seine Rede. »Ich stelle nicht die Vertrauensfrage und sage, ich trete zurück, weil ihr mich überstimmt habt. Aber ich will den Laden hier so schmeißen, wie ich es mir vorstelle. Dafür stecke ich Geld in den Verein und übernehme Verantwortung für die alte Mißwirtschaft. Ich habe etwas begonnen, das muß zu Ende geführt werden. Ich verstehe eure Bedenken, aber ich akzeptiere sie nicht. Meine Frau hatte gestern abend eine glänzende Idee: Lassen wir doch die Zuschauer selbst abstimmen, dann wissen wir's genau!«

»Die Zuschauer?« fragte Simbeck. »Wie soll das denn gehen? Als ob die freiwillig vier Mark mehr bezahlen.«

»Wir werden ja sehen.«

Schon einen Monat vor Weihnachten wurden vor dem Spiel der Kölner »Haie« Weihnachtsbäume verteilt. Weihnachtsbäume aus Pappe, zweiteilig, in der Mitte perforiert. Auf der einen Hälfte stand

»Ja«, auf der anderen »Nein«. Erlemann setzte sich an diesem 28. November 1976, wenige Stunden vor seinem 38. Geburtstag, neben Stadionsprecher Hospelt, ließ ihn ein wenig zur Seite rutschen und ergriff das Mikrophon. »Liebe Eishockey-Freunde, hier spricht euer Präsident. Wir wollen heute . . .«

Er konnte nicht weitersprechen, ein chaotischer Chor aus 6000 Kehlen hinderte ihn daran. Die vollbesetzte Halle skandierte im Rhythmus: »Er-le-mann! Er-le-mann! Er-le-mann!«

»Hallo, Fans, ich danke euch! Aber wir wollen heute . . .« »Er-le-mann! Er-le-mann! Er-le-mann!« »Danke schön, ich danke euch, aber ich brauche jetzt eure Hilfe, ich möchte euch bitten, abzustimmen.«

In dem großen Rund wurde es still. »Ich habe diesen Verein übernommen und, wie ihr wißt, viel Geld investiert. Ich bitte euch mitzuhelfen, den Verein zu sanieren. Tragt euren Teil dazu bei, daß wir diese wunderbare Mannschaft halten können. Ich möchte eure Zustimmung für den Sanierungszuschlag: pro Eintrittskarte vier Mark mehr. Wir wollen euch entscheiden lassen. Ihr müßt es bezahlen. Stimmt ab, ob Spitzeneishockey euch vier Mark mehr wert ist oder nicht. In der ersten Drittelpause werden die halben Tannenbäume eingesammelt. Jeder hat eine Stimme, jeder gibt die Seite ab, für die er sich entschieden hat. Die Ja-Seite ist für den Zuschlag. Die Nein-Seite ist dagegen. Ich bedanke mich.«

Wieder erfüllten die Erlemann-Sprechchöre die Halle. »Ich habe trotzdem meine Bedenken, Herr Erlemann«, sagte Stadionsprecher Hospelt und rutschte wieder auf seinen Stammplatz. Mit der Hand hielt er das Mikrophon zu. »Wenn's ums Geld geht, haben Sie bei denen kein Glück. Die greifen sich nicht selbst in die Tasche.«

»Warten wir's ab.«

Die Auszählung begann in der zweiten Drittelpause. Und mit jedem Tannenbaum, der in den Korb der Ja-Stimmen fiel, wurden die Gesichter der anderen Vorstandsmitglieder länger. Mit einem überwältigenden Vorsprung wurde Erlemanns Vorschlag von den begeisterten Fans angenommen.

Der Helikopter ratterte in hundert Meter Höhe über den National

Forest von New Mexico. Links in der Ferne blinkte das breite Band des Rio Grande. Erlemann schaute hinab auf dichte Wälder. Jetzt erreichten sie den Waldrand. Bis zum Horizont, wo der Elephant-Butte-See in Sichtweite kam, erstreckten sich endlose Viehweiden. Erlemanns Nachbar zeigte hinunter. Sie saßen auf den Rücksitzen eines Bell-X-Hubschraubers der Oppenheimer Industries und besichtigten neues Land. Es war das vierte Ranchobjekt der letzen drei Jahre, das Erlemann für deutsche Anleger kaufen wollte. Immer noch hielt der Run an. »Der Gedanke von Freiheit und Abenteuer wird es sein«, dachte Erlemann, und jedes Mal, wenn er an Plakatsäulen, in Illustrierten und im Kino die Marlboro-Reklame sah, wußte er: »Die machen Werbung für unsere Ranches.«

»Dort unten ist die Grenze. Die Ranch liegt auf der linken Seite des Rio Grande. Sie ist etwa 90 km lang und 25 km breit.«

»Au Backe«, dachte Erlemann, »so groß wie das Saarland, und das nennt sich hier Bauernhof.«

»Es stehen etwa zehntausend Stück Vieh dort, geplant ist, nach der Entwicklung die dreifache Menge zu halten. Weidevorrat, also mit Reserve, für maximal 30 000 Stück Rinder, wenn keine Schafe dazukommen.« Erlemann nickte, das alles hatte er schon vor drei Jahren gehört, als die ersten Ranchobjekte entwickelt wurden. Die alte Wildwest-Fehde zwischen Rinderranchern und Schafzüchtern bestand heute noch.

Während sein Nachbar redete, schaute Erlemann verstohlen auf seine Uhr. Larry Oppenheimer wartete irgendwo da unten. Er stieg in keinen Hubschrauber, seit er während der Militärzeit einmal abgestürzt war. Unter ihnen verlief der schnurgerade Highway 25. Ein einziger Lkw war zu sehen. Wieder blickte Erlemann heimlich auf die Uhr und rechnete die Zeit aus. Sieben Stunden Differenz zu Deutschland, es war jetzt 14 Uhr Ortszeit.

»Kann ich aus der Maschine telefonieren?«

»Mit Mr. Oppenheimer?«

»Nein, nein, nach Deutschland.«

Sein Nachbar schüttelte den Kopf. Dabei verrutschte sein riesiger Stetson. Er fing ihn mit einer geschickten Handbewegung auf. »Aber dort unten! Moment!«

Joe Garwins schnallte sich los und kroch nach vorne, klopfte dem Piloten auf die Schulter und wies nach unten. Der Pilot nickte und ließ den Hubschrauber absacken. Er landete neben dem Interstate-Highway, vor ihnen lag eine Tankstelle mit Schnellrestaurant.

»Let's have a drink!« rief Garwins dem Piloten zu, und alle verließen die Maschine. Tankwart, Koch, zwei Kellnerinnen sowie der einzige Gast, ein Trucker, dessen Achtzehnmeter-Koloß hinter der Tankstelle parkte, standen vor der Gaststätte und staunten.

»You've gotta phone?« fragte Erlemann. Der Koch winkte ihm zu folgen. »Daß es den Rindern nicht zu heiß wird, bei ihrem dicken Fell«, fragte sich Erlemann, der froh war, einen klimatisierten Laden zu betreten. Die drei stellten sich an die Theke und bestellten Bier. Als Jochem das Telefon betrachtete, war er verblüfft. Es handelte sich um ein vorsintflutliches Modell aus Holz mit Kurbel, hing an der Wand und hatte einen abnehmbaren Hörer und eine fest eingebaute Muschel. »Solche Apparate gibt es nur im Museum«, dachte Erlemann, »aber hier, im modernsten Land der Welt, nahe der mexikanischen Grenze?« Unschlüssig nahm Erlemann den Hörer ab, horchte hinein, kein Freizeichen erklang. Garwins kam zur Hilfe, drehte zweimal an der Kurbel. »You have to call the operator!«

Auch der Pilot war nähergerückt, neugierig darauf, was so wichtig war, ihren Flug zu unterbrechen.

Eine Frau meldete sich, und Erlemann gab ihr die Nummer in Deutschland. Die Verbindung kam sofort zustande. »Wir sind also doch in Amerika«, freute sich Erlemann. Er sprach in die Muschel, horchte, zeigte ein zufriedenes Gesicht. Er legte den Hörer auf die Gabel, drehte sich um zu seinen Begleitern und strahlte: »Mein Eishockeyclub in Germany hat 14:2 gegen Rosenheim gewonnen!«

Zwei Tage später saßen Erlemann und Oppenheimer in der Maschine von Kansas City nach Los Angeles. »Die Verträge werden morgen fertig sein. Aber dieses Mal feiern wir nicht bei mir zu Hause, heute gehen wir zu einer Party in Hollywood. Ich möchte dich mit einigen Freunden und Geschäftsleuten bekanntmachen, vor allem aber mit meiner Mutter. Übrigens, Raquel Welch wird auch da sein.«

»Welche Aussichten . . .!«

Zunächst fühlte er sich etwas verloren. Raquel Welch befand sich irgendwo in der Menschenmasse. Als sie schließlich auftauchte, war Larry nicht in seiner Nähe, und so konnte er ihr nicht vorgestellt werden. Einfach auf sie zugehen mit den Worten: »Ich bin Jochem Erlemann aus Germany«, das wollte er nicht. Er fragte sich, ob überhaupt noch Künstler auf diese Partys gingen, denn Oppenheimer machte ihn unentwegt mit Ölsuchern, Wolkenkratzerbesitzern, Hoteleignern und Groß-Ranchern bekannt. Er selbst war mit einer blauäugigen, schlohweißen Dame auf das Fest gekommen. »Darf ich dich meiner Mutter vorstellen? Mrs. Stein, mein Freund Jochem Erlemann.« »Nice to meet you.« Er sah Larry fragend an. »Mein Sohn verwirrt die Leute. Ich habe nach dem Tode seines Vaters Jules Stein geheiratet. Jules ist leider nicht hier, er schläft schon.« Larry und Mama zogen Erlemann mit und stoppten bei einem mittelgroßen Mann im weißen Smoking-Jackett. Er hatte langes, schwarz glänzendes Haar, dicke, buschige Augenbrauen, dicke Wangen, eine dicke Nase, dicke Lippen und einen dicken Bauch. »Derrick«, sagte Larry, »kümmere dich bitte um meinen Freund Jochem!« Mutter und Sohn verschwanden in der Menge.

»Sie sind mit Larry Oppenheimer befreundet? Mein Name ist Forrester.«

»Yes. I do some business with Mr. Oppenheimer.«

»Sie sind Deutscher. Jetzt weiß ich's, Sie machen diese Ranch-Geschichten. Verkaufen unser Land an Deutsche.«

Sie traten aus dem Haus in den Park. Derrick Forrester sprach weiter. »Ich habe schon von Ihnen gehört, auch von Ihrem New Yorker Immobiliengeschäft.«

»Richtig.« Erlemann freute sich.

»Interessant, daß ich Sie hier treffe. Können Sie mir in kurzen Worten erklären, wie dieses deutsche Steuermodell aussieht? Wie Sie Geld aus Deutschland im Ausland investieren und es trotzdem noch von Ihrem Finanzamt zurückerhalten? Die amerikanische Steuerbehörde IRS würde da niemals mitmachen. Ich finde das irrwitzig, aus deutscher Sicht doch blanker Nonsens. Für Ihre eigene Volkswirtschaft ohne Nutzen!«

»Im Grunde haben Sie recht, aber die deutschen Steuergesetze sind sehr liberal. Was in Deutschland zulässig ist, gilt für die ganze Welt, also auch für Amerika.«

Erlemann war auf seinem Gebiet. Er nahm dem vorbeihuschenden Kellner zwei Gläser Champagner vom Tablett und reichte eines seinem Gegenüber. Dann versuchte er, so kurz es ging, Mr. Forrester Sinn und Unsinn der Abschreibungsbranche zu erklären.

»Sagen Sie mal«, die beiden wanderten nebeneinander um den Swimmingpool. Derrick Forrester hielt Erlemann am Arm fest. »Wenn das weltweit geht«, wiederholte Forrester, »kann man auf diese Weise dann nicht auch Hollywood-Filme abschreiben?« Erlemann trank einen Schluck.

»Ja, das müßte gehen. Ist Film Ihr Business?«

»Klar, wir produzieren Filme. Fürs Fernsehen und die Kinos. Jede Menge. Ich bin Geschäftsführer der Lorimar Corporation. Schon mal was davon gehört?«

»Nein, leider nicht.«

»Aber Sie kennen Mrs. Stein, Larrys Mutter. Sie gehört zu den reichsten Familien der USA. Sie weiß, wer Lorimar ist.«

»Mrs. Stein gehört zu den reichsten Frauen Amerikas?«

»Ja, erst war sie mit einem Oppenheimer verheiratet. Lange nach dessen Tod heiratete sie Jules Stein, einen jüdischen Stehgeiger aus der Stummfilmzeit. Jules hat ganz früher in Kinos und Kaffeehäusern gespielt. Irgendwann hat er die MCA gegründet, die Music Corporation of America. Heute gehören dazu Amerikas größte Schallplattenproduktion, Filmstudios und vor allem der Universal-Filmverleih.«

Jetzt wurden Erlemanns Wangen heiß. »Mr. Forrester, bitte schikken Sie mir doch mal das Budget, die Kalkulation eines solchen Spielfilms oder einer Fernsehproduktion. Aufgegliedert in künstlerische Arbeit, in handwerkliche Arbeit, in Material, in Dienstleistungskosten, Reisespesen, in Schauspielergagen, Regiekosten usw. Ist das möglich?«

»Das ist normal und wird vor jedem Film gemacht. Ich werde Ihnen die Kalkulation einer aktuellen Produktion zusenden. Mit Stars, die ›bankable‹ sind wie Jack Nicholson oder Al Pacino.«

»Bankable, also beleihbar, kreditwürdig«, schoß es Erlemann durch den Kopf. »Stars, die so hoch gehandelt werden, daß Banken Kredit geben. Ich bitte darum!«

»Ich sende es an Mr. Oppenheimer. Er soll's Ihnen mitgeben, bevor Sie nach Deutschland zurückkehren.«

»Gute Idee. Übrigens, jetzt möchte ich Raquel Welch kennenlernen.«

»Kein Problem, kommen Sie.«

Raquel Welch war absolut nicht das, was in der Klatschpresse geschrieben wurde. »Sie ist eine ganz normale Frau«, dachte Erlemann, »aber besonders schön.«

Die Saison 1976/77 wurde für die »Haie« zum absoluten Triumph. Die Männer um Kühnhackl lagen nach dem dritten Spieltag an der Tabellenspitze und gaben sie bis ins Ziel nicht mehr ab. Schon drei Spieltage vor Schluß stand der KEC erstmals in seiner Vereinsgeschichte und nur ein Jahr nach dem Nullpunkt als Meister fest. Das letzte Spiel fand auswärts, in Krefeld, statt. Erlemann hatte sich etwas ausgedacht.

»Wir mieten die Kölner Sporthalle.«

Wieder war der Vorstand entsetzt. »Die Sporthalle? Da kommen höchstens ein paar hundert Fans. Wir stehen schon als Meister fest. Es ist keine Spannung mehr da.«

»Ein paar hundert?« Erlemann bewegte die flache Hand vor seiner Stirn hin und her, als hätte er nur mit Begriffsstutzigen zu tun, und schrie: »Begreift ihr nicht, was wir geschafft haben? Tausende werden kommen! Wir mieten die Kölner Sporthalle. Basta!«

Krefelder Eisstadion. Gästekabine. Die Kölner waren bereit zur Ausfahrt aufs Eis. »Trainer, geh mal raus«, forderte Erich Kühnhackl. Gerhard Kiessling staunte über diese ungewohnte Bitte, aber er ging. Kühnhackl und seine Mitstreiter steckten die Köpfe zusammen.

»Es ist das letzte Spiel und nichts mehr kaputtzumachen«, sagte Kühnhackl, »trotzdem verlangt der Doc einen Sieg. Paßt auf, wir werden bis zum zweiten Drittel spielen wie die Weihnachtsmänner

und in Rückstand geraten. Dann nämlich kommt der Doc wie ange-
stochen in die Kabine, brüllt, macht uns zur Sau und ... erhöht die
Siegprämie. Ich seh' den Choleriker so gerne toben. Abgemacht?«
Alle Spieler waren einverstanden.

Zur zweiten Drittelpause lagen die »Haie« programmgemäß 2:4
zurück. Erlemann rauschte wie erwartet in die Kabine, machte alle
zur Sau – und erhöhte die Siegprämie auf tausend Mark pro Spieler.

Im entscheidenden letzten Drittel wurden aus Zierfischen wirkliche Haie. Sie schossen vier Tore in Folge und gewannen 6:4.

Nach dem Sieg verbot Erlemann seinen Spielern die Umkleideka-
bine. »So verschwitzt wie ihr seid, sollen euch eure Fans erleben –
hautnah. Los, rein in den Bus!«

Und in Köln kam die eigentliche Überraschung: Die große Sporthalle war vollgepackt mit 8000 Fans, die im dichten Dunst der Halle
dem Team zujubelten. Die 50 Mann starke Polizeikapelle wurde in
dem Jubel zur Teemusik. Tausende von Wunderkerzen brannten ab,
rot-weiße Mützen und Schals wurden geschwenkt. Die Kölner zeig-
ten ihr Herz für die Haie.

Erlemann war stolz. Das war Regie! Es war sein Werk.

In Mille Miltons Augen standen Tränen. Erlemann ergriff die Gelegenheit, faßte den Schweden am Arm, zog ihn in die Katakomben
der Sporthalle. »Mille, dein Volk feiert dich. Und du willst wirklich
gehen?«

Von draußen erklangen die Chöre: »Mille, Mille, Mille!«

»Was ist? Tu den Leuten den Gefallen. Bleib noch eine Saison,
nur eine Saison.«

Mille sah seinen Präsidenten an und nickte.

»50 000 auf die Hand und das Gehalt?«

Mille nickte.

»Warte.« Erlemann lief in den Bierstand, fand eine Speisekarte,
schrieb auf der Rückseite einen Vertrag und verpflichtete Mille Milton für ein weiteres Jahr.

# III

# IKARUS

Es war immer auf die letzte Sekunde, wenn Taxi-Schmitz ihn zum Flughafen brachte. Mehr als einmal hatte er das Flugzeug verpaßt. Dabei pflegte Taxi-Schmitz seinen Diesel stehenzulassen, um Erlemann mit dessen eigenem Wagen schnellstmöglich zum Airport zu bringen. Mit der Chartergesellschaft »Airtraffic« war alles einfacher. Keine Maschine flog ihm weg, er reiste stets mit dem gleichen Flugkapitän im gleichen Jet. Rund 25 000 Mark kostete das im Monat, und manchmal, wenn er nachrechnete, glaubte er, daß ein eigenes Firmenflugzeug wirtschaftlicher sein könnte.

»Natürlich lande ich dort«, sagte der österreichische Pilot Horst Roland 75 Minuten nach dem Start in Köln. »Aber Sie haben recht, der Flughafen von Saint Tropez ist eigentlich nicht für Düsenflugzeuge geeignet. Die Landebahn mißt nur achthundert Meter und liegt in einem Tal. Anfliegende Maschinen müssen einen Hügel überqueren und steil abkippen, um das holprige Betonband zu erreichen.« Roland ging in den Sinkflug. Er hatte sich am Tower von Cannes angemeldet und sprach mit dem Flughafen von St. Tropez.

Mitten in die Sprechfunkverbindung hinein quatschte ein anderer Pilot. Sein Englisch war österreichisch gefärbt, und Roland erkannte die Stimme sofort. »Hinter uns ist Niki Lauda«, rief er über die Schulter. Erlemann blickte sich um, konnte nichts erkennen.

Roland konzentrierte sich auf den Landeanflug. Gleich hinter dem Hügel ließ er die Maschine stark abfallen, setzte zu Beginn des Betonbandes auf und rollte bequem aus. Dann steuerte er auf den kleinen Hangar zu. Noch in der Maschine beobachteten sie Laudas Landung. Der hatte den Hügel nicht so gut geschafft, kam viel zu hoch an und setzte zu spät auf. Er schien unschlüssig, ob er durchstarten sollte, ließ es sein. Seine Maschine schoß über die Landebahn hinaus in den Wald und zielte mit der Nase in den Boden. Sobald

Niki Lauda unverletzt ausgestiegen war, löste sich die Beklemmung.

»Wenn der so seine Rennen fährt, wird er nie Weltmeister«, höhnte Erlemann.

Noch heute spricht die Direktion des »Hotel Byblos« in Saint Tropez vom Einfall der deutschen Anlageberater. Gegen Mittag desselben Tages waren die Top-Verkäufer der Europäischen Treuhand im Konferenzsaal versammelt. Rolex-Uhren, modische Accessoires von Gucci und Fiorucci waren äußere Kennzeichen der Erfolgreichen, die Erlemann um sich geschart hatte. Am Kopfende des Saals war eine Schultafel aufgestellt. Die gläsernen Seitentüren, die den Durchgang in den üppig bewachsenen Park erlaubten, wurden zur Seite geschoben, um den warmen Mittelmeerwind hereinzulassen.

Erlemann trat vor seine Mannschaft, nachdem er jeden einzelnen begrüßt hatte, hob die Hand, um Ruhe zu gebieten, nahm ein Stück Kreide, trat an die Tafel und sagte: »Wenn jemand heute für hundert Mark ein Fahrrad kauft und weiß, daß er es in fünf Jahren für siebzig Mark wieder verkaufen kann, dann macht er doch dreißig Mark Verlust? Diese dreißig Mark sind beim einen Verlust, beim anderen Gewinn.« Er wartete nicht auf Einwürfe oder Antworten, sondern sprach weiter: »Ich erkläre euch jetzt, wie der Anleger trotzdem ein Geschäft macht. Sie alle kennen das Baupaten-Urteil, danach ist das Streben nach Steuervorteil Gewinnerzielungsabsicht genug. Das Modell ist von meinen Beratern, von Steuer- und Rechtsexperten entwickelt worden, das Finanzamt Offenbach/Land hat die Konstruktion anerkannt, Testate und Verträge liegen vor. Ihre Aufgabe ist es, im Vertrieb die Besten zu sein. Meine Aufgabe ist es, Ihnen darzulegen, was die Anleger verdienen! Er setzte die Kreide an und schrieb die erste Zahl.

# Der Contruck-Trick*

Der Steuervorteil beträgt 270% - so vom Finanzamt Offenbach-Land den Wohnsitzfinanzämtern
der Anleger mitgeteilt und zugewiesen.
Man kann also unterstellen:

| | | |
|---|---|---|
| Steuervorteil | | 270% |
| Bei einer Zeichnung von 100.000 DM erzielt der Anleger einen Steuervorteil von | DM | 270.000,- |
| Bei 50% Steuersatz beträgt die anfängliche Steuerersparnis | DM | 135.000,- |
| Zeichnungsbetrag-wie gesagt- | DM | 100.000,- |
| Anfänglicher Überschuss über die Einlage hinaus | + DM | 35.000,- |

(Merke: Das Finanzamt gibt mehr
zurück, als man überhaupt eingezahlt
hat.)

## „LEGALER NONSENSE"

und das für Gasflaschen im Libanon, unter den Augen
des Gesetzgebers.
Es kann nicht Schuld der Initiatoren + Anbieter sein, auf
Wunsch von interessierten Anlegern, die dem Fiskus „ein
Schnippchen schlagen" wollen, legal Steuerwege zu suchen
und zu nutzen. Die Finanzverwaltung hat jahrelang tatenlos
zugesehen, ohne handfest einzugreifen. ⟶

<u>Steuermoral</u> kann nicht Gegenstand strafrechtlicher Verstöße sein.

## —Der Contruck-Trick—
besteht aus dem „Zauberwort"
## ——Rückoption——
und das funktioniert so:

| | | |
|---|---|---|
| Kaufpreis für Gascontainer, Abfüllstationen etc. Libanon | DM | 300.000.000,- |
| Gasgüter Eigenkapitalanteil der Anleger | DM | 30.000.000,- |
| Kredit der Banque de Libanon | DM | 270.000.000,- |
| | DM | 300.000.000,- |

Aufgrund Rückoption könnten die Gasgüter nach 5 Jahren an die arabischen Verkäufer zurückverkauft werden.

| | | |
|---|---|---|
| Preis = Darlehen (um das Darlehen damit zu tilgen) | DM | 270.000.000,- |

<u>Ergebnis:</u>

| | | |
|---|---|---|
| Anleger bezahlen mit EK und Kredit | DM | 300.000.000,- |
| Anleger erhalten nach 5 Jahren als Rückpreis = Darlehen zurück | DM | 270.000.000,- |
| Legaler Gewinn der Initiatoren/ Verkäufer | DM | 30.000.000,- |

## —Contruck-Trick— so macht man legal
## <u>30 Mio DM</u>

Und für den Anleger geht
die Rechnung auch auf:
Überschuss aus der
Erstattung  Finanzamt
( 135.000,- ./. 100.000,-)          DM      35.000,-
5 Jahre
6,5% Barausschüttung p.a.           DM      32.500,-
                                    DM      67.500,-

Anleger
Contruck = 100 Mio EK total
67,5% = 67,5 Mio DM für die Anleger
(vor allem mit Hilfe des Finanzamtes)


Initiatoren
30.000.000,- DM Gewinn aus dem „Contruck-Trick"
mit Rückoption.


\* Anmerkung:  Das Ganze ist heute nicht mehr möglich.
              Seit dem BFH-Beschluss vom 25.6.1984 ist die
              „Gewinnerzielungsabsicht" conditio sin qua non
              (unabdingbar).  Nonsense-Konstruktionen wie
              Contruck, die keinen volkswirtschaftlichen Sinn
              machen, werden heute als „Hobby" verworfen.
              Aber damals galt der alte BFH-Beschluss:
              „ Das Streben nach Steuerersparnis ist Gewinn—
                erzielungsabsicht genug."

Am Abend schlenderte Erlemann mit seiner Frau durch Saint Tropez. Hier und in Juan les Pins hatten sie vor Jahren Ferien gemacht. Als sie an der Bucht »Le Cannubier« vorbeischlenderten, fiel ihr Blick auf ein idyllisches Haus am Hang. Damals hatten sie, Gabi und er, hier gestanden und laut davon geträumt, so etwas zu besitzen. Kurz entschlossen kletterten sie den steilen Weg hoch. Oberhalb des Hauses erreichten sie die Route des Tahiti und blieben am Gartentor stehen. Von hier aus wirkte das im Provence-Stil erbaute Haus winzig, denn man sah nur das obere Stockwerk, das man von oben durch die Haustür betrat, um Stufe für Stufe den Hang hinab die darunterliegende Wohnebene zu finden. Eine bunte Wandfliese trug den Namen: »Petite Fleur«. Sie klingelten, niemand öffnete. Zurück im Hotel erfragte Erlemann an der Rezeption die Telefonnummer des Maklers Malaval. Der verwies ihn an den Architekten Avaro. Minuten später telefonierten sie. Ja, die »Petite Fleur« sei ein Ferienhaus, das verkauft oder monatsweise vermietet würde.

Am nächsten Morgen, kurz bevor Jochem und Gabi Erlemann nach Deutschland zurückflogen, kauften sie »Petite Fleur« für zweihunderttausend Mark. Der niedrige Franc-Kurs kam ihnen entgegen. Sie nahmen sich noch die Zeit, das Haus zu besichtigen und Anordnungen zu treffen. »Hier, unterhalb der Terrasse, hätten wir gerne ein Schwimmbad. Außerdem soll ein Garten mit Blumen und Palmen angelegt werden.«

Auf dem Rückflug verriet Erlemann seinen Piloten Roland und Kissler eine weitere Kaufabsicht. »Wenn Sie mal einen guten Learjet finden, geben Sie mir Bescheid. Und wenn Sie dann Ihren Arbeitgeber wechseln wollen, fragen Sie mich.«

Zwei Monate später versammelte sich eine Gruppe Menschen auf dem kleinen Flugfeld von Saint Tropez-La Môle direkt vor der zehn mal zwanzig Meter großen Halle. Es waren ein paar Freunde von Jochem Erlemann sowie seine Familie. Alle standen im Halbkreis vor dem großen Tor und sahen aus, als warteten sie auf das Christkind.

»Ich habe mir endlich ein Flugzeug gekauft«, hatte Jochem Erlemann verkündet. »Unser jüngster Sohn wird es taufen.« Der achtjährige Johannes stand erwartungsvoll an der Hand seiner Mutter, im Arm eine Flasche »Moët et Chandon«. Das Hangartor wurde ein Stück zur Seite geschoben. Ein kleiner Dieselschlepper tuckerte heraus. An seiner Achse hing ein einmotoriges Flugzeug, das eher ins Museum gehörte. Die Versammelten lachten irritiert. Keiner ließ sich anmerken, daß er etwas anderes erwartet hatte.

Jochem Erlemann stellte sich vor seine Gäste und fragte: »Na, ist das was?« Er lachte. Plötzlich wurden im Hangar Düsentriebwerke laut. Die Tür wurde vollends aufgeschoben, herausrollte – die Flügelspitzen nur einen knappen Meter von den Seitenwänden entfernt, das Leitwerk streifte fast den Torrahmen – ein Gates Learjet. Die Maschine, blau-weiß lackiert, rollte bis dicht vor die Menschenansammlung. Dann stellte Kapitän Roland die Triebwerke ab. Erlemann hob seinen Sohn hoch, der schlug die Flasche auf die vorbereitete Flugzeugspitze, und Champagner sprühte über den Flugzeugrumpf. Johannes rief: »Ich taufe dich auf den Namen Charly Oskar Oskar Lima.« Das entsprach dem Kennzeichen D-COOL.

Alle wurden in die »Auberge de La Môle« eingeladen. Wirt René Raynal stellte Schüsseln voller Flußkrebse auf die wackeligen Gartentische. Dazu gab's weißen Landwein aus der Gegend. Erlemann war guter Laune. »Lieber am Hummer knabbern, als am Hungertuch nagen«, rief er und fuhr fort: »Die Maschine haben wir von den Mauserwerken gekauft. Innen war sie reichlich heruntergekommen. Da mußte Walnußholz her und blaues Leder, wie in der ET auch, damit alles paßt und wir auch die richtigen Passagiere bekommen. Der Jet soll an Geschäftsleute verchartert werden. Das Konzept sieht so aus: Industriebosse, die den Jet chartern, decken die laufenden Kosten, die Abschreibung auf das Flugzeug senkt meine Steuern, und an den Wochenenden juxe ich mit meiner Familie durch die Gegend.«

Die Gesellschaft war bester Stimmung, als sich der Bürgermeister von La Môle zu Erlemann setzte. »Wenn ich das richtig sehe, Herr Erlemann, sind Sie der Verursacher von dem Krach, der heute unser Dorf aufweckte?«

»Sie reden von meiner Maschine?«

»Genau die meine ich. Unser Flugplatz ist für Düsenmaschinen nicht geeignet. Die Dinger machen zuviel Lärm.«

Erlemann stutzte. Da begann der Bürgermeister zu lächeln. »Wir leben in einem freien Land. Natürlich will ich Ihnen nichts verbieten. Was halten Sie von einem Lärmzoll?«

Erlemann atmete tief durch. »Wie soll dieser Lärmzoll aussehen?«

»Der Lärmzoll ist das Supplement auf die Landegebühr, die Sie zu zahlen haben.«

»Das Supplement?«

»Alors, ich als Bürgermeister bin hier im Augenblick mit einem Verwaltungsakt beschäftigt. In meiner Freizeit, verstehen Sie? Sagen wir, zwei Kisten Wein, zum Einleben. Und eine Spende fürs Dorffest nächste Woche.«


»Ich mache bei ›Pegia‹ nicht mit.«

Erlemann lief in seinem Büro hin und her. Klein saß da, die Ruhe selbst.

»Du mißtraust mir also«, stellte er fest.

»Was heißt hier mißtrauen? Jedenfalls stimmt in Beirut was nicht. Was dieser Reinartz da unten macht, gefällt mir nicht. Irgendwas an der Sache ist faul.«

»Du warst doch vor zwei Jahren dort.«

»Stimmt. Aber was habe ich gesehen?« fragte Erlemann empört. Er redete sich jetzt in Rage: »Als das Flugzeug seine Landeschleife zog, sah ich auf einigen Gastanks im Hafen zwar den Namen Contruck, aber gesehen habe ich nichts. Deine Vasallen haben mich herumgeführt, und mir wurden ein paar – ziemlich unwichtige – Leute vorgestellt. Dr. Azhari von der Blom-Bank hat mich nicht empfangen. Auf deutsch gesagt: Ich habe keine Gasflasche gesehen. Und am Abend, bevor ich endlich zu den Abfüllstationen in den südlichen Libanon reisen sollte, wurde ich von deinen Freunden zum Varieté ins Casino du Liban und später in ein Zelt geschleppt. Mit Bauchtanz, Trinken und Ablenkung bis zum frühen Morgen.

Ich war müde und zerschlagen und verschlief den nächsten Tag. Geweckt hat mich keiner, obwohl ich den Hotel-Operator darum gebeten hatte. Und dann hieß es plötzlich, der Bürgerkrieg sei ausgebrochen. Ausländer sollten sofort das Land verlassen. Ich nahm die nächste Maschine nach Deutschland.

Aber ganz ohne Informationen bin ich nicht aus Beirut zurückgekommen. Wie verträgt sich bitte die brandfrische Neueintragung der Gaz & Petrol mit der Behauptung deines Wirtschaftsprüfers Reinartz, es handele sich um eine angesehene, alteingesessene Gesellschaft? Wie kann eine soeben erst gegründete Gesellschaft so unendlich viele Gasflaschen verkaufen? Das sind doch Widersprüche. Aber ich habe bewußt geschwiegen damals. Was blieb mir übrig, als abzuwarten und zu hoffen, daß alles gut ausgeht?«

Erregt ging Erlemann zu seinem Schreibtisch, öffnete mit einem Schlüssel den seitlich eingebauten Stahlsafe und holte einen Packen Schriftstücke heraus. Er begann hektisch zu blättern. »Das sind meine Tatsachen, die zählen für mich. Hier zum Beispiel das Testat vom 9. Juni 1975 deines Reinartz, seines Zeichens Ehrenrichter an der Kammer in Düsseldorf.«

Er hob die Hand und deklamierte: »›Hiermit bestätige ich das Vorhandensein der Vertragsgegenstände an Ort und Stelle in Beirut überprüft zu haben. Gezeichnet Reinartz, Wirtschaftsprüfer.‹

Oder hier die Bestätigungsschreiben der Deutschen Botschaft in Beirut, das Zusageschreiben der Kreditbank und, was das wichtigste ist, dein Brief vom 3. Januar 1975 an meinen Wirtschaftsprüfer Bader in Frankfurt.«

Wieder las er laut vor: »›Herr Erlemann und ich haben vereinbart, daß wir das Projekt im Libanon gemeinsam verwirklichen wollen, und zwar mit folgender Aufgabenteilung:
● Herr Erlemann übernimmt den Vertrieb in Deutschland, die Administration und zusammen mit Ihnen die steuerlichen Belange.
● Ich übernehme den Einkauf und die Finanzierung der Gasgüter sowie das Büro in Beirut.‹«

Beirut, das sind alles deine Connections. Ich blicke nicht durch. Ich will wissen, woran ich bin! Ich will mit den Leuten selbst reden.«

»Sprichst du arabisch?«

»Quatsch. Du kannst doch auch nur ein paar Brocken arabisch. Nein, solche Geschäfte gefallen mir nicht. Alles nebulös, alles zu weit weg.«

»Ich vergaß, Österreich oder vielleicht noch Saint Tropez ist die angemessene Entfernung für den Herrn.«

Erlemann ging auf Kleins Ironie nicht ein. »Alles, was ich sehe, sind Papiere. Das reicht mir nicht.«

Er hob einen Packen Bankbelege und Rechnungen vom Schreibtisch und ließ sie auf die Platte knallen, so daß einzelne Blätter auf den Boden flatterten. »Ich bin den Anlegern und meinen Beratern gegenüber verantwortlich!«

»Den Anlegern gegenüber?« Kleins Stimme klang spöttisch. »Wie edel du bist, Jochem, deinem eigenen Bankkonto bist du wohl nicht verantwortlich?«

»Weißt du, wer alles bei mir angelegt hat?«

Erlemann schlug eine Mappe mit den Beraterumsätzen auf und blätterte darin herum. »Rüdiger Freiherr von Kinsburg, hunderttausend Mark, Möbelfabrikant Jens Mühlen aus Bielefeld, zweihunderttausend Mark, Lederfabrikant Hans Bauer aus Offenbach, hunderttausend Mark. Der Fertighaus-Camphaus aus Minden, 1,5 Millionen. Und so weiter und so weiter. Vorstandsmitglieder von großen Konzernen, sogar ein Bankdirektor und unzählige Ärzte, Rechtsanwälte, Architekten und Notare. Viele sind nicht nur Kunden, manche sind Freunde geworden. Verstehst du?«

Kleins Miene wurde ernst. »Auf einmal Bedenken? Bisher hast du bombig verdient. Gut, wenn du meinst! Jetzt will ich dir aber auch mal was sagen. Du hast wohl vergessen, daß im Libanon Bürgerkrieg ist, nahezu alles ist zum Erliegen gekommen. Beweisen läßt sich fast gar nichts mehr.«

»Damit hast du nicht erklärt, wie eine neugegründete Gesellschaft so viele Gasflaschen haben und verkaufen kann«, unterbrach Erlemann.

»Reinartz hat das falsch ausgedrückt. Neu war nur die Gaz & Petrol-Gesellschaft, das war die Holding, die Dachgesellschaft. Alteingesessen waren dagegen die Partnergesellschaften mit den Gasflaschen, die ich zusammengeführt habe. Ich habe Geburtshilfe geleistet und die Holding Gaz & Petrol umgehend an die arabischen Geschäftspartner übertragen.

Das war von vornherein so beabsichtigt.

Ich war der Treuhänder, um alles erst mal ins Laufen zu kriegen. Ich mußte ja die verschiedensten Interessengruppen zusammenbringen, die Händler, die Gasdistributeure und vor allem die religiösen Fanatiker. Das war das schwierigste Problem. Aber ich habe es tatsächlich geschafft, das Vertrauen von allen zu gewinnen: von Christen und Moslems, Drusen und Armeniern.

Sobald die Transaktionen abgewickelt waren, die Mieten flossen und die Bank von der Seriosität meiner Geschäfte überzeugt war, übertrug ich alle Vollmachten an die vorgesehenen arabischen Partner, nicht ohne vorher die Gewinne und Provisionen aus dem Investitionskapital abzusichern.

Wenn du nun immer noch meinst, du müßtest hinfliegen – trotz Bürgerkrieg, Staatswirren und Lebensgefahr –, dann flieg halt hin.«

Klein hatte seinen Bericht beendet und erhob sich. An der Tür blieb er stehen. »Übrigens, Jochem, wir brauchen uns nicht zu streiten. Wenn du nichts mehr mit mir machen willst, dann suche ich mir andere Partner. Zum Beispiel die Germania oder Widder, der macht sich selbständig.«

»Widder? Widder ist mein bester Verkäufer.«

»Eben. Aber er will weg von dir. Siehst du, das weißt du gar nicht. Aber ich weiß es.«

»Widder kann weggehen und machen, was er will. Das ist seine Sache. Aber er wird mir das selbst sagen.«

Erlemann trat ans Fenster und atmete tief durch. Daß Widder früher oder später ging, war ihm klar. Er würde nachher mit ihm reden. Er mochte diesen Mann, den er aus der Lebensmittelabteilung des Kaufhauses geholt hatte. Er würde mit ihm, selbst wenn er sich von der Firma trennen sollte, noch manches Geschäft gemeinsam machen können.

Die Etage über seinem Büro, die er zusätzlich gemietet hatte, um dort vorläufig die Geschäftsstelle des Eishockeyclubs unterzubringen, stand jetzt leer. »Am besten, ich biete ihm die an«, dachte er. »Dann habe ich ihn in meiner Nähe. Das ist gut fürs Geschäft und überhaupt.«

Der Jet machte Erlemann beweglich und brachte außerdem Gewinn. Den Anschaffungspreis schrieb er steuerlich ab. Zur Bewirtschaftung der Maschine, 50 000 Mark pro Monat, ohne daß sie nur eine Meile flog, gründete er die JET FLIGHT Leasing-Gesellschaft.

Kunde – pro Flugstunde 2500 Mark – wurde neben anderen Banken und Industriekonzernen die Deutsche Bank. Deren Vorstände, hießen sie auch Guth oder wer weiß wie, mischten sich nur ungern unters Linienmaschinenvolk, auch wenn sie von denen durch den Erste-Klasse-Vorhang getrennt saßen. Der Learjet flog Geld ein, das war wichtig. Erlemann störte nur, daß andere in der Maschine saßen und durch Europa jetteten, wenn er selbst das Flugzeug dringend brauchte.

So ließ er sich eines Tages in der Frühe nach Bielefeld fliegen, um dort an der Beraterkonferenz teilzunehmen. In der Zwischenzeit mußten die Bankdirektoren nach London zur Börse und wieder zurück. Sobald Erlemann seine Arbeit erledigt hätte, ließ er sich wieder zum kleinen Bielefelder Flughafen fahren. Doch sein Jet, der längst hätte zurück sein müssen, ließ auf sich warten. Stundenlang mußte er sich gedulden, bis er endlich das Flugzeug einschweben sah.

»Wieso brauchst du so lange bis nach London und zurück?«

»Nach London?« Der Pilot lachte. »Nach London wollten sie noch, als wir starteten. Sobald wir unterwegs waren, überlegten sie es sich anders. Ich mußte den Flugplan ändern.«

»Ändern?«

»Die Herren beschlossen, lieber nach St. Moritz zu ihren Freundinnen zu fliegen.«

»Zu ihren Freundinnen? Woher weißt du das?«

»Meinst du, ich bleibe auf dem Flughafen sitzen, bis die Herren fertig sind? Ich bin in die Stadt zum Essen gefahren und traf unsere Passagiere zufällig im gleichen Restaurant.«

Erlemann grinste. »Und das alles auf Kosten der Bank. Wenn das die Aktionäre wüßten.«

»Ich bin kein Aktionär von einer Bank«, widersprach der Pilot. »Was ich in der Zeitung lese, reicht mir. Ich weiß, daß es den Banken verdammt gut geht. Als Aktionär wäre es mir doch egal, ob die zur Börse nach London oder zum Essen nach St. Moritz düsen, solange die Dividende stimmt.«

»Da hast du auch wieder recht.«

Der Jet ermöglichte es Erlemann, häufiger die Spiele seines Eishokkeyteams zu besuchen. Noch abends um sechs konnte er sich entscheiden, zum Spiel nach Rosenheim oder Garmisch zu fliegen. Für seine Jungs war er jederzeit zu sprechen, obwohl er die maßlose Prämienzahlerei eingeschränkt hatte. Es gab nur noch Prämien für Siege gegen kleine Gegner. Gegen Meisterschaftskonkurrenten stimmte die Motivation auch ohne Prämie.

In gewisse Stadien fuhr Erlemann besonders gern. Dazu gehörte Düsseldorf. Die Fans der DEG in der Brehmstraße machten sich häufig einen Spaß draus, bekannte Gesangsstücke umzutexten. Eins ihrer Lieder ertönte immer dann, wenn der KEC kam und Erlemann an der Bande neben dem Trainer stand. »Erlemann, du Arschloch«, hieß der Refrain.

Es war jedesmal das gleiche Ritual. Erlemann kletterte mitten im Gesang der DEG-Fans auf die Spielerbank seiner »Haie« und dirigierte achttausend Sänger, als ob er Karajan mit seinen Symphonikern oder Gotthilf Fischer mit seinen Chören wäre.

Erlemanns eigene Truppe wunderte sich oft über seine Sonderauftritte. Und ärgerte sich über seine Erwartungen. Wie die Geschichte mit den Regenmänteln.

Eine Woche nach dem Gewinn der ersten deutschen Meisterschaft ehrte der 1. FC Köln die Erlemann-Truppe mit der Einladung zum Fußball-Meisterschaftsspiel gegen den Hamburger SV. Der 1. FC Köln war ebenfalls auf Meisterkurs in der Fußballbundesliga. 50 000 Zuschauer wurden erwartet. Erlemann befahl Einheitsdress: Graue Hose, Pierre-Cardin-Sakko, Krawatte mit Haie-Emblem, einheitlich schwarze Schuhe.

»Was wird, wenn es am Samstag regnet?«

Detlef Langemann, Mannschaftskapitän, neben seinem Bruder Dieter und Wim Hospelt einziger Eishockeyspieler aus Köln, brachte diesen berechtigten Einwurf. Erlemann überlegte kurz. »Du«, er wies auf Klaus Wawer, »kaufst morgen zwanzig Regenmäntel bei ›Sinn am Ring‹ auf meine Rechnung für den Club. Die Größen der Spieler kennst du ja.«

Prompt schien die Sonne ungewöhnlich heiß für April. Da standen die Spieler des Kölner EC im Halbdunkel des Arena-Tunnels und hörten die Ansage von Stadionsprecher König: »Und nun begrüßen wir die Kölner ›Haie‹, die zum ersten Mal die deutsche Eishockeymeisterschaft in unsere Stadt gebracht haben.« Riesenapplaus. Erlemann betrachtete seine Spieler, unglücklich in ihren Regenmänteln, und sagte: »Na gut, es regnet nicht, zieht sie aus. Nehmt sie aber wenigstens über dem Arm mit rein.«

Erlemanns Amtsführung war patriarchalisch autark. Bei der anstehenden Wiederwahl zum Präsidenten hielt er vor 470 Vereinsmitgliedern eine kurze Ansprache. Sie bestand aus einem einzigen Satz: »Wenn ich bei der Wiederwahl auch nur eine Gegenstimme bekomme, lege ich das Amt nieder.«

Es gab keine Gegenstimme.

Er schätzte seine Prominenz mittlerweile so hoch ein, daß er bei Verhandlungen manchmal seine psychologisch gut aufgebauten Verkaufstaktiken vergaß und einfach forderte. Oft gab der Erfolg ihm recht. So bei den Gesprächen mit der Stadt Köln über die Senkung der Stadionmiete. Erlemann ließ dem Kölner Stadtkämmerer Gerd Ludemann und dem Sportausschuß-Vorsitzenden Friedel Haumann keine Alternative. »Ich habe diesen Club hochgebracht, er steht jetzt für die Stadt Köln und betreibt Werbung auch für die Stadt. Das alles kostet mein Geld. Ich sehe nicht ein, daß ich auch mit eigenem Geld der Stadt Köln die volle Stadionmiete bezahle. Entweder die Stadt erläßt die halbe Miete oder wir ziehen um. Also, was wollen Sie für uns tun?« Die Stadt Köln entsprach seinem Willen. Die Miete wurde gesenkt.

Auch Kunden und Geschäftspartner hatten mit einem härteren Erlemann zu tun. Schuld war die Überlastung, die er immer stärker spürte. Vor allem die nervliche Anspannung wegen seiner permanenten Libanon-Ängste.

Eines Morgens erschien er im Büro, eine Mini-Trix-Eisenbahn unter dem Arm – ein Geschenk des Konkurrenten Erwin Walter Graebner. Astrid Kurth baute sie auf seinem Schreibtisch auf, einen kreisrunden Schienenstrang mit drei Miniwaggons und einer Kleinstlok. »Was soll das bedeuten?« wollte sie wissen, die von ihrem Chef einiges gewöhnt war.

»Ganz einfach, du erklärst ab sofort jedem Besucher: Solange die

Bahn vorwärts fährt, kann er sein Anliegen vortragen. Wird sie langsamer, zeige ich weniger Interesse. Stoppt die Bahn, habe ich kein Interesse mehr. Und fährt sie rückwärts, ist das Gespräch zu Ende.«

Eines Abends erreichte ihn der Hilferuf seiner Spieler. Detlef Langemann war am Apparat. »Herr Doktor, wir sind jetzt schon seit einer Woche im Trainingslager Bad Tölz und werden langsam unruhig. Trainer Kiessling läßt uns keine freie Minute, wir möchten mal irgendwas unternehmen. Vielleicht mal ins ›Holiday Inn‹ oder so. Aber Kiessling stoppt alles ab.«

Im Schwabinger »Holiday Inn« stiegen die KEC-Haie mit Vorliebe ab, weil in der Clubdiscothek »Yellow Submarine« riesige Aquarien standen, in denen Haifische schwammen.

Erlemann studierte seinen Terminkalender und sagte: »Morgen fahrt ihr alle nach München ins ›Holiday Inn‹. Ich melde mich bei euch. Wir gehen zusammen essen.«

Am Abend flog Erlemann nach München. Man hatte ihm als Mietwagen einen schwarzen Range Rover zur Verfügung gestellt.

Er packte zehn Spieler in den Wagen. Der Rest folgte per Taxi. Bei »Feinkost Käfer« war ein großer Tisch im Séparée reserviert. Sie wollten unter sich sein.

»Wat is dat dann für 'n Auto?« fragte Langemann.

»Der hat 4-Rad-Antrieb«, erklärte Erlemann stolz.

»Dann schalt mal ein, Doc.«

»Aber doch nicht in der Stadt. Den braucht man nur im Gelände!« Trotzdem schaltete Erlemann um, irgend etwas krachte, und das Auto fuhr nur noch Schrittempo. Aus dem Frontantrieb quoll Qualm. So schlichen sie durch München. »Du bist wirklich 'n guter Geländefahrer, Chef«, frotzelten die Spieler. Erlemann lachte säuerlich.

Das Menü war »Käfer«-like. Gerd Käfer kam selbst an den Tisch. Er hatte schon die berühmte Riverboat-Shuffle in Köln bekocht.

Nach dem Dessert wurden Davidoff-Zigarren verteilt. Trainer Kiessling, absoluter Raucherfeind, rümpfte angewidert die Nase, als rechts und links der Qualm aufstieg. Aber als er hörte, daß jede Zigarre achtzehn Mark kostete, brach sein Hamstertrieb durch. Er orderte die Mahagonikiste erneut, steckte sich beide Taschen voll Zigarren und zündete sich quasi zur Legitimation eine an.

Mille Milton beugte sich zu Erlemann und flüsterte: »Der Kiessling hält uns wie Klosterbrüder. Was meinst du, Doc, was wir mitgemacht haben. Training, Training und noch mal Training. Um sieben Uhr morgens Waldlauf, dann Frühstück, Gewicht- und Hanteltraining, zweites Frühstück, aufs Eis, Konditionstraining, Mittagessen, Mittagschlaf, Geländelauf, noch mal aufs Eis, Kaffee trinken, Konditionstraining, Tischtennis, Abendessen und zwischendurch noch Theorie und Taktik. Wir wissen nicht einmal mehr, wie eine Frau aussieht. Sämtliche Kellnerinnen hat er aus unserer Reichweite entfernt. Und nachts kontrolliert er die Zimmer.« Der Spieler seufzte.

Erlemann tat begriffsstutzig: »Das Training macht euch doch wunderbar fit.«

»Fit schon, aber auch spitz!« Der Eishockeycrack atmete tief durch.

»Was wollt ihr von mir?«

»Wir haben da was organisiert für heute nacht. Budenzauber. Der Pit stammt hier aus der Gegend. Hier wohnt auch seine Freundin, und die kennt 'n paar nette Mädchen. Alles Eishockey-Fans.« Er schwieg.

»Ja und?«

»Nun, das Problem ist Kiessling . . .«

»Hm, und was soll ich tun?«

Eine Stunde später saßen die Spieler des Kölner EC komplett im Hotel-Foyer. Sie wirkten unruhig und erwartungsvoll. Gerhard Kiessling aber sagte streng wie ein Jugendherbergsvater: »Jetzt ist Feierabend, ab in die Betten.«

Es gab Widerspruch. »Trainer, nach so 'nem gehaltvollen Essen müssen wir uns noch ein bißchen die Beine vertreten.« Das verstand Kiessling.

Da tuckerte Erlemanns Leih-Range-Rover vor. Er stieg aus, kam rein und gab vor, mit Kiessling die Vertragsverlängerung besprechen zu wollen, Lieblingsthema des Trainers. Bald waren die zwei ins Gespräch vertieft. Es konnte losgehen. Zuerst schlenderte der Münchner Pit auf die Straße. Er sah seine Freundin, die ihren Golf parkte. Mit im Wagen saßen drei junge Frauen.

Nach kurzer Beratung stand der Schlachtplan fest. Pit führte die Frauen durch die Tiefgarage in eins der Spielerzimmer. Es blieb das Problem der Zimmerkontrollen. Wie lange würde Erlemann den Trainer ablenken können? Sie mußten ihn am Ausgang festnageln. Papierschnipsel wurden mit den Rückennummern der Spieler beschriftet. Das Los bestimmte, wer von ihnen zuerst unten in der Hotelhalle warten sollte und in welcher Reihenfolge sie aufs Zimmer durften.

Gegen vier Uhr morgens konnte Kiessling, total übermüdet, seinen Wachposten räumen. Alle schienen zu schlafen. Er war stolz auf seine Jungs.

Der Learjet D-COOL drehte eine weite Kurve zum Anflug auf den Flughafen von Beirut. Erlemann schaute angestrengt durchs Fenster. Dort unten standen, wie vor zwei Jahren auch, die großen Gas- und Öltanks. Die Schilder »Contruck« suchte er vergeblich. Dabei war die Aufschrift vor zwei Jahren weithin sichtbar gewesen. »Die frische Farbe kam mir damals schon komisch vor«, erinnerte sich Erlemann. Nervös erwartete er die Landung. Er hatte sich zu einer Überraschungsreise entschlossen und sich absichtlich bei keinem der Geschäftspartner angemeldet.

Vom Flughafen fuhr er ins Hotel Méridien, das das Taxi wegen der Kriegswirren erst nach anderthalb Stunden erreichte. Er ruhte sich aus und überdachte sein weiteres Vorgehen. Zunächst wollte er zu Amal Tamasi, der in der Firmenkonstruktion als Mieter zahlreicher Gasflaschen auftauchte. Danach plante er einen Besuch in der Darlehensbank. Diesmal würde er sich nicht abwimmeln lassen. Einen Kunden mit einem 270-Millionen-Kredit mußte man einfach empfangen. Zum Schluß wollte er Khoury und Reinartz aufsuchen.

Khoury war Koordinator der Klein-Interessen im Libanon und Reinartz Wirtschaftsprüfer der Contruck-Betriebsstätten. Wie Klein hatte er seine Konten bei der Deutschen Bank in Köln. »Wie praktisch«, dachte sich Erlemann, als er das entdeckte.

Reinartz, ein kleiner, rundlicher, fast glatzköpfiger Mann, genoß als Steuerberater, als staatlich zugelassener Wirtschaftsprüfer und als Ehrenrichter der Kammer in Düsseldorf bei deutschen Finanzämtern hohes Ansehen.

Lange Jahre betrieb er die Wirtschaftsprüfungsgesellschaft Pro Cura in Köln. Reinartz war es, der dem Finanzamt Offenbach/Land 1975 die Existenz sämtlicher Gascontainer im Libanon testiert hatte. Seitdem hielt er sich kaum noch in Deutschland auf. Er war fast nur im Contruck-Büro in Beirut zu erreichen.

Erlemann duschte, zog sich um und bestellte ein Taxi. Der Fahrer durchquerte West-Beirut, erreichte die Außenbezirke und hielt schließlich in einem Industrievorort. Eingekeilt zwischen zwei Schrotthändlern, die Autowracks zu hohen Bergen gestapelt hatten, fand Erlemann an einem Drahttor ein Schild: Butanex, Metrans, Transit – drei Mieter auf einem Schild. Eine Holzbaracke diente als Büro, weiter hinten im Gelände standen zwei Gastanks und ein paar hundert Gasflaschen, vielleicht auch ein paar tausend.

Erlemann sah natürlich auf Anhieb, daß diese Gasflaschen kaum das sein konnten, was in der Prospektdarstellung als Gasgüterbestand der Contruck ausgewiesen war. Die Container mußten woanders gelagert sein.

Im Büro fand Erlemann zwei Männer. Keiner von ihnen war Tamasi. Keiner von ihnen wußte, wann Tamasi zurückkommen würde. Im übrigen sei er seit Tagen nicht mehr dagewesen. Seine Privatetelefonnummer bekam Erlemann nicht. Alles blieb sehr geheimnisvoll. Erlemann hinterließ seine Hoteladresse und fuhr zurück.

Er ging früh zu Bett und konnte nicht schlafen. Das Fehlen der Contruck-Schilder auf den Gasballons am Hafen und dieser miese kleine Schuppen mit den drei Firmenschildern nährten weitere Zweifel an der Echtheit des Geschäfts. Spät schlief er ein, wurde aber immer wieder wach. Gegen sechs am Morgen griff er sich eine Zeitung und begann zu lesen. Darüber mußte er doch eingenickt sein. Um zehn stand er übernächtigt und zerknittert in der Hotelhalle. Mit dem Taxi ließ er sich zur Kreditbank kutschieren. Durch drei Zimmer wurde er weitergereicht. Im vierten eröffnete man ihm, der Generaldirektor sei leider auf Geschäftsreise in den USA. Der Sekretär sprach mit großer Verbindlichkeit. Erlemann hätte ihm am liebsten in die freundliche Fresse geschlagen. Er fuhr wütend zurück ins Hotel.

Dort hatte er sich eine halbe Stunde hinlegen wollen, war eingeschlafen und nicht mehr wach geworden. Die halbdurchwachte Nacht forderte ihren Tribut. Aber offensichtlich ließ ihn seine Angst auch im Traum nicht los. Er fuhr hoch, sah auf die Uhr und erschrak.

Erlemann sprang aus dem Bett und stürzte unter die Dusche. In fünf Minuten war er angekleidet und hastete über den Flur. Die Warterei am Aufzug machte ihn ungeduldig. Er rannte die Treppen hinunter, sprang in ein Taxi und nannte die Adresse der Contruck: »Fahren Sie in die Rue Abdul Aziz 18.«

Die Tür des Contruck-Büros in der Abdul Aziz war geschlossen. Die Klingel versagte ihren Dienst. Erlemann klopfte vergeblich, schlug mit der Faust gegen die Holztür – keine Reaktion. Ob das Büro wohl vollständig ausgeräumt war?

Erlemanns Zorn schlug in Angst um. Rundherum Bürgerkrieg, kein Tamasi, kein Bankdirektor – und jetzt das.

Erlemann lief durch Beiruts Straßen. Er hatte jede Orientierung verloren. Er war verzweifelt. Man hatte ihn als Galionsfigur vor den Karren gespannt. Bis vor einem Jahr noch hatte er steuermüden Großverdienern Beiruter Luft verkauft. Er selbst verdiente dabei Millionen, und Klein steckte sich aus den Zeichnungsbeträgen ebenfalls die Taschen voll. Wie Erlemann später erfuhr, saß Reinartz in einem nach allen Regeln der Kunst perfekt funktionierenden Fälscherbüro. Er buchte und verbuchte, spielte mit Belegen wie in einer richtigen Firma, ließ Millionenbeträge hin- und herpendeln, doch die einzigen Kosten blieben Papier und Druck für die Falsifikate.

In dem Beirut-Büro der Contruck lagen Koffer, in denen sich Blankoformulare der Bank, der Gasvertriebe, der Mieter stapelten. In einem der Koffer befand sich eine große, wattierte Tüte mit Fälscher-Handwerkszeug: Stempel von Firmen, das Siegel der libanesischen Zollbehörden und der ovale Stempel der Bank. Und ein »Kartoffelstempel« lag daneben.

»Dieser Reinartz schien sich selbst einzureden, daß alles existierte«, sinnierte Erlemann später. »So wasserdicht, wie der seine Buchführung machte. Dabei war alles nur Luft! Nichts als Luft!«

Erlemann suchte den Weg zum Hotel. Als er eine Gasse durchquerte, zog der Duft von Gemüsesuppe und Hammelfleisch in seine Nase. Er blieb neben dem Suppenverkäufer stehen. Über einem Holzfeuer hingen am Dreibein zwei große Kessel. In einem köchelte die Suppe, im anderen siedete Öl voll schwimmendem Gebäck.

»Was ist das?« fragte Erlemann und deutete auf die Suppe. Seit dem Morgen hatte er nichts gegessen. »Harera-Suppe«, sagte der Händler. Erlemann bestellte eine Schüssel und probierte auch das Ölgebäck. Der leicht säuerliche Geschmack des Gemüseeintopfs schmeckte ihm, das Gebäck war ihm zu süß. Nach wenigen Bissen ließ er es liegen. Die Suppe löffelte er bis auf den Grund des Porzellannapfes aus. Erst dann bemerkte er in seinem Geschirr die schmutzigen Ränder früherer Suppenreste. Eilends marschierte er in Richtung Hotel. Unterwegs blieb er stehen. Ihm wurde flau. War seine Übelkeit nur aus der Einbildung entstanden? Oder war die Suppe wirklich schlecht? Erlemann wand sich wenig später unter heftigen Bauchschmerzen in seinem Hotelbett. Der Hotelarzt gab ihm eine schmerzstillende Spritze.

Am nächsten Morgen erreichte er endlich Tamasi. Mit ihm hatte er bei seiner ersten Libanon-Reise über die Leasing-Konditionen für Daimler-Benz-Lkws verhandelt. Tamasi war eine Stunde nach dem Telefongespräch im Hotel – und lehnte es rundweg ab, mit Erlemann über irgend etwas zu sprechen. Dr. Klein sei für ihn der »Chef«, nur mit diesem würde er reden.

»Unverschämtheit«, dachte Erlemann resigniert, »wieder eine Niederlage.«

Er holte einen Brief aus der Innentasche seines Clubjacketts – Tamasi las und nickte.

Wenige Stunden später startete Erlemann mit seiner Crew nach St. Moritz, wo Klein Ferien machte. Mit an Bord waren Tamasi und seine Frau, die am gleichen Tag erst aus Paris zurückgekommen war. Dr. Klein hatte die Tamasis mit dem Brief zu sich nach St. Moritz beordert.

Wegen vereister Piste konnte die D-COOL in St. Moritz nicht landen, sie mußte nach Lugano ausweichen. Zwei Stunden später flogen sie mit dem Helikopter nach St. Moritz. Dort erwartete sie Dr. Klein. Reinartz war bei ihm. Erlemann wurde gebeten, dem ersten Gespräch nicht beizuwohnen.

Einen Tag später hatte Erlemann Kleins endgültige Bestätigung über den Schwindel in Beirut. Erlemann war zum Mitwisser geworden. Zum Mitwisser eines Steuerbetrugs, der die Finanzbehörden, Staatsanwälte und Gerichte auf Jahre beschäftigen würde.

Mit diesem Wissen fuhr Erlemann nach Österreich.

*In Kühtai blieb ich vierzehn Tage. Ich meldete mich in meiner Firma und zu Hause ab. Ich wollte mit niemandem sprechen. Im nachhinein kann ich sagen, es waren so eine Art Exerzitien, die ich in diesen Wochen durchmachte. In einem desolaten Zustand, nicht nur körperlich, war ich aus Beirut zurückgekehrt. Trotz meiner Ahnungen, daß Betrug im Spiel war, hatte ich es doch nicht wahrhaben wollen. Und nun lag die ganze Geschichte klar vor mir. Was sollte ich tun? In der ersten Nacht saß ich in meinem Zimmer, machte endlos lange Notizen, in denen ich das ganze Geschäft beschrieb, auch wie ich hineingeschlittert war.*

*Ich vollzog die ganze Konstruktion auf Dutzenden von Blättern nach, erstellte Geldflußrechnungen, brachte die Vertragskonstruktionen zu Papier. Immer wieder blieben meine Gedanken bei der Rückoption hängen:*

*Drei Jahre später konnte die Option ausgeübt werden, die Gasflaschen – die es nicht gab – konnten an die Verkäufer zurückgehen, das Ganze hätte sich von alleine liquidiert, und die Steuervorteile der Anleger wären gerettet.*

*Am nächsten Morgen zerriß ich dann alles wieder. In der nächsten Nacht stand ich auf und griff erneut zur Feder. Wieder formulierte ich, wieder schmiß ich alles weg. Ich hatte doch so viele Geschäfte in meinem Leben abgewickelt, die mir viel Geld eingebracht hatten – Betrug war doch völlig überflüssig. Hätte ich nicht doch gleich zur Staatsanwaltschaft gehen sollen? Ich saß – wie man so schön sagt – bis zum Hals in der Scheiße. Was hatte ich zu verlieren? Die Antwort hinderte mich, den geschäftlichen Selbstmord zu vollziehen. Was würde aus meiner Familie? Den Kindern?*

*Was würde aus meiner gutgehenden Firma? Wenn ich jetzt alles*
*hätte zurückzahlen wollen, wäre ich pleite gewesen.*

*Aber nicht nur das: Der Skandal, die Häme, die ich über mich*
*hereinbrechen sah, hätte ich nicht ertragen. Im übrigen wären alle*
*aktuellen Geschäfte kaputt gegangen.*

*Ich stand in Geschäftsbeziehungen zu Bertelsmann, die ihr*
*Buchclub-Geschäft in England ausweiten wollten. Die Filmpro-*
*duktionen sahen erfolgversprechend aus. Zwar hatte sich mein An-*
*sprechpartner vom Abend mit Raquel Welch nicht mehr gemeldet –*
*später erfuhr ich, er war als Geschäftsführer gefeuert worden –,*
*aber durch Oppenheimers Kontakte hatte sich ein Produzent na-*
*mens Lester Persky bei mir gemeldet. Er hatte über den Filmverleih*
*United Artists in New York »Hair« an der Hand, das erfolgreichste*
*Musical aller Zeiten. »Hair« sollte unter der Regie des Regisseurs*
*Milos Foreman verfilmt werden, bekannt durch seinen Oscar-Film*
*»Einer flog über das Kuckucksnest«. Außerdem hatte ich meine*
*Fühler ausgestreckt, um deutsche Schiffsneubauten mit hohen*
*Steuervorteilen vermarkten zu können. Ich war voller Ideen, voller*
*Pläne. Und nun das. Nach endlosem Hin-und-her-Überlegen kam*
*ich zum Ergebnis, daß ich mich nicht offenbaren durfte. Nicht nur,*
*um mich selbst und meine Familie zu schützen, sondern auch all die*
*anderen, die sich auf mich verlassen hatten. Wenn das Geschäft*
*noch drei Jahre lief, die Rückoption eintraf, war alles überstanden.*
*Ich wußte, von nun an würde ich ständig mit der Angst leben, daß*
*die Geschichte aufflog. Ich saß auf dem Pulverfaß.*

Das Wissen um den gewaltigen Steuerbetrug, der Druck, hilflos abwarten zu müssen, ob etwas aufgedeckt wurde oder nicht, ließen Erlemann in den Folgemonaten hektisch agieren.

Sein Eishockeyclub war gut im Rennen um den zweiten Titel. Er
hatte eine Werbegesellschaft gegründet, der die Zunft-Kölsch-
Brauerei Haas jährlich zweihunderttausend Mark zuschoß.

Er hatte das Filmobjekt »Hair« plaziert, innerhalb kurzer Zeit war
die Emission überzeichnet. Kurz vor Ende der Dreharbeiten flog Erlemann nach Washington zu einem Treffen mit dem Produzenten
Lester Persky. Es war die letzte Drehwoche, gedreht werden mußte

nur noch die Schlußszene mit über hunderttausend Statisten vor dem Capitol in Washington. Persky baute Erlemann als Komparsen ein, ließ ihm eine Eisverkäufermontur verpassen und schickte ihn in die Menge.

Mit Persky flog er anschließend nach New York zu United Artists, um dort über das nächste Filmprojekt zu verhandeln. Erlemann hatte in New York nur einige Stunden Zeit, um das Wichtigste über das neue Projekt zu erfahren. Als er mit dem Taxi bei United Artists vorfuhr und die Konzernzentrale betrat, empfing ihn gähnende Leere. Auch in den Büros der anderen Etagen war kein Mensch zu sehen. Irritiert schüttelte Erlemann den Kopf. Es war doch Werktag? Der Portier brachte die Aufklärung. »Heute ist Jom Kippur, der höchste Feiertag, und da sind alle in der Kirche.«

»Und warum Sie nicht?«

»Ich bin einer der wenigen Nichtjuden der Firma.«

Die Filmfestspiele von Cannes wurden mit der europäischen Uraufführung von »Hair« eröffnet. Erlemann stand zusammen mit dem Exiltschechen Milos Foreman im Foyer und diskutierte über Eishockey. Er war mit dem Regisseur so ins Gespräch vertieft, daß sie die Gongs überhörten, die das Publikum in den Saal riefen. Immer noch stritten Erlemann und Foreman über die Vor- und Nachteile eines Nedomanski oder Kühnhackl, als ein Bediensteter zu ihnen trat und Milos Foreman am Ärmel zupfte.

»Ja?« Der Tscheche wollte aufbrausen.

»Entschuldigen Sie, Mr. Foreman, aber man wartet bereits seit fünf Minuten auf Sie. Sie wollten doch ein paar Worte sagen.«

Erlemann und Foreman blickten sich um. Sie standen ganz alleine im Foyer. Erlemann hastete zu seinem Platz und Milos Foreman auf die Bühne.

Das Filmmusical »Hair«, seine Produzenten, der Regisseur und die nach Cannes anreisenden Mitwirkenden sowie die Verleihfirma United Artists gaben sich mit einem großen Galabuffet im Casino von Cannes die Ehre. Und dort traf Erlemann auch auf die Inhaber der Film- und Fernsehgesellschaft Lorimar: Merv

Adelson und Lee Rich. »Wir haben schon von Ihnen gehört. Hat doch gut funktioniert mit ›Hair‹!« eröffnete Merv Adelson das Gespräch.

»Ich bin zufrieden«, meinte Erlemann trocken.

»Hatten Sie nicht einmal mit unserem alten Geschäftsführer Derrick gesprochen?« Lee Rich kratzte sich am Kopf, als denke er nach. »Irgendwo habe ich mal 'ne Aktennotiz gesehen, die Sie und Ihre Abschreibungsgesellschaften betraf.«

Erlemann nickte. »Ja, aber er hat sich nicht mehr gemeldet.«

»Dafür sind wir ja jetzt hier. Es ist nie zu spät, sagt man bei uns in den Staaten. Wollen wir uns in L.A. sehen, vielleicht schon nächste Woche?«

Adelson kam direkt zur Sache. Das gefiel Erlemann.

»Ich lade Sie gern in mein Haus in Saint Tropez ein, solange Sie noch hier sind.«

»Saint Tropez«, Lee Rich blies die Luft raus. »Das klingt zwar gut, aber die Straßen hier sind immer verstopft. Man braucht mehr als drei Stunden für die sechzig Kilometer.«

Erlemann grinste. »Deswegen fliege ich ja mit dem örtlichen Hubschrauberdienst. Das kostet wenig und ist schnell. Ich nehme Sie gerne mit.«

»Mich nicht«, sagte Merv Adelson. »Ich verschwinde morgen. Zuviel Arbeit. Sie kennen das. Wenn man ein paar Tage nicht im Büro ist, stapelt es sich bis unter die Decke. Dabei versuche ich laufend zu delegieren. Aber in diesem Laden ist ja niemand, der es wagt, eine eigene Entscheidung zu fällen.«

»Dann nächste Woche in Los Angeles?«

»O.K.«


Sie hatten den ganzen Tag in Culver City, unweit von Los Angeles, in Adelsons Büro gesessen und Filmplanungen besprochen, Kosten kalkuliert, Schauspieler ausgesucht. Nun lag eine dünne Mappe mit mehreren Projektbeschreibungen vor Erlemann auf dem Tisch. Er schlug den Mappendeckel auf und besah sich die Aufstellung, die sie für ihr nächstes Filmpaket schnüren wollten.

Unter anderem: »Cruising« mit Al Pacino in der Hauptrolle,

»Wenn der Postmann zweimal klingelt« mit Jessica Lange und Jack Nicholson, »Yanks« unter der Regie von Otto Schlesinger mit Vanessa Redgrave und Richard Gere und der sichere Hit »Formula« mit Marlon Brando, Marthe Keller, George C. Scott und dem von Erlemanns Film-Geschäftsführer Schmitz eingebrachten Schweizer Komiker Emil.

Erlemann rechnete die einzelnen Filme durch. Der Steuervorteil von 270% stimmte. Es ergab sich für das erste Paket jedoch ein zu geringes Volumen. Adelson und Rich waren zum gleichen Ergebnis gekommen wie er.

»Dann müßten wir«, erklärte Rich und sah fragend auf seinen Kollegen, »vielleicht noch eine Fernsehproduktion einbauen?«

»Was denn?« Adelson hob beide Hände, als entschuldige er sich dafür, daß er keine Möglichkeit sah, Erlemanns Geld auszugeben.

»Warte«, Lee Rich griff in die Ablage für abgelehnte Stoffe, brachte ein dickes Papierbündel zum Vorschein und warf es vor Erlemann auf den Schreibtisch. »Eigentlich hatten wir die Serie schon ausgemustert. Irgend so ein Familienkitsch. Es sind Drehbücher für den Pilotfilm und die ersten sechs Folgen. Mir gefällt's nicht. Aber nehmen Sie es mit.«

Erlemann nahm das Drehbuch und schnürte es in das nächste Filmpaket mit ein. Das Finanzamt finanzierte mit Steuervorteilen den Pilotfilm und die ersten Folgen.

Das war die Geburtsstunde von »Dallas«.

# Filmabschreibung

**Grundlage:**

§5 Abs. 2 ESt G, der besagt: „Aktivierungsverbot für Film-produktionen"— auf hochdeutsch: Filmproduktionen dürfen nicht, wie z.B. ein Grundstück oder ein Auto, in der Bilanz eines Unternehmens auftauchen.
Filme sind <u>nicht bilanzfähig</u>, Filme sind <u>Kosten</u>.
Beispiel: Film ist nur der Zelluloid-Streifen, der nichts wert ist.
Filmkosten = Budget (Stargagen, Reisen + Hotelkosten, Regie, Kameramann u.s.w — alles Kosten, Rechnungen).

**Ergebnis:**

Wenn ein Film stets nur Kosten ist und ein Film 50:50 aus Kredit und Eigenkapital finanziert wird, so ist das Budget = sofortige Kosten, stets doppelt so hoch wie Eigen-kapital =
200% Steuervorteil

Beispiel:

| | |
|---|---|
| Filmbudget | DM 10.000.000,- |
| Eigenkapital | |
| (Rest = Bankkredit) | DM 5.000.000,- |
| Steuervorteil = Verhältnis | |
| von Kosten zu Ek | 200% |
| (10.000.000 : 5.000.000 DM/EK) | |

## Was bedeutet dies für den Anleger?

| | | |
|---|---|---|
| Zeichnungsbetrag Film | DM | 100.000,- |
| 200% Steuervorteil | DM | 200.000,- |
| Steuerersparnis (bei | | |
| 50% Steuersatz) | DM | 100.000,- |
| Effektiver Eigeneinsatz | | 0,00 |

Der Anleger hat 100.000,- DM eingelegt und über den Fiskus 100.000,- DM zurückerhalten, das Finanzamt hat seine Beteiligung voll „bezahlt". Der Anleger: „Ich stecke das Geld doch lieber in einen Film und habe die Chance, daß daraus etwas wird, als das Geld dem Fiskus auf Nimmerwiedersehen — also endgültig — wegzugeben."

$\longrightarrow$

<u>Denn:</u> Beim Finanzamt ist
das Geld weg!

Wenn aber Zuschauer
in den Film gehen,
dann gibt es Gewinne,
die kommen herein.
<u>Vom Finanzamt kommt</u>
<u>nichts zurück!</u>

Das zweite Eishockeyjahr war für die Kölner Haie nicht so gut verlaufen. Im letzten Meisterschaftsspiel in Garmisch-Partenkirchen unterlagen sie mit 6:8 dem SC Riessersee, der dadurch Meister wurde. Trotzdem traute Jochem Erlemann sich vor 12 000 Zuschauern aufs Eis, nahm das Mikrophon und legte ein lautes Bekenntnis ab: »Freut euch in Garmisch über das eine Jahr Meisterschaft, nächstes Jahr holen wir uns den Teller zurück nach Kölle.«

In der folgenden Saison engagierte Erlemann wieder Gerhard Kiessling als Trainer und Hardy Nilsson, den schwedischen Top-Spieler. Und wieder spielten die Kölner Haie an der Tabellenspitze mit. Erlemann überlegte, nach Ende der nächsten Saison als Präsident zurückzutreten. Eishockey fraß Geld und Zeit. Drei Jahre, sagte er sich, kann man so was machen, das ist genug.

Hinzu kam der Druck seit seiner Beirut-Reise; die Contruck-Schlinge lag um seinen Hals. In der Familie stand auch nicht alles zum besten. Einer seiner Söhne war sehr krank und mußte mehrfach operiert werden.

In den Monaten dieser Krankheit sprach Erlemann wieder mehr mit seiner Frau Gabi. Sie versuchte noch einmal, ihren Mann von seinem Höhenflug auf den Boden zurückzuholen. »Du bist von Schleimern, Claqueuren und Jasagern umgeben. Ihnen widmest du viel mehr Zeit als uns. Glaubst du denn, all diese Leute, die dich feiern, die sich immer in deine Nähe drängen, sind wirkliche Freunde?«

Erlemann stand schweigend am Fenster und schaute hinaus. Er wandte sich um. »Natürlich weiß ich, daß es keine Freunde sind. Die denken, ich merke das nicht. Ich laß ihnen den Glauben. Sollen sie buckeln. Das gibt mir ein gutes Gefühl. So lange sie da sind, habe ich Erfolg. Sie sind ein Gradmesser meines Erfolgs, mehr nicht.«

Seine Frau sah ihn ungläubig an. »Du weißt das und läßt alles mit dir machen?«

»Was lasse ich mit mir machen?« Erlemann grinste gequält. »Nichts lasse ich mit mir machen.« Seine Stimme wurde ruhiger. »Ich verspreche dir, ich werde mit dem Eishockey aufhören. Es kostet mich zuviel Nerven. Zum Ende der Saison – wie es aussieht, werden wir wieder Meister – trete ich zurück. Das weiß noch niemand, du bist die erste, der ich es sage.«

»Das ist ja das erste Mal, daß ich die erste bin.«

Erlemann winkte ab. »Lassen wir das. Komm, fahren wir in die Klinik.«

»Wettbewerb der Europäischen Treuhand!« hieß die Überschrift des Vertriebsrundschreibens an die Anlageberater der ET. Jochem Erlemann bot seinen Leuten eine mehrtägige USA-Reise nach Las Vegas, nach Los Angeles zu den Produktionsarbeiten von »Dallas« und zur Premiere des Films »Hair« in New York.

Bedingung: Die Vertreter sollten innerhalb von acht Wochen Maximalleistung bringen. Die dreißig Erfolgreichsten würden mit je einer Begleitperson an der Reise teilnehmen dürfen.

So fielen im Mai 1979 im New Yorker Plaza-Hotel am Central-park dreißig Verkäufer der Firma Erlemann ein, begleitet von ihren Frauen. Erlemann führte sie ins Premierenkino. Die Leute aus Biele-feld, Wanne-Eickel, Oberstdorf oder Hüttweiler hatten sich nie träu-men lassen, daß sie eines Tages neben Jack Nicholson, Paul Newman oder Vanessa Redgrave sitzen würden. Anschließend stieg die Premierenfete auf Einladung des Verleihers United Artists im »Studio 54« – New Yorks allererster Disco-Adresse.

Übernächtigt düsten die deutschen Umsatzmacher am Tag darauf nach Las Vegas. Erlemann scheuchte sie an »Einarmigen Banditen«, Roulette, »Seven eleven« vorbei und zur Show des berühmten Kitsch-Pianisten Liberace, der mit Hermelinmantel und funkensprü-henden Diamanten an seinen Händen die Gäste beeindruckte.

Auch am zweiten Tag keine Pause: Die Raquel-Welch-Show ließ die Deutschen staunen, daß das »Busenwunder« auch tanzen und singen konnte. Nach der Show arrangierten die Amerikaner für Erle-mann und Anhang eine private Cocktailstunde mit der Künstlerin. Das Hotel hatte für diesen Zweck einen kleinen Saal reserviert. In der Mitte der Gesellschaft baute ein Fotograf eine mächtige Pola-roidkamera auf. Erlemann ergriff das Wort: »Und nun, meine Freunde, werdet Ihr alle Gelegenheit haben, ein Erinnerungsfoto mit Raquel Welch zu bekommen. Es geht der Reihe nach, von links nach rechts, nur die Herren. Das Foto lockert die Beratung auf, wenn Sie Ihre nächsten Filmanteile verkaufen.«

Auch in Los Angeles, der letzten Station ihrer Reise, klotzten die Amerikaner und sammelten Bewunderer. Sie gaben ein Abendessen mit Gästen: den Sängerinnen Dionne Warwick und Cher, den Mimen Zsa Zsa Gabor und George Hamilton.

Am nächsten Tag standen Culver City und die Universal Studios auf dem Programm. Sorgfältig geplant, platzte die deutsche Horde mitten in die Dreharbeiten zu »Dallas«. Unter Jubel kamen die Anlageberater zu Fotos mit Pamela – Victoria Principal, Bobby – Patrick Duffy und J.R. – Larry Hagman. Das abschließende Abendessen im Yachtclub »La Marina« in Los Angeles wäre eigentlich gar nicht mehr nötig gewesen. Die Jungs waren aufgekratzt genug. Nach sechs Tagen »großer Welt« jetteten sie zurück in ihr kleines Deutschland, schwärmten aus und verkauften eifrig Filmanteile, damit ihr neuer Freund J.R. auch genug zu beißen hatte.

Der Kölner EC wurde zum zweiten Mal Deutscher Meister. Gefeiert wurde in der überfüllten Kölner Sporthalle. Erlemann trat vor das Mikrophon und erklärte: »Wenn es am schönsten ist, soll man aufhören. Fans, ich danke euch. Ich trete zurück.«

»Wie heißt der Mann?« Erlemann lauschte ins Telefon. »Habe ich noch nie gehört. Wer ist denn das?« Je länger er zuhörte, um so mehr verdüsterte sich sein Gesicht. Seine Stirn zeigte Falten, und wer ihn kannte, wußte, gleich würde ein Donnerwetter losbrechen. »Diese Anwaltsmafia, diese Mandatsjäger!« brüllte er. »Wo kommen wir denn da hin! Was ist er?... mit der kleinstmöglichen Einlage im Contruck-Geschäft? Und jetzt macht der alle Leute verrückt?«

Erlemann legte den Hörer auf, seine Hand ging zum Transformator und ließ die elektrische Mini-Eisenbahn vor- und zurückfahren. Er überlegte. Das könnte der Anfang vom Ende sein. Da mußte damals einer seiner Verkäufer nicht aufgepaßt haben.

Erlemann kannte das Spiel schon. Das war auch bei Fondsgesellschaften der Konkurrenz schon so gelaufen. Ansonsten erfolglose, aber um so honorarhungrigere, meist jüngere Rechtsanwälte pumpten sich vom Papa zehn- oder zwanzigtausend Mark, kauften den Minianteil einer Gesellschaft und benutzten ihre Stimme, um mit juristischen Floskeln Probleme aufzuwerfen, die kaufmännisch zu erledigen wären, um sich dann als Retter und Beschützer aufzuspielen. Mit ihrem angeblichen Fachwissen gewannen sie die Stimmen der ungeübten Mitgesellschafter und torpedierten fortan alles, was die Probleme beseitigt hätte. Sie legten es darauf an, Gesellschaften in Schwierigkeiten zu bringen, um als Sanierer oder Konkursverwalter saftige Gebühren, oft Millionen, einzustreichen. Einen solchen Coup braucht ein solcher Anwalt nur einmal zu landen, dann hat er für sein Leben ausgesorgt. Nun schien es bei Contruck offenbar auch so einen Mann zu geben.

»Wenn Contruck nur noch ein Jahr hält«, dachte Erlemann, »ist die Rückoption fällig und das Geschäft abgeschlossen. Ausgerechnet jetzt kommt so ein Quertreiber daher.« Erlemann schüttelte die bösen Gedanken ab und verließ das Büro. Er wollte sich umziehen und mit dem Learjet nach München düsen.

Sein erstes deutsches Filmprojekt stand vor dem Abschluß. Die Roxy-Film München, Produzent Luggi Waldleitner, hatte ihm vorgeschlagen, »Lili Marleen« über Anleger produzieren zu lassen. Der Film sollte mit Hanna Schygulla besetzt werden, Regie würde Rainer Werner Fassbinder führen. »Es gibt so viele schöne Geschäfte. Und ausgerechnet auf Contruck muß ich ausrutschen«, sinnierte Erlemann. Weitere Aussprachen mit Klein waren überflüssig. Das Geld war weg, und Klein war sicher nicht gewillt, die Verantwortung für die Geschichte zu übernehmen.

Erlemann stand gerade unter der Dusche, als seine Frau ihn rief. »Jochem, Telefon! Ganz wichtig.«

Fluchend tappte Erlemann im Bademantel zum Apparat. »Erlemann. Wer ist da?«

»Spreche ich mit Jochem Erlemann persönlich?«

»Ja. Wer sind Sie? Was wollen Sie?«

»Dr. Klein ist seit heute mittag in Frankreich. Er darf sich in der Bundesrepublik nicht mehr sehen lassen.«

Obwohl der deutsche Filmproduzent Luggi Waldleitner sich alle Mühe gegeben hatte, die Verhandlungsatmosphäre angenehm zu gestalten, wirkte Erlemann an diesem Abend unkonzentriert. Seine Fähigkeit, über die größten Schwierigkeiten leicht hinwegzugehen, war stark erschüttert. Flüchtig schaute er in die Kalkulationsunterlagen für »Lili Marleen«. Eine 230%ige Abschreibung würde möglich sein. »Also gut, wir legen den Film auf.« Erlemann zwang sich zur Konversation. Er verabschiedete sich und stieg in ein Taxi. »Zum ›Bayerischen Hof‹ . . . Nein, fahren Sie in die Elisabethstraße nach Schwabing.«

»Komm rein!« Renate Engelmann schien nicht überrascht, Jochem Erlemann im Türrahmen zu sehen. Sie schloß die Tür hinter ihm. In einem Münchner Restaurant hatten sie sich ein Jahr zuvor kennengelernt. Wenn er in München aufkreuzte, verbrachte er einige Stunden bei ihr.

»Du siehst nicht gut aus«, stellte sie fest. Erlemann erwartete weitere Fragen. Es kamen keine. Er wäre gerne gefragt worden, hätte gern erzählt. So tat er es ungefragt. »Ich habe ein komisches Gefühl.«

Sie wartete.

»Ich glaube, es gibt bald einen riesigen Knall.«

Sie fragte immer noch nicht. Erlemann wurde unsicher. »Ich meine, es kann passieren, daß alles wegfliegt, daß ich von heute auf morgen ruiniert bin oder sogar ins Gefängnis komme.« Die Frau nickte ruhig. »So etwas befürchte ich eigentlich schon lange.«

»Wieso?« empörte sich Erlemann.

»Du erklärst mir zwar immer, wie legal das alles ist, was du machst, und ich glaube dir. Aber die Kleinen im Lande, die Normalverdiener, die mögen nicht, was du machst, auch wenn's legal ist. Du bist ihnen zu smart, zu glatt, du verdienst zu viel, stehst im Licht der Öffentlichkeit. Du machst Reiche noch reicher und vergißt dich selbst nicht dabei. Irgendwann muß der Staat eingreifen. Das ist schon viel zu lange gutgegangen. Wie kommst du heute zu der Annahme, daß jetzt alles platzt?«

»Es wäre schwierig, das zu erklären«, blockte Erlemann ab, entblößen wollte er sich vor dieser Frau nicht. Außerdem war er enttäuscht. Er hatte mehr Anteilnahme erwartet. »Na gut, dann nicht. Aber warum gehst du nicht ins Ausland? Nach Südfrankreich oder in die Schweiz?«

Erlemann winkte ab. Er erhob sich aus dem Sessel und schritt in den Flur, wo seine Jacke hing. Aus der Innentasche nahm er einen Paß, warf ihn auf den Tisch und setzte sich wieder.

»Ich bin Österreicher, und trotzdem ist die Flucht für mich keine Lösung. Man darf sich im Leben nicht drücken. Man muß sich verantworten und notfalls den Kopf hinhalten.«

»Der stolze Kapitän des Schiffes. Nicht die Ratte.« Der Spott in ihrer Stimme war unüberhörbar.

»Ich glaube, es war nicht gut, hierherzukommen.« Erlemann erhob sich.

»Das mußt du entscheiden.« Sie zuckte die Schultern. Erlemann blieb unschlüssig stehen. »Am besten, ich gehe?« Fragend schaute er sie an.

»Wenn du meinst.«

Abrupt drehte er sich um, zog seine Jacke an und stieß die Wohnungstür auf. Sie rief ihm nicht nach.

Wieder stand Jochem Erlemann vor versammelter Anlegerschar im Kongreßraum des Hamburger Interconti, hinter sich die Schultafel, ein Stück Kreide in der Hand. Er hatte noch das Schreiben des Ministerialdirektors im Bundesfinanzministerium, Dr. Koch, im Kopf, daß die Pläne zur Abschaffung des negativen Kapitalkontos im Ministerium wieder betrieben würden. Nun hatten sie es also geschafft. »Hochprozenter ade«, dachte Erlemann und dozierte: »Wie Sie alle wissen, hat der Bundesfinanzhof Abschreibungen von über 100 % für unzulässig erklärt. Paragraph 15a Einkommensteuergesetz. Es reicht also nicht mehr, daß der Anleger allein in der Steuerersparnis seine Gewinnabsicht sucht. Auf deutsch gesagt: Die Exoten-Projekte von gestern laufen nicht mehr. Künftig ist der Anleger mit echtem Geld dabei. Die Bundesregierung hat allerdings von der Beschränkung zwei Bereiche ausgenommen: Berlin und den deutschen Schiffbau. Was bleibt uns übrig? Wir gehen auf See.«

Wie immer waren die Anlageberater von seinem Vortrag fasziniert. Keiner bemerkte seine Erschöpfung. Er hatte seine Reserven mobilisiert und staunte selbst, was der Mensch alles aushält.

»Deutsche Schiffsbeteiligungen dürfen in den kommenden zehn Jahren auch weiterhin Steuervorteile von über 100 % ausweisen. Beschluß der Bundesregierung von 10. 10. 1979. Unser Projekt bringt Steuervorteile von 203 %. Unser Schiff – ist es erst einmal fertig –

wird zusammen mit der französischen Taucherfirma ›Comex‹ unter der Flagge der Hamburger Reederei Bolten laufen. Gebaut wird das Schiff bei der Rendsburger Werft Nobiskrug. Und, meine Herren, passen Sie auf, damit können Sie werben. Es ist mir gelungen, den ehemaligen Bundeswehrflottenadmiral Dr. Werner Schünemann für den Vorsitz des Aufsichtsrats zu gewinnen. Alle technischen Einzelheiten entnehmen Sie dem Prospekt, und nun rechne ich Ihnen die unterschiedlichen Anlageergebnisse vor – je nach Steuerprogression des Anlegers.«

Am 3. 12. 1980, kurz vor Mittag, war Erlemann in seinem Jaguar zu Notar Dr. Konrad Adenauer unterwegs, um eine Firmengründung protokollieren zu lassen. Über das Autotelefon sprach er gerade mit Astrid.

An einer Kreuzung mußte er warten. Vor ihm stand bereits ein Fahrzeug, links neben ihm und hinter ihm ebenfalls.

Als die Ampel umsprang, fuhr keiner der Wagen an, statt dessen entstiegen ihnen mehrere Männer und klopften an seine Windschutzscheibe.

»Astrid, ich bin von mehreren Fahrzeugen eingekeilt, ich glaube, ich werde verhaftet.«

Er sagte das sehr ruhig, als habe er so etwas seit langem erwartet. Fast wirkte er erleichtert.

Die Luft war zum Schneiden dick. Seit fast zehn Stunden waren die sieben Menschen im Zimmer des Haftrichters im Kölner Polizeipräsidium Waidmarkt. Man hatte zwar das Fenster geöffnet, aber das bißchen Frischluft konnte gegen den Mief kaum etwas ausrichten. Vier der sieben Anwesenden rauchten: Untersuchungsrichter Hermann Klett, die Staatsanwälte Maurer und Schefler sowie der vorgeführte Beschuldigte Jochem Erlemann. Nichtraucher waren die beiden Anwälte Erlemanns sowie eine Frau an der Schreibmaschine.

Erlemann wischte sich von Zeit zu Zeit die Stirn mit dem Jackettärmel. Die Krawattenknoten waren längst gelockert, die geöffneten Hemdkragen verschwitzt. Wer auf Kaffee nicht verzichten wollte, mußte sich seit der offiziellen Feierabendzeit aus dem Automaten bedienen. Die Staatsanwälte hatten ihr gesamtes Repertoire aufgeboten und die vorhandene Munition abgeschossen. Aber die Beschuldigungen, die zur Ausstellung des Haftbefehls führen sollten, waren auf einen einzigen Punkt zusammengeschmolzen. Erlemann sollte ein verbotenes Provisionsgeschäft getätigt und damit Contruck geschädigt haben.

Erlemann äußerte sich nicht zu diesem Punkt, auf Anraten seiner Anwälte.

Die Stimmung hatte sich zunächst entspannt, mit der Zeit aber machte sich Unruhe breit, denn sie warteten seit Stunden auf einen Zeugen.

Geladen war der Contruck-Geschäftsführer Ernst Masdorp. Auch Masdorp wäre festgenommen worden. Einem Haftbefehl entging er nur, weil ein Arzt ihn haftunfähig schrieb.

»Reinartz und Klein haben sich ins Ausland abgesetzt«, grübelte Erlemann, »Masdorp ist zu krank, um Verantwortung zu übernehmen. Ich fürchte, der Dumme, der übrigbleibt, bin ich. Das hat man davon, wenn man gesund ist und die Stellung hält.«

Plötzlich verließ Staatsanwalt Maurer den Raum, kehrte kurz darauf zurück und verkündete: »Ich habe noch einmal mit Darmstadt telefoniert. Masdorp ist mit Blaulicht unterwegs hierher. Er dürfte in der nächsten Stunde eintreffen. Es schneit stark, deshalb kommt die Polizei nur langsam voran.« Er lehnte sich gegen die Fensterbank und fuhr fort: »Bis dahin möchte ich den zweiten Teil des Haftbefehls, die Haftgründe, behandeln. Durch einen anonymen Hinweis wurde uns bekannt, daß Erlemanns Learjet startbereit auf dem Köln-Bonner Flughafen steht. Er soll in den letzten Tagen selbst auf Anfragen nicht mehr vermietet worden sein. So entstand der dringende Verdacht, das Flugzeug stehe rund um die Uhr zur Flucht bereit.«

Erlemann brach in Lachen aus, während er unentwegt den Kopf schüttelte. Richter, Staatsanwälte und Anwälte waren irritiert.

Erlemann suchte nach Worten, während er von neuen Lachanfällen gepackt wurde. Es dauerte eine ganze Weile, bis er sich gefaßt hatte und zur Gegenrede ansetzen konnte: »Wenn man den anonymen Anrufern glauben will, habe ich in den letzten Jahren eine

Unmenge Verbrechen begangen und dauernd gegen Sitte und Anstand verstoßen. Ich habe die Kasse des Eishockeyclubs geplündert. – Dabei plünderte der mich. – Raquel Welch ist natürlich meine Geliebte. – Ich erlebe wüste Orgien in meinem Learjet, während der über meinem Haus im Hahnwald kreist . . .

Um auf meinen Learjet zu kommen . . . der befindet sich seit vier Tagen in Zürich bei der Jet-Aviation zur Generalüberholung. Das Flugzeug ist demontiert, flugunfähig. Mein Pilot Roland wartet darauf, daß die Generalinspektion abgeschlossen wird. In Köln stehen seit Jahren zwei weiße Privatjets. Einer davon gehört Otto Wolff von Amerongen. Ich gehe davon aus, daß Sie mein Flugzeug mit dem von Otto Wolff verwechseln.«

Die Staatsanwälte schwiegen betreten. Die Sekretärin hob den Kopf, blickte zwischen den Parteien hin und her, dann auf ihre Armbanduhr. Ihrer Miene war nicht anzusehen, wem sie die Sympathien zusprach oder ob sie nur an ihren Feierabend dachte.

»Herr Richter«, sagte Erlemann und schaute Klett direkt ins Gesicht, »ich erkläre Ihnen seit Stunden, daß ich nie die Absicht hatte, mich irgendeiner Sache zu entziehen. Bereits letzten Sonntag, als ich nachts von einer Familienfeier in Oldenburg nach Hause fuhr, hörte ich über Autotelefon, daß in der Montagsausgabe des ›Spiegel‹ ein vernichtender Artikel über mich erscheinen würde. In dem Artikel wurde ausführlich die strafrechtliche Relevanz des Contruck-Projektes diskutiert. Heute ist Donnerstag. Ich bin immer noch hier, wie Sie sehen.«

Der Richter nickte, während er sich Notizen machte.

Gegen 22.45 Uhr führten Beamte der hessischen Polizei den Ex-Geschäftsführer Ernst Masdorp ins Zimmer. Nach einem scheuen Blick auf Erlemann weigerte er sich, in seinem Beisein auszusagen. Erlemann wurde ins Nebenzimmer geschickt, in Begleitung von zwei Polizisten.

Es dauerte eine ganze Weile, bis Masdorp konkret wurde. Immer wieder sprach er nur von sich, beteuerte seine Unschuld, nie sei er im Libanon gewesen, keine Ahnung habe er gehabt. Endlich kam er auf Erlemann zu sprechen. Genaueres könne er zwar nicht sagen, doch habe er zwei Jahre zuvor einen Streit zwischen Klein und Erlemann mit angehört, bei dem es um Contruck ging. Was im einzelnen gesprochen wurde, konnte oder wollte Masdorp nicht angeben. Das Kickback-Geschäft habe allerdings stattgefunden, die 5 % Rückprovision seien auf ein Konto überwiesen worden, zu dem aber nicht nur Erlemann, so räumte Masdorp ein, sondern auch Klein Zugang gehabt habe.

Masdorp konnte gehen.

An der Tür wandte er sich um und sagte: »Ich habe keinen Pfennig Geld in der Tasche. Die Polizei muß mich zurückbringen.«

23.15 Uhr. Erlemann betrat den Raum wieder. Er setzte sich auf den Stuhl vor des Richters Schreibtisch. Noch 45 Minuten blieben dem Gesetz, einen Haftbefehl zu erlassen, andernfalls war die Frist verstrichen. Ab 24 Uhr würde Erlemann wieder ein freier Mann sein.

Der Richter las vor sich hin, bewegte dabei stumm seine Lippen und studierte noch einmal das vorgelegte Beweismaterial. Dann sah er auf. »Den dringenden Tatverdacht, durch ein Geschäft die Firma Contruck um über eine Million geschädigt zu haben, sehe ich soweit erhärtet, daß der Ausstellung eines Haftbefehls nichts im Wege steht. Nur die Fluchtgefahr sehe ich nicht. Schreiben Sie«, wandte er sich an die Frau vor der Schreibmaschine, die seit zehn Stunden auf diesen Moment gewartet hatte.

Erlemann und seine Anwälte nickten sich unmerklich zu. Keine Fluchtgefahr. Er würde als freier Mann das Haus verlassen. Danach blieben ihm alle Möglichkeiten der Beschwerde.

Der Haftrichter sortierte Erlemanns Habe, Brieftasche, Führerschein, Notizbuch, Bargeld. Plötzlich stutzte er. Er öffnete Erlemanns Paß, sah hinein, runzelte die Brauen, sah sich das Paßbild an, blickte zu Erlemann und sagte: »Sind Sie Österreicher?«

Erlemann nickte. Richter Klett nahm den Paß, schlug ihn auf, blätterte, legte die Stirn in Falten und erklärte: »Das ändert die Sachlage. Als Österreicher können Sie den Geltungsbereich des deutschen Gesetzes jederzeit verlassen und werden auch von Österreich nicht ausgeliefert. Der Haftgrund der Fluchtgefahr ist gegeben. Herr Dr. Erlemann, Sie sind verhaftet.«

Die Uhr zeigte 23.59.

Eine Woche später wechselte Erlemann in die hessische Justiz-vollzugsanstalt Darmstadt-Eberstadt, denn der Firmensitz Neu-Isenburg fiel in die Zuständigkeit der Staatsanwaltschaft Darm-stadt/Land.

*Die Verhaftung war der Schock meines Lebens. Obwohl ich nach dem Verlauf der letzten Monate damit rechnen mußte – die Presse spekulierte ja bereits im Vorfeld mit solchen Konsequenzen –, habe ich bis zuletzt nicht daran geglaubt. »Das werden die niemals wa-gen«, dachte ich in Verkennung meiner Lage.*

*Natürlich kreisten tausend Gedanken während der Gefangen-schaft in meinem Kopf. Und die 60minütigen Gespräche mit mei-ner Frau Gabi, die zweimal pro Monat unter Aufsicht des Staats-anwalts genehmigt wurden, konnten mich kaum aus meinen einsamen Grübeleien reißen. Ich kapselte mich ab und ging zusätz-lich zur äußeren in meine innere Privatisolation. Ich schrieb zahl-lose Briefe. An meine Frau, meine Söhne, meine Eltern und die bei-den Verteidiger. Ich spürte dennoch, wie in der Einzelhaft der fehlende Gedankenaustausch mich den Kontakt zur Realität ver-lieren ließ. Langsam schwand mein Einschätzungsvermögen, wer ich war und wo ich stand.*

*Das spartanische Leben, das einfache Essen störten mich kaum. Ich vergesse nie, wie mir zwei Besucher eines Gefangenen entge-genkamen und einer zum anderen sagte: »Was stellen die sich an, denen geht's doch gut. Die haben hier sogar Billard. Ich habe zu Hause kein Billard.« Ich hätte den Mann anfallen können. Aber woher sollte er es anders wissen?*

*Erfreulich war allein die Erfahrung, daß mich der Verlust mei-nes Vermögens nicht kaputtmachte. Ausgerechnet ich erlebte das gute Gefühl, nicht geldabhängig zu sein. Ich habe Männer zusam-menbrechen sehen, wenn sie das Geld verloren hatten, auf das sie ihr Leben geplant hatten, das ihnen das Maß der Dinge war, Aner-kennung und Erfolg zu demonstrieren. Ich wußte, ich würde ohne seelischen Knacks in die alte Studentenbude nach Köln-Ehrenfeld zurückziehen können; ich wußte, mein Kopf und mein Wille wür-den mir immer überleben helfen. Es schmerzte mich nur, wenn ich die hämischen Gesichter sah, wenn man sich darüber freute, daß ich alles verloren hatte.*

*Die Demütigungen waren es, die mich bedrückten. Meine Frau hatte mir erzählt, wie verletzt sie war, als die Staatsanwaltschaft mit der Polizei in der Haustür stand, die Wohnung auf den Kopf stellte, Schubladen aufzog, Betten abrückte, Schränke öffnete, in Büchern blätterte, Teppiche aufrollte, Sachen mitnahm. Die Ohnmacht, Verletzungen ausgesetzt zu sein und keinen Widerstand leisten zu können, das ist ein schreckliches Gefühl, wenn die menschlichen Grundrechte − ob schuldig oder unschuldig − angetastet werden. Ich nannte es »DAS GRAUE ES«.*

*Zugleich wurden meine Sinne überwach. Wenn ein Gefängnisbeamter draußen an meine Tür schlich, bekam ich Gänsehaut, meine Körperhaare stellten sich auf − ohne den Mann zu sehen oder zu hören.*

Erlemanns Verhaftung war für die Medien ein gefundenes Fressen. Der Spezialitätendoktor, der Eishockey-Mann, der Selfmade-Millionär war besonders in Köln immer eine Schlagzeile wert gewesen.

Der junge Mann, der in Höhe des Zülpicher Platzes den Ring überquerte, blieb wie angewurzelt stehen. Allein fünfmal hatte der Zeitschriftenhändler die balkengroße Überschrift in seinen Drahtständer geklemmt: »Erlemann verhaftet!« Der junge Mann stellte sich ans Ende der Käuferschlange. Die Erlemann-Zeitung ging weg wie warme Semmeln.

»Der arme Jung«, sagte eine Kundin, während sie Geld abzählte.

Der Mann am Kiosk nickte.

Der Beamte hinter der Frau war anderer Meinung. »Dat wurde höchste Zeit, dat se dem dat Handwerk gelegt haben.«

Der Mann am Kiosk nickte.

»Ohne den Erlemann hätten wir heute in Köln kein Eishockey«, meinte nun ein älterer Mann mit Hut.

Der Mann im Kiosk nickte.

»Einen Expreß.« Der junge Mann warf das Kleingeld auf den Zahlteller. Der Verkäufer blickte hoch und wartete auf den Kommentar. Der junge Mann nahm schweigend die Zeitung. Zwei Schritte neben dem Kiosk blieb er stehen, blätterte, las hastig, suchte mit den Augen eine Telefonzelle, überquerte die Straße, warf Kleingeld ein, wartete.

»Ja, hier ist Horst. Die haben den Erlemann verhaftet.« Er lauschte in den Hörer. »Ja, es steht in allen Zeitungen. Hast du noch nichts gelesen? Mehr wollte ich dir nicht sagen. Tschüs.«

Horst legte auf. Ein paar Straßen weiter merkte er, daß er die Zeitung im Telefonhäuschen liegengelassen hatte. Er trat in den nächsten Zeitungsladen und kaufte sich eine neue.

Ausgerechnet Erlemann. Es war nicht zu fassen. Er kannte die Familie aus Saint Tropez. Im letzten Sommer hatte er als Kellner dort gearbeitet und die Erlemanns häufig gesehen, sei es auf ihrer Yacht, am Swimmingpool ihrer Villa oder in dem Strandcafé, wo Horst bediente. Er hatte diesen Mann glühend beneidet, und jetzt war der im Knast. Wie aberwitzig. Horst schüttelte den Kopf.

In den ersten Tagen, nachdem Erlemanns Verhaftung bekannt geworden war, pilgerten täglich Hunderte von Leuten in den Hahnwald und warfen einen Blick über den Zaun auf die Villa. Wochenlang war er das wichtigste Thema beim Stammtisch.

Mit der Zeit legte sich der Rummel, dann folgte das Vergessen. Auch bei Erlemanns »Freunden«.


Der erste »Provisions«-Haftbefehl des Kölner Haftrichters wurde in Darmstadt erweitert. Begründung: Contruck-Betrug zum Nachteil von Anlegern und Finanzamt. Täglich erhielt Erlemann Anwaltsbesuche. In stundenlangen Konferenzen versuchten sie zu retten, was zu retten war. Wie nicht anders zu erwarten, hatten die Banken über Nacht die Glattstellung sämtlicher Konten verlangt und alles blokkiert. Allen voran die Deutsche Bank.

Gleichzeitig liefen sämtliche Erlemann-Gesellschaften weiter, ohne daß neue Einnahmen flossen. Monat für Monat mußten fixe Kosten von rund 200 000 Mark gedeckt werden – und das fast ein ganzes Jahr lang.

Mit Gläubigern mußten Vergleiche gegen Barzahlung geschlossen werden, etliche Konkursanträge wurden durch Zahlung in letzter

Minute abgeblockt. Und das laufende Beteiligungsangebot »Thunex«, das 32-Millionen-Projekt zum Bau und Betrieb von zwei Thunfisch-Fangschiffen für den Ketchup-Hersteller »Heinz« in Pittsburgh, USA, mußte mit hoher Kostenbelastung zurückabgewickelt werden.

Hinfällig geworden waren auch Erlemanns Anbahnungen von der Transamerica Corporation in San Francisco: den Filmkonzern United Artists, New York, für die Bertelsmann-Gruppe in Gütersloh zu kaufen. Ein Milliardengeschäft, das Erlemann vorbereitet hatte.

Nichts als Kosten, Kosten, Kosten. Millionen mußten gezahlt werden. Keine Einnahmen – und doch gelang es. Keine der zwölf Erlemann-Firmen ging in Konkurs, die Gesellschaften konnten in Ruhe liquidiert oder übertragen werden. Mit Finanzhilfe vom Vater und Hergabe der gesamten Barmittel.

Dennoch, das Kesseltreiben hatte gerade erst angefangen. Rechtsanwalt Dr. Hirt, im Gewande des gnadenlosen Rächers, erwirkte einen Vollstreckungsbeschluß und schickte den Gerichtsvollzieher in die Villa Erlemann.

Der Mann schleppte seine Aktentasche den Kiesweg entlang bis zum Haupthaus. Vor der Tür erwartete ihn Gabi Erlemann.

»Sie wünschen?« Ihr Gesicht blieb ausdruckslos. Zu viele dieser Leichenfledderer hatte sie in den letzten Monaten erlebt. Der Gerichtsvollzieher setzte die Tasche ab und zeigte seinen Dienstausweis. »Ich muß pfänden.«

»Wieviel haben Sie zu bekommen?« fragte Gabi Erlemann.

»Das kann ich Ihnen genau sagen.« Der Gerichtsvollzieher nahm eine dicke Mappe aus der Aktentasche, setzte seine Brille auf und blätterte. Dann verkündete er: »Drei Millionen, vierhundertzweiundfünfzigtausendundsechshundert Mark.« Er schlug den Aktendeckel zu und blickte auf.

Gabi Erlemann trat ins Haus und winkte dem Gerichtsvollzieher, ihr zu folgen. Voll bitterer Ironie sagte sie trocken: »Kommen Sie nur rein. Können Sie auf fünf Millionen rausgeben?«

Erfolgreicher verlief eine andere Pfändung des Gerichtsvollziehers

Günter Holl. Er stand in der Villa Erlemann und forderte 8000 DM. Gabi Erlemann telefonierte mit dem Rechtsvertreter der Europäischen Treuhand.

»Das muß gezahlt werden«, sagte der Anwalt. »Lassen Sie ihn eine Stunde warten.« Das Geld kam pünktlich. Acht Tausendmarkscheine im Kuvert. Der Gerichtsvollzieher quittierte und fügte auf Frau Erlemanns Bitte auch noch Nummer und Ausstellungsdatum seines Dienstausweises hinzu. Dann trabte er davon, sichtlich überfordert. Vor dem Tor zur Straße warf Holl noch einen scheuen Blick nach hinten. So ein herrliches Anwesen müßte man haben. Was mußte das für ein Leben sein!

Der Gerichtsvollzieher kassierte das Geld für sich – und landete im Gefängnis.

Sein Coup lief durch alle Boulevardblätter. Zielscheibe des Spottes: die Behörde. Und wie so oft erwies sich der Staat als schlechter Verlierer. Eine gerichtliche Entscheidung, von Erlemanns Anwälten erkämpft, wurde nötig, daß der an Holl ausgehändigte Schuldbetrag als beglichen galt. –

Kurz darauf gab es eine weitere Schlagzeile in Sachen Erlemann: »Dr. Helmut Klein in Paris verhaftet!« Finanzjongleur Klein hatte sich, weitsichtig wie er war, in Costa Rica Landbesitz zugelegt und seine Einbürgerung betrieben. Klein ließ sich adoptieren und hatte sich unter seinem neuen Namen Dr. Pedro Borboun-Sisteg wohl zu sicher gefühlt, als er in Paris das Flugzeug verließ. Die Bundesregierung betrieb die Auslieferung.

Am Freitag, dem 6. März 1981, gegen 17 Uhr radelte der elfjährige Johannes, jüngster Erlemann-Sohn, nach Hause. Er kam aus einem Spielwarengeschäft und hatte sich dort anhand von Polaroidfotos den Wert seiner Eisenbahn schätzen lassen, die er an Freunde verkaufen wollte. In seiner Jackentasche steckte ein Glas Nutella. Einkaufsorder seiner Mutter. Es war fast dunkel, als er den schmalen Weg nach Hause erreichte.

Auf einer Bank sah er drei Männer sitzen. Johannes grüßte freundlich. Die Männer reagierten nicht. Johannes fuhr weiter, blickte ohne Argwohn zurück. Da packten ihn kräftige Hände und rissen ihn vom Fahrrad. Sie drückten ihn zu Boden und preßten ihm eine Maske mit Chloroform aufs Gesicht. Instinktiv hielt er den Atem an und stellte sich ohnmächtig. Mit Klebestreifen wurden ihm Ohren und Augen verbunden und die Hände gefesselt.

Er wurde einige hundert Schritt weit getragen, hörte, wie die Seitentür eines Transportautos aufgeschoben wurde und fühlte die Enge einer Holzkiste. Sekunden später schloß sich ein Deckel über ihm, und das Fahrzeug setzte sich in Bewegung.

»Eine Entführung!« begriff Johannes. Er war so überrumpelt, daß er keine Angst empfand. Er spürte, ob sie schnell oder langsam fuhren, wann sie anhielten und wann sie wieder lospreschten. Trotz des Klebestreifens konnte er auf dem rechten Ohr ein wenig hören. An der gleichmäßigen Geschwindigkeit merkte er, daß sie ein langes Stück Autobahn fuhren. Dann bog das Fahrzeug nach links und nach rechts und wieder nach rechts.

Nach einer etwa dreiminütigen Serpentinenfahrt hielt das Auto. Er wurde mit der Kiste angehoben und weggetragen. Er hörte das Geräusch fließenden Wassers und vermutete, daß man ihn durch einen Bach oder kleinen Fluß trug. Dann ging eine Tür, und man hob ihn aus der Kiste. Seine Fesseln wurden gelöst und der rechte Arm an eine im Boden befestigte Handschelle gekettet. Johannes hörte Schritte von mehreren Personen, dann knallte eine Tür. Zwei Hände machten sich an Johannes Kopf zu schaffen, um ihn von den Klebestreifen zu befreien. Die Haare blieben daran kleben, es tat weh. Er traute sich aber nicht, einen Schmerzenslaut von sich zu geben. Als er die Augen endlich öffnen konnte, sah er einen Mann im Jogginganzug vor sich, eine Kapuze verdeckte sein Gesicht.

»Ihr habt mich entführt«, sagte Johannes.

»Es wird dir nichts passieren«, beruhigte der Mann, »gegen ein Lösegeld lassen wir dich frei.«

»Aber wir haben kein Geld mehr. Mein Vater ist im Gefängnis.«

»Das werden wir sehen.«

Der Mann zündete eine Kerze an. Der Raum war klein und fensterlos, die Wände waren mit Styropor ausgeschlagen, ebenso der Fußboden. In der Ecke stand ein Eimer.

»Wenn du schreist«, sagte der Mann drohend, »gibt's Schwierigkeiten. Wir wohnen nebenan und hören alles. Ich gehe jetzt. Später bringe ich dir was zu essen und zu trinken.«

»Ich will nichts.«

Der Mann blies die Kerze aus, schlug die Tür von außen zu und verriegelte sie. Kurze Zeit später kam derselbe Mann wieder, zündete die Kerze an und reichte Johannes eine Flasche Coca-Cola, ein Transistorradio und eine Taschenlampe.

»Jetzt sag mir eure Telefonnummer. Ich nehme an, ihr habt eine Geheimnummer. Wir haben versucht, deine Mutter anzurufen, es hat nicht geklappt. Du willst doch sicher, daß wir deiner Mutter sagen, daß du lebst.«

Johannes nickte und nannte die Geheimnummer.

Gabi Erlemann hatte gegen 21 Uhr Vermißtenanzeige erstattet. Bis in die Nacht hinein durchkämmten hundert Bereitschaftspolizisten, unterstützt durch einen Hubschrauber, die Gegend um den Hahnwald. Gegen drei Uhr in der Nacht fanden sie Johannes' Fahrrad im Gebüsch. Aber keine Spuren eines Kampfes. Die Schlagzeilen des nächsten Tages lauteten: »Erlemanns Sohn entführt?«

Jochem Erlemann wunderte sich, daß er am Sonntag früh Besuch haben sollte. Der Beamte hatte ihn mit den Worten »Erlemann zum Besuch« geweckt.

Aber Erlemann spürte, daß der Mann log. Gegen 9 Uhr vormittags wurde er von Otto, dem Dienstleiter für Sicherheit und Ordnung, aus seiner Zelle geholt und ins Vorzimmer des Anstaltsleiters geführt. Anwesend war außerdem Staatsanwalt Schefler. Beide machten ein ernstes Gesicht. Da stimmt was nicht, dachte Erlemann. Unruhe packte ihn.

»Setzen Sie sich«, sagte Otto.

Erlemann zögerte. »Was ist los?«

»Wir haben eine schlechte Nachricht für Sie. Ihr Sohn Johannes ist verschwunden. Vermutlich eine Entführung.«

Erlemann sackte auf den Stuhl.

»Es tut uns außerordentlich leid. Wir wollen die Entwicklung abwarten. Die Staatsanwaltschaft und die Kripo Köln stehen in enger Verbindung mit uns. Wir halten Sie auf dem laufenden.«

»Ich will raus! Ich will meinen Sohn suchen!« schrie Erlemann.

»Herr Erlemann«, sagte Schefler sanft, »wir müssen abwarten. Wenn es sich wirklich um eine Entführung handelt, werde ich sehen, was ich für Sie tun kann. Zumindest werden wir Sie nach Köln bringen. Möglich wäre auch eine Haftverschonung.«

»Kann ich irgend etwas für Sie tun?« fragte Otto ehrlich mitfühlend.

»Ich will nicht zurück in meine Zelle«, murmelte Erlemann, »ich halte das nicht aus, ich will meinen Sohn suchen.«

Otto und der Staatsanwalt tauschten einen unbehaglichen Blick. Sie hatten keine Möglichkeit, ihn aus der Haft zu entlassen.

Am Nachmittag schien es klar, daß es sich um eine Entführung handelte. Die Kidnapper hatten einen ersten Kontakt geknüpft. Noch in den Abendstunden besuchte Familienanwalt Dr. Latz seinen Mandanten in der Darmstädter Haftanstalt. Die beiden saßen sich gegenüber. »Jochem, es fällt mir schwer, es dir zu sagen. Es ist wahr. Dein Sohn Johannes ist tatsächlich entführt worden, und die Entführer verlangen Lösegeld. Die Höhe werden sie in Kürze bekanntgeben. Sie behaupten, sobald du zahlst, wird Johannes freigelassen.«

Erlemann saß apathisch auf dem Holzstuhl des Besucherraumes, die Hände gefaltet, den Kopf gesenkt.

Dr. Latz sagte feierlich: »Jochem, ich habe dich in all den Jahren nie um etwas gebeten. Jetzt tue ich es.«

Er unterbrach sich und wartete auf eine Antwort. Erlemann reagierte nicht.

»Jochem, wenn du irgendwo noch Geld hast, sag es mir. Ich fliege sofort hin und hole es. Egal, ob es in der Schweiz liegt oder in Luxemburg oder in den USA. Es geht um das Leben deines Sohnes.«

Erlemann hob den Kopf. Noch nie hatte Latz ihn so trostlos gesehen. »Ich habe kein Geld mehr.« Er lächelte gequält. Latz stieß die Luft aus und lehnte sich in seinen Stuhl zurück. »Jochem, ich kenne dich lange genug. Ich glaube dir. Was sollen wir tun?«

»Ich weiß es nicht. Der Learjet ist schon verkauft. Vielleicht mal die Freunde fragen. Andererseits, nach den Erfahrungen der letzten drei

Monate habe ich kaum Hoffnung. Die meisten tun so, als hätten sie mich nie gekannt.«

Dr. Latz erhob sich. »Ich fahre nach Köln zurück. Einen Antrag auf Haftverschonung haben wir bereits gestellt. Staatsanwalt Schefler hat mir zugesagt, ihn wohlwollend zu behandeln. Du hörst von mir.«

Erlemann wurde auf seinen Flur zurückgeführt. Es war kurz vor dem Abendbrot. Die Geschichte mit der Entführung hatte sich bereits in Windeseile rumgesprochen. Überall sah Erlemann in betretene Gesichter. Als er seine Etage erreichte, standen alle Gefangenen zum Essensempfang auf dem Flur versammelt. Einer fragte: »Was ist? Lassen sie dich jetzt raus?« Erlemann schüttelte stumm den Kopf, ließ das Essen stehen und ging in seine Zelle.

»Das ist doch eine Sauerei!« rief jemand. »Typisch deutsche Justiz! Der Strafanspruch des Staates geht vor, egal, was draußen passiert!«

Ein Beamter versuchte, den Schreier zu beruhigen. Halbherzig, ihm schien selbst nicht wohl dabei zu sein. Aufmerksam beobachteten die anderen Gefangenen die kleine Auseinandersetzung. Plötzlich sagte einer: »Ich will auch nichts essen, bis man den Erlemann rausläßt oder nach Köln verlegt, wo er mit seiner Familie Kontakt hat!«

Wortlos drehten sich die Gefangenen um, die bereits ihr Abendbrot hinaustrugen, legten die Brotscheiben und die beiden hartgekochten Eier zurück aufs Tablett und gingen in ihre Zellen.

»Meuterei!« wollte der Beamte brüllen. Aber er sagte es sehr leise vor sich hin.

Am nächsten Morgen wurde Jochem Erlemann aus der Zelle geholt. Man teilte ihm mit, daß der zuständige Oberstaatsanwalt den Haftverschonungsantrag abgelehnt hatte. Erlemann blieb in Haft.

Zwei Wagen der Kriminalpolizei, besetzt mit Beamten des Sondereinsatzkommandos, ein Hubschrauber, der während des ganzen Transports von Darmstadt bis Köln dicht über der kleinen Kolonne schwebte, so eskortierten sie Erlemann nach Köln.

»Ich werde behandelt wie ein Terrorist!« dachte er und wunderte sich. Bisher hatten sie solchen Rummel nicht gemacht. Im Gegenteil, seiner Prominenz wegen war er sehr zuvorkommend behandelt worden, das wußte Erlemann, wenn er den Erzählungen seiner Mitgefangenen glauben wollte. Und nun dieser Aufwand!

Mit einem Mal kam ihm ein entsetzlicher Gedanke. »Man glaubt doch nicht etwa . . .«

Je länger die Fahrt dauerte, um so sicherer wurde Erlemann, daß die Behörden vermuteten, er habe bei der Entführung die Hand im Spiel, um entlassen zu werden oder zu flüchten.

Zwei Tage später hatte die Polizei einen Erpresserbrief mit Kassette abgefangen, die von Johannes besprochen war. Er sagte, es gehe ihm gut. Eine Geldübergabe solle noch in dieser Woche stattfinden, damit er am Freitag zum Geburtstag seines Bruders Andreas wieder zu Hause sein könnte.

Aus der Übergabe wurde nichts. Die Entführer hüllten sich in Schweigen, und mit dem Schweigen der Entführer stieg die Angst der Eltern um ihr Kind. Immer noch vermuteten die Medien und die Beamten der Strafverfolgungsbehörden, Erlemann selbst habe die Finger im Spiel.

Die Bevölkerung war längst von dieser Theorie abgerückt. Man empörte sich, daß der Vater weiter in Haft bleiben sollte, während seine Frau allein mit den Entführern verhandeln mußte. Trotz der behördlichen Zweifel wurden Erlemann einige Erleichterungen zugestanden. Den ganzen Tag über durfte er uneingeschränkt Besuch empfangen. Mal kam seine Frau mit Andreas, mal sein Vater Edmund. Obwohl sie noch nicht wußten, wie hoch die Lösegeldforderung sein würde, hatte Gabi bereits Kunstgegenstände und Bilder verkauft. Vater Erlemann sagte finanzielle Hilfe zu. Alles in allem kam mehr als eine Million zusammen.

Eines Nachmittags erschien Gabi mit so freundlicher Miene, wie er es lange nicht mehr erlebt hatte.

»Jochem, rate, was gestern passiert ist!«

Jochem Erlemann hob die Schultern. Gabi strahlte: »Deine Konkurrenten und Freunde haben Geld geschickt oder es sogar persönlich in Plastiktüten abgeliefert. Jedes Mal waren ein paar Hunderttausend drin.«

Erlemanns Mund öffnete sich vor Staunen. Dann lächelte er: »Sieh mal an. Das hätte ich ja nicht gedacht.«

»Wieviel sollen wir nun fordern?« Dieter, Anführer der vierköpfigen Bande, lief hin und her. »Was hat der Kleine dir erzählt?«

Horst zog die Kapuze vom Kopf. »Ich weiß nicht, ob der mit seinen elf Jahren wirklich einen Überblick hat. Er behauptet, sie seien pleite, und die Mutter wolle das Haus verkaufen.« Dieter blieb vor dem Fenster stehen und schaute hinaus. Sie befanden sich in einer waldreichen Gegend der Voreifel. Zwischen den Fischteichen und der kleinen Hütte, in der Johannes festgehalten wurde, lagen noch Reste von Schnee. »Was mir Sorgen macht«, mischte sich Bruder Werner ein, »ist das Hochwasser im Rhein. Wir hätten alles schon längst hinter uns.« Er war der Nervöseste der Gruppe.

»Vielleicht klappt's ja heute«, meinte Dieter und wandte sich an Horst. »Geh zur Telefonzelle, ruf an und frag nach dem Wasserstand. Ist die Tendenz sinkend, bringen wir heute den Brief auf den Weg und machen morgen abend alles klar.«

»Der Pegelstand ist noch mindestens 40 cm zu hoch«, unterbrach ihn Werner. »Wir kommen mit dem Boot nicht durch die Rohre.«

Horst ging telefonieren. Die anderen drei warteten schweigend auf seine Rückkehr. Sie rauchten ununterbrochen. Alles war wie geplant gelaufen, da kam ihnen das Hochwasser dazwischen. Es führte dazu, daß sich in den Kanälen der Stadt Köln ein Rückstau bildete, einen Meter höher als normal. Und diese Kanäle spielten in ihrem Plan eine große Rolle.

Zwanzig Minuten später kam Horst zurück. »20 cm über normal, Tendenz fallend«, verkündete er, noch nicht ganz erleichtert. »Na los!« bestimmte Dieter. »Du gehst zu dem Kleinen und versorgst ihn mit Essen und Trinken. Bereitest ihn vor und läßt ihn die Kassette besprechen. Ihr beide . . .«, er wies auf Werner und Karl-Heinz, ». . . packt die Teile für die Kiste auf den Wagen, damit wir sie nachher aufbauen können.«

Die Kriminalpolizei erschien im Hahnwald und spielte die zweite Kassette von Johannes vor. So erhielt Gabi die Gewißheit, daß Johannes – zumindest gestern noch – lebte.

In der Nacht wurde ein Taxi zum Bayenthalgürtel bestellt. In der angegebenen Telefonzelle fand der Fahrer statt des Fahrgastes einen Brief vor.

*»Lieber Taxifahrer, diesen Zettel vorsichtig vom Brief lösen und lesen. Brief muß unversehrt bleiben. Wichtig. Eilt sehr! Danke.«*

Der Taxifahrer öffnete das dünne Päckchen mit spitzen Fingern und las: *»Eilt sehr. Das Leben des kleinen Johannes Erlemann liegt momentan in Ihrer Hand. Fahren Sie sofort zum Hahnwald, Osterriethweg 13, und übergeben Sie beiliegenden Brief ungeöffnet Frau Gabi Erlemann persönlich. Keine Durchsagen über Funk. Melden Sie Ihrer Zentrale eine Fahrt nach Rodenkirchen, Römerstraße. Keine Polizei benachrichtigen. Denken Sie an den Jungen und die Eltern. Sie tragen jetzt die Verantwortung. Keine Nachricht an die Presse. Fahren Sie sofort los. Kein Wort, bevor der Junge frei ist.«*

Der Taxifahrer hielt sich nicht an die Anweisungen, sondern fuhr direkt zum Polizeipräsidium. Nach kriminaltechnischer Untersuchung hielt Gabi Erlemann den Brief gegen drei Uhr nachts in der Hand.

Sie riß ihn auf und las. Die Entführer beschrieben genau, was sie zu tun hatte – wohin sie fahren mußte. Sie verlor keine Sekunde. Ihr Schwiegervater fühlte sich unwohl, daher fuhr sie alleine. Sie fand den angegebenen Platz. Am Körper trug sie versteckt ein Mikrophon, so daß die Polizei über Funk voll informiert war.

Sie fand einen weiteren Brief und einen Schlüssel. Sie studierte den Brief im Schein ihrer Taschenlampe. Es war schon lange dunkel. Nur wenige hundert Meter weiter führte die Schnitzeljagd zu einer großen Streusandkiste am Waldrand. Gabi steckte den Schlüssel ins Vorhängeschloß, hob den Deckel ein wenig an und ließ die zwei Taschen mit Geld hineinfallen. Sie klappte den Deckel zu und schloß ab. Dann wandte sie sich um und kehrte wie angewiesen zum Auto zurück.

Irgendwie sprach sich die Lösegeldübergabe herum. Fernsehen

und Zeitungen marschierten an der Villa auf, aber die Familie weigerte sich, aus Angst um Johannes' Leben, etwas zu sagen.

BILD am SONNTAG hatte für das Wochenende einen genauen Bericht, unter anderem über die Lösegeldhöhe, angekündigt. Anwalt Dr. Latz gelang es, freitags um 11 Uhr, eine einstweilige Verfügung gegen den Springer-Verlag zu erwirken, die noch vor 16 Uhr in Hamburg zugestellt wurde, daß BILD schweigen mußte.

Die ganze Nacht hindurch und während des nächsten Tags lag die Polizei auf der Lauer. In der Villa wartete alles auf Johannes' Eintreffen. Als er am Abend nicht da war, fuhr Gabi zur Lösegeldkiste. Da sie jedoch am Vortag wieder abgeschlossen hatte, gelang es ihr nicht, den Deckel zu heben. Sie fuhr ins Büro von Dr. Latz. Dort wurde beschlossen, daß die Anwälte, Professor Kohlmann und Dr. Latz, zusammen mit Gabi, bewaffnet mit einem Brecheisen, erneut zur Lösegeldkiste fahren sollten. Dr. Latz versuchte, den Deckel aufzubrechen, dabei kippte die Kiste um.

Sie hatte keinen Boden und stand genau über einem geöffneten Kanaldeckel des Kölner Abwassernetzes.

Zur gleichen Stunde trugen Horst und Werner Johannes aus dem Kofferraum ihres Autos und legten ihn auf einem Feld ab. Horst warnte den Jungen: »Bleib fünf Minuten liegen, dann kannst du dich befreien. Ich habe dir die sechshundert Mark in die Tasche gesteckt, die du mir in den letzten zwei Wochen beim Pokern abgenommen hast. Etwa einen Kilometer von hier findest du eine Kneipe. Da kannst du dir ein Taxi rufen und nach Hause zurückkehren. Aber jetzt bleibst du noch fünf Minuten liegen. Okay?«

Johannes hörte einen Automotor anspringen, wartete einen Moment, richtete sich auf, zog die Klebestreifen von Ohren und Augen und sah sich um. Er entdeckte ein blaues Reklameschild in der Ferne und marschierte darauf zu. Unterwegs traf er den 19jährigen Dieter Strauch und fragte ihn nach einem Taxistand.

»Du willst ein Taxi?« Aufmerksam betrachtete er Johannes.

»Ja, ich bin Johannes Erlemann. Der Entführte, ich bin soeben freigelassen worden.«

Dieter Strauch lachte. »Du Spinner. Komm, ich geb dir 'ne Cola aus.«

Gemeinsam betraten sie die Kneipe »Sasserather Hof«. Johannes trank seine Cola, während er auf das Taxi wartete, das der Wirt angefordert hatte. Als der Wagen kam, zahlte Johannes Erlemann die Cola und das Telefongespräch mit einem Hundertmarkschein und stieg in den Wagen.

Unterwegs erzählte er dem Taxifahrer seine Geschichte. Auch der wollte es nicht glauben. Erst als er sich der Villa im Hahnwald näherte, begriff er, daß es wirklich der entführte Johannes Erlemann war, den er im Wagen hatte.

Vor der Villa hielten sie an. Johannes bezahlte mit einem weiteren Hundertmarkschein, überließ dem Fahrer den Rest großzügig als Trinkgeld und trat aufs Haus zu.

Der Taxifahrer kam nicht weit. Wie eine Räuberbande fiel das »Sonderkommando Erlemann« eine Straße weiter über das Taxi her. Man zog den Fahrer aus dem Auto und ließ ihn erst wieder laufen, als sicher war, daß er mit der Entführung nichts zu tun hatte. Den Hundertmarkschein nahm man ihm als Beweismittel ab. Er stammte, ebenso wie der Rest von Johannes' Pokergewinn, aus dem Lösegeldsack.

# IV

# PHOENIX

**8.** Mai 1981, Staatsanwaltschaft Darmstadt. Erlemann saß im Verhör.

Morgens um 7 Uhr hatten sie ihn mit dem Gefangenenwagen in die Staatsanwaltschaft gebracht. Seine Verteidiger Professor Kohlmann und Dr. Latz waren aus Köln angereist.

Daß Contruck ein Luftgeschäft war, konnte niemand mehr bestreiten. Die Frage aber war: Was hatte Erlemann seit wann gewußt? Hatte er den Betrug von Anfang an mit initiiert oder erst später davon erfahren?

Staatsanwalt Schefler, von einer Auslandsreise zurückgekehrt, sah Erlemann scharf an: »Alle Leute, mit denen Sie zu tun hatten, belasten Sie, Herr Erlemann.«

»Kann ich mir denken. Die versuchen sich auf meine Kosten reinzuwaschen. Ich halte den Kopf hin, während die sich ins Ausland abgesetzt haben. Ihre Aussagen sollten eher für mich sprechen.«

Scheflers Kollege Maurer schien nachdenklich. »Dr. Hirt sitzt uns auf der Pelle und schafft ständig neues Beweismaterial an.«

»Legen Sie es mir vor.«

»Wir haben Ihnen seit Stunden die uns interessierenden Dinge vorgehalten. Sie konnten ausführlich Stellung nehmen, Herr Erlemann.«

Das Telefon klingelte. Maurer lauschte in den Hörer, runzelte die Stirn. »Ich übergebe an Dr. Latz.« Er gab den Hörer dem Verteidiger.

Die Kindesentführer waren gefaßt. Ohne das Geld. Erlemann wußte nicht, daß Staatsanwalt Maurer seine beiden Verteidiger bereits vor der Vernehmung informiert hatte, daß die Täter gefaßt waren.

Damit Erlemann der Vernehmung folgen konnte, war vereinbart worden, darüber erst später zu sprechen.

Jetzt war es raus – die Vernehmung war unterbrochen.

»Wir haben 15% für die Wiederbeschaffung des Geldes ausgesetzt«, berichtete Dr. Latz, »das gilt auch für die Täter. Das ist die einzige Chance, wenigstens einen Teil des Geldes an die Geldgeber zurückerstatten zu können.«

Gerätselt wurde über das Geheimnis der drei Buchstaben V. a. T., mit denen die Lösegeldforderungen unterzeichnet waren. Die Polizei und die Familie Erlemann hatten sich den Kopf zerbrochen: »Verrat an Treuhandkunden« war eine der Vermutungen, eine zweite hieß: »Verzinsung aus Treuhandkosten.« Doch soweit hatten die Entführer nie gedacht. Später erfuhren sie es: V. a. T. – das war die Abkürzung für »Verein armer Teufel«.

Die Entführer des Johannes Erlemann wurden im Oktober 1981 zu zehn, neun, acht und drei Jahren Freiheitsstrafe verurteilt. Das Lösegeld konnte zum größten Teil sichergestellt werden – jedoch erst nach einer juristisch kniffligen Aufgabe.

Zwei Tage nach Festnahme der Täter meldete sich ein Anwalt namens Reichenbach, der den Hauptangeklagten der Entführer vertrat. Er verlangte die Zusicherung der 15 %, bevor er, von seinem Mandanten beauftragt, das Versteck des Lösegeldes bekanntgeben werde.

Dr. Latz setzte eine Vereinbarung auf.

Doch dann kam die Überraschung: Das Geld war nirgendwo auszugraben, sondern längst in Sicherheit. Es befand sich sozusagen in Polizeigewahrsam. Bei der Durchsuchung von Wohnung und Firmengelände der Entführerfamilie hatte die Polizei auch zwei Propangasflaschen mitgenommen, die in einem Dienstzimmer der Kripo vor sich hinschmorten. Sie waren mit dem Geld vollgestopft.

Nach langem Hickhack und der Zusicherung der Polizei, früher oder später hätte man die Flaschen sowieso geöffnet, wurde dem Hauptangeklagten die Belohnung für die Wiederbeschaffung des Geldes, das er selbst erpreßt hatte, abgesprochen. Gerichtlich festgestellt wurde auch, daß der Verzicht der Erlemann-Familie auf Schadensersatz erschlichen, also nichtig war.

Erlemann irritierte die langwierige Entwicklung seines Prozesses. Am 5. März 1982 bat er einen seiner Verteidiger zu sich.

»Was machen die mit mir«, beschwerte er sich, »die sperren mich ein, jetzt schon 15 Monate, und suchen und suchen. Ist das so üblich in Deutschland? Erst mal einsperren und dann ewig lange ermitteln?«

Der Anwalt räusperte sich. Sie befanden sich zwar beide ganz allein im Sprechzimmer der Darmstädter Justizvollzugsanstalt, dennoch sah der Anwalt sich sorgfältig um, warf einen Blick unter den Tisch, trat zu der angelehnten Zellentür, stieß sie auf und schaute in den Gang. Beruhigt kam er zurück.

»Sie müssen das auch psychologisch sehen, Herr Erlemann. Sie und Ihre Konkurrenten haben zugunsten Ihrer Kunden den Staat um große Beträge gebracht. Endlich hat man Gelegenheit, Ihnen am Zeug zu flicken. Sie sind in Untersuchungshaft. In Deutschland wird kaum jemand freigesprochen, der einmal in Untersuchungshaft sitzt. Vor allem niemand, der so lange sitzt wie Sie. Irgend etwas müssen die gefunden haben . . .«

»Das ist es ja«, unterbrach Erlemann aufgeregt. »All die Typen, die das linke Geschäft eingefädelt und die Verträge gefälscht haben, sitzen sicher im Ausland oder sind haftunfähig und ziehen über mich her. Der Oberfälscher Reinartz soll sogar freies Geleit in die Bundesrepublik bekommen. Das ist, als wenn ein Killer freies Geleit bekommt, damit er aussagen kann, wer ihm die Patronen geliefert hat.«

»Sicher, Sie haben recht.«

»Sie kennen doch die Akten, Kleins Briefe und vor allem mein Verhalten vor der Haft. Da erkennt doch der Dümmste, daß ich nicht der Drahtzieher gewesen sein kann. Das müßten doch die Staatsanwälte begreifen!«

»Natürlich wissen die, daß der Klein den Schwindel angezettelt hat«, winkte der Anwalt ab. »Aber die haben lieber den Spatz in der Hand als die Taube auf dem Dach.

Außerdem müssen Sie wissen, daß Betrug nicht nur dann vorliegt, wenn Sie etwas getan, sondern im Gegenteil, nichts getan haben.«

»Wie bitte?« fragte Erlemann ungläubig.

»Betrug ist nicht nur Handeln, sondern auch Unterlassen. Wenn Sie etwas wissen und dann schweigen, ist das Betrug. Gesetz ist Gesetz.«

Der Anwalt sah sich wiederum um, beugte sich über den Tisch und begann zu flüstern. »Ehrlich gesagt, Herr Erlemann, Sie sind selbst schuld. Sie sind so intelligent, daß Ihnen keiner abnimmt, Sie hätten nichts gewußt. Nicht unbedingt von Anfang an, aber vielleicht später. Das genügt. Davon werden die Richter erst mal ausgehen.«

»Die Richter, die Richter! Wenn es doch endlich zum Prozeß käme. Da könnte ich reden, mich verteidigen. Aber der Prozeß ist ja noch nicht einmal in Sicht!«

»Richtig.« Der Anwalt lehnte sich zurück und seufzte: »Er wird auch in diesem Jahr nicht stattfinden. Vielleicht im nächsten Jahr. Und wenn er schließlich beginnt, kann er sich ein bis zwei Jahre hinziehen.«

»Aber dann wäre ich ja drei, vier oder fünf Jahre in Untersuchungshaft!« rief Erlemann entsetzt.

»Ich wiederhole nochmals, Herr Erlemann, und ich sage Ihnen das in aller Freundschaft: Sie sind selbst schuld. Sie gingen keiner Kamera, keinem Mikrophon aus dem Weg. Sie mußten Eishockey-Präsident werden und auf jeder Hochzeit tanzen. Was Sie jetzt mitmachen, ist auch die Quittung dafür. Sie haben von vornherein schlechte Karten.«

Erlemann sprang auf, lief erregt hin und her und blieb endlich vor dem Anwalt stehen.

»Sagen Sie mir, was ich tun soll.«

Der Anwalt bot Erlemann eine Zigarette an, nahm sich selbst eine, paffte den Rauch in die Luft und sah ihm nach.

»Sie müssen mir zunächst sagen, was Sie gewußt haben und seit wann Sie es gewußt haben. Sehen Sie, die Lage der Staatsanwaltschaft ist, wie Sie sich denken können, nicht die einfachste. Seit anderthalb Jahren wird ermittelt. Die Staatsanwälte müssen die Beweise zusammentragen, die Anklageschrift zusammenstellen, das dauert Wochen über Wochen, hinzu kommen 50, 80 oder 100 Leitz-Ordner voller Beweise. Eine Strafkammer, die auf Jahre terminiert, muß Hunderte, vielleicht sogar Tausende von Zeugen laden. Das ist zeitraubend. Es ist Ihr Leben, Herr Erlemann. Nochmals, wenn Sie etwas gewußt haben, geben Sie eine Erklärung ab. Die Ermittlungsarbeiten könnten beendet werden. Das ist Ihre Chance. Sicherlich können wir kein Ergebnis mehr erhoffen, bei dem es eine kurze, sagen wir, zwei- bis dreijährige Freiheitsstrafe gibt. Das stünde nicht mehr im Verhältnis zu Ihrer bisherigen U-Haft. Ich denke, das beste, was wir für Sie herausholen können, wären fünf oder sechs Jahre. Allerdings so bald wie möglich im offenen Vollzug als Freigänger.«

Am 22. März 1982 setzte Erlemann sich hin und schrieb an die Staatsanwaltschaft Darmstadt. Die endlos lange Untersuchungshaft und der Schock der Entführung hatten ihre Wirkung getan. »Um zu einem zügigen Abschluß des staatsanwaltlichen Ermittlungsverfahrens beizutragen, habe ich mich zu dieser Aussage entschlossen. Seit Februar 1977 weiß ich positiv, daß das Gasgütergeschäft der Contruck nicht existent war. Schon vorher, nach meiner Beirut-Reise im August 1975, waren mir erhebliche Zweifel an der Echtheit des Klein-Geschäfts gekommen.«

Nun wurden die Ermittlungen abgeschlossen, die Anklage konnte erhoben werden.

Während Dr Jochem Erlemann seine 37seitige Aussage abfaßte, marschierten am Mittag des gleichen Tages drei seriös gekleidete Herren durch das Tor der Pariser Haftanstalt: Richter Louis Carcasson, Monsieur Phil Mellander, Beamter des Außenministeriums, sowie Rechtsanwalt Maître Domin.

Nachdem sie viele Türen durchschritten hatten, saßen sie dem deutschen Auslieferungshäftling Dr. Helmut P. Klein gegenüber. Klein, mittlerweile 16 Monate in Haft, beobachtete den Aufmarsch der Honoratioren mit großer Ruhe. Was er dachte, während sich die drei Herren ihrer Mäntel entledigten, sie über einen Tisch legten und sich dem Delinquenten gegenüber hinsetzten, war ihm nicht anzusehen.

Maître Domin übernahm die Vorstellung. »Herr Klein, Richter Carcasson kennen Sie bereits. Das ist der Sekretär des Außenministeriums, Herr Mellander.«

Klein nickte verbindlich. Mellander schien es nicht zu bemerken. Er hatte die Hände über seinem Aktenstück gefaltet und schaute weder Klein, noch den Richter an, als habe er mit beiden nichts zu schaffen.

»Wollen Sie zuerst?« fragte der Richter den Anwalt. Der senkte bejahend den Kopf.

»Ich will Ihnen zunächst den Stand der Auslieferungsangelegenheit Bundesrepublik Deutschland mitteilen. Sie haben gegen den Auslieferungsbeschluß des Pariser Obergerichts Beschwerde an das Justizministerium gerichtet. Über die Beschwerde ist noch nicht entschieden. Sie berufen sich darauf, daß die Verfahren, die Sie betreffen, Finanzstrafsachen seien, also Steuerdelikte, die vom Auslieferungsabkommen nicht gedeckt sind. Das wird, wie gesagt, zur Zeit noch im Justizministerium geprüft. Ich kann Ihnen allerdings sagen, daß mir von dort bei meiner letzten Rückfrage keine für Sie positiven Andeutungen gemacht wurden. Das gleiche gilt für das Außenministerium. Es gab bereits Kontakte zwischen dem Finanzminister und dem Außenminister – Ihre Auslieferung betreffend. Vor allem, weil das deutsche Auswärtige Amt drängt.«

»Und deswegen sind Sie hier?« fragte Klein.

»Nein«, nahm Richter Carcasson die Frage auf. »Nun kam es überraschenderweise zu einer weiteren Auslieferungsanfrage.«

Klein hob die Brauen, als interessiere ihn die Geschichte nicht sonderlich, eben nur ein bißchen.

Carcasson fuhr fort: »Ein Auslieferungsersuchen der Madrider Justizbehörden. Es geht um einen Diebstahl.«

Nun sah sogar Monsieur Mellander auf. Alle drei Männer blickten auf Klein. Steuermillionen veruntreuen, das war eine Sache. Aber Diebstahl?

»Einen Diebstahl?«

»Ja. Den Diebstahl einer wertvollen Briefmarkensammlung.« Der Richter zog einen weiteren Aktendeckel unter dem Stapel auf seinem Tisch hervor und öffnete ihn. »Die Anzeige stammt von einem Señor Alvarez-Nieto. Kennen Sie Herrn Alvarez-Nieto?«

»Kenne ich, sicher, aus Madrid.«

Der Richter las vor. »Herr Alvarez-Nieto hat vor drei Monaten Strafanzeige erstattet. Er behauptet, Sie hätten ihm während Ihres letzten Besuches im Herbst 1980, nachdem er Ihnen seine Briefmarkensammlung gezeigt habe, zwei Bände mit den wertvollsten Marken entwendet.«

Wieder konzentrierten sich die Blicke der drei Männer auf Klein, der ohne großes Zögern zugab: »Ja, das stimmt. Ich habe sie mitgenommen. Das war ich.«

Den Vertretern des Rechts stand die Überraschung auf den Gesichtern geschrieben. Monsieur Mellander setzte mehrfach zum Sprechen an, öffnete den Mund wie ein nach Luft schnappender Fisch. Der Richter hatte sich schneller von seiner Verblüffung erholt. Und wer Maître Domin genau beobachtete, entdeckte ein leichtes Lächeln in dessen Mundwinkeln. »Wenn ich Sie richtig verstehe, Monsieur Klein«, sagte der Richter, »sind Sie sich auch der Konsequenzen bewußt, die Ihr Geständnis zur Folge haben wird. Man wird Sie nach Spanien ausliefern.«

»Das ist Ihre Entscheidung, Herr Richter«, gab Klein zurück.

»Sie haben also gegen eine Auslieferung nach Spanien nichts einzuwenden«, mischte sich jetzt Mellander ein. Er füllte bereits ein Formblatt aus.

»Nein.«

»Dann«, Monsieur Mellander stand auf, drehte das Schriftstück in Kleins Richtung, bot ihm seinen Kugelschreiber an und fuhr fort, »unterschreiben Sie, daß Sie mit Ihrer Auslieferung einverstanden sind und daß Sie keinerlei Forderung an die französische Republik bezüglich Haftentschädigung oder Schadenersatz stellen. Ich werde dann Ihre Auslieferung binnen kürzester Zeit veranlassen.«

»Unterschreiben? Ich?« Klein sah die Männer der Reihe nach an. »Wieso soll ich unterschreiben, daß ich keine Schadenersatzforderung stelle? Ich bin seit 16 Monaten in Haft. In Haft aufgrund einer französischen Festnahme. Ich behalte mir Entschädigungsansprüche vor.«

»Lassen Sie mich mit dem Mandanten alleine sprechen«, mischte Maître Domin sich hastig ein, als er sah, daß Monsieur Mellanders Miene sich verdüsterte und auch dem Richter der Zorn ins Gesicht stieg. Die beiden Amtspersonen erhoben sich und verließen den Besuchsraum.

»Was wollen Sie noch, Klein? Sie haben doch alles erreicht!«

»Ich traue denen nicht. Ich unterschreibe die Erklärung nur dann, wenn ich noch in dieser Woche, ich wiederhole, in dieser Woche nach Spanien ausgeliefert werde, und zwar nicht auf dem üblichen, wochenlangen Eisenbahnweg. Ich will per Flugzeug nach Spanien ausgeliefert werden. Setzen Sie mich in die Iberia nach Madrid. Ich zahle meinen Flug selbst. Aber ich will weg. Machen Sie denen das klar! Vorher unterschreibe ich nichts.«

»Wie, bitte, darf ich das verstehen?« Richter Perez-Moreno lehnte sich über die Gerichtsbarriere und sah den Zeugen ungläubig an. »Señor Alvarez-Nieto, vor vier Monaten haben Sie Anzeige wegen Diebstahls Ihrer Briefmarkensammlung erstattet. Daraufhin erging Haftbefehl gegen diesen Herrn Klein oder Pedro Bourbon-Sisteg oder wie immer er heißen mag. Nun ist der Beschuldigte aus Frankreich hierher ausgeliefert worden, und Sie behaupten . . .«

Der Richter schwieg und blickte drohend auf den Zeugen. Der zeigte sich unbeeindruckt. »Ein Irrtum. Ich vermißte die Briefmarkenalben nach Herrn Kleins Besuch. Aber nun hat sich herausgestellt, daß er sie bei meiner Tante, die ebenfalls in Madrid lebt, hinterlegt hat. Es war kein Diebstahl. Zum Zeitpunkt der Strafanzeige habe ich das nicht gewußt.«

»Und Sie?« donnerte der Richter Helmut Klein an. »Sie haben den Diebstahl in Paris gestanden!«

»Nein, Euer Ehren. Ich habe nicht den Diebstahl gestanden, ich habe gestanden, daß ich die Briefmarkenalben mitgenommen habe, das entspricht den Tatsachen. «

Der Richter lehnte sich zurück. »Entschieden und verkündet, der Haftbefehl gegen Dr. Helmut Klein wird aufgehoben. Das Strafverfahren wird eingestellt.«

Dann nahm er vom Richtertisch zwei Pässe in die Hand. »Was ist denn nun Ihre richtige Identität, Herr Klein? Sind Sie Dr. Helmut Peter Klein aus Deutschland oder Dr. Pedro Bourbon-Sisteg aus Costa-Rica?«

»Beides«, lächelte Klein alias Sisteg und nahm dem Richter die Pässe aus der Hand. »Ich bin sowohl Deutscher als auch Costa Ricaner.« Damit verließ er den Gerichtssaal.

Kaum hatte sich die Tür geschlossen, flitzte der Richter durch das hintere Beratungszimmer in sein Büro, riß den Hörer vom Telefon und verlangte die Deutsche Botschaft. Als er verbunden wurde und schließlich den zuständigen Mann an der Leitung hatte, war Dr. Klein schon auf dem Weg zum Flughafen von Madrid, Las Bajaras. In einer Stunde würde er via Mexico City nach Costa Rica fliegen.

Die Urteilsverkündung im Erlemann-Prozeß war auf den 5. Juli festgesetzt.

Zur großen Enttäuschung der Medien war der Erlemann-Prozeß kurz.

Er wurde zu einer Freiheitsstrafe von acht Jahren verurteilt.

Die Untersuchungshaft wurde angerechnet.

Ein Berufsverbot wurde nicht verhängt.

Der Vorsitzende Richter Spahn hielt ihm in seiner Urteilsbegründung zugute, daß er in den Schwindel hineingeschlittert sei. Nicht er, sondern Klein sei der Initiator der Gasgüter-Luftgeschäfte im Libanon gewesen. Daß Erlemann bereits seit Beginn der Zusammenarbeit mit Dr. Klein ein von vornherein auf Betrug der Anleger und Schädigung der Finanzbehörden angelegtes Konzept der Contruck mit entwickelt habe, sei nicht ersichtlich geworden. Ins Gewicht sei auch gefallen, daß Erlemann sich in einer Zwangslage befunden habe.

Das Gericht buchte so manchen Punkt auf Erlemanns Haben-Seite, so daß die Zuschauer im Saal den Eindruck hatten, als mühe sich das Gericht um eine Ehrenrettung des Abschreibungsexperten.

Zum Nachteil des Angeklagten wurde ausgelegt, er habe den Libanon-Schwindel weder den Strafverfolgungsbehörden noch den Finanzbehörden offengelegt. Und zwar weder, als ihm im Herbst 1975 erhebliche Zweifel kamen, noch als er Anfang 1977 positiv wußte, daß das Gasgütergeschäft Schwindel war. Dieses Verschleierungsmanöver habe die Anleger und die Staatskasse um rund 100 Millionen Mark gebracht.

Anklagevertreter und Angeklagter nahmen das Urteil nach einer Woche an, es wurde damit rechtskräftig.

In den Nachrichtensendungen der deutschen Fernsehanstalten

aber rangierte das Erlemann-Urteil erst an zweiter Stelle. Thema Nummer 1 war das Foul des Fußball-Nationaltorhüters Harald Schumacher am französischen Stürmer Batiston während der Fußball-Weltmeisterschaft.

Wenige Wochen später erhielt Erlemann erstmals Urlaub auf Ehrenwort, den er bei seinem Vater in Düsseldorf verbrachte. Er mied die Öffentlichkeit und beschäftigte sich mit den Trümmern seines bisherigen Lebens. Auch wenn er die Scherben zusammenkehrte und hinter sich ließ, immer fand sie jemand, der sie aufhob und ihm nachwarf.

Er traf sich mit seiner Frau Gabi, die ihm einen Brief geschrieben hatte. Johannes' Entführung, Andreas' Krankheit, der ständige öffentliche Druck durch die Medien und seine Haftstrafe waren eine zu große Belastung für die Ehe geworden.

»Lieber Jochem, ich kann nicht mehr, und ich will nicht mehr. Auch in den Zeiten, in denen Du da warst, warst Du nie da. Ich fühle mich von Dir liebevoll mißbraucht. Ich brauche Ruhe. Ich möchte, daß wir uns scheiden lassen.«

Jochem Erlemann wurde auch damit fertig. In den langen Monaten der Haft hatte sich seine Lebenseinstellung geändert. Er würde ganz neu beginnen müssen, nicht nur geschäftlich.

Im August 1983 wechselte Jochem Erlemann als Freigänger in den offenen Vollzug der Vollzugsanstalt Darmstadt. Tagsüber arbeitete er in einem Frankfurter Versicherungsbüro, nachts mußte er zurück.

*Nach und nach kamen die sogenannten »Freunde« wieder aus der Versenkung. Doch ich wollte nicht mehr wie früher. Als ich ganz oben war, haben sie alle applaudiert. Dann hatte ich jahrelang nichts von ihnen gehört oder gesehen.*

*Gut, diese Zeit hat mir gezeigt, wer meine wirklichen Freunde sind. Merkwürdigerweise meistens Leute, die sonst nie an vorderster Front standen. Die stillen Freunde waren es, die geholfen hatten. Und ausgerechnet die ganz einfachen Leute in Kölns Straßen waren es, die mich immer wieder aufmunterten. Die Haft ist für einen temperamentvollen Menschen wie mich schwer zu ertragen.*

Dennoch kommt man mit der Zeit zu dem Ergebnis, daß man mit sich allein in bester Gesellschaft ist. Das ist einerseits gefährlich – man neigt zur Überschätzung der eigenen Befindlichkeit –, andererseits ist es gesund. Man lernt sich viel besser kennen. Draußen hätte ich nicht die Zeit gehabt, über mein Leben nachzudenken.

Deprimierend war auch nicht so sehr die Haft, sondern die Kette der Tragödien. Die schleichende Zerstörung meiner Ehe. Die Krankheit des ältesten Sohnes und als Schlimmstes die Entführung von Johannes, nicht loslaufen zu können, um ihn zu suchen. Das hat mich fertiggemacht.

Davor, daß ich nach meiner Entlassung mittellos sein würde, hatte ich keine Angst. Geld war mir nie das wichtigste. Da ging es mir anders als den meisten meiner Mitgefangenen. Je länger ihre Haft dauerte, um so mutloser wurden sie, wenn sie feststellen mußten, daß ihre wirtschaftlichen Grundlagen draußen so nach und nach zerbrachen. Die Haft bestraft ja nicht nur den direkt Betroffenen, sondern oft in größerem Maße die Familie. Eine Paar-Beziehung übersteht eine längere Haftzeit fast nie. Nicht nur Ehepartner, auch Kinder und Väter werden sich fremd.

Andererseits gewährt der geschlossene Haftvollzug eine perverse Geborgenheit. Es gibt zu essen, es ist geheizt, man hat ein Bett. Es quälen einen keine Existenzsorgen. Irgendwann tritt ein Realitätsverlust ein. Zunächst der zeitliche. Immer wieder ertappte ich mich dabei, wie ich »vor drei Monaten« sagte oder »kürzlich erst«, aber von der Zeit vor meiner Verhaftung sprach ich, als ob die Zeit in der Zelle gelöscht sei.

Der Tag der Inhaftierung ist ein Nullpunkt, bei dem man aufhört zu existieren. Man ist auf einem anderen Stern, in einer anderen Welt. Alles, was durch Medien, Besuche und Briefe zu einem kommt, erscheint irreal. –

Nach einigen Monaten begann ich auch, die Stille zu genießen. Endlich konnte ich meine Hektik abschalten und ausruhen. Ich habe viel geschlafen.

Die Scheidung kam. So wie meine Frau sich von mir entfernte, so entfernte ich mich innerlich von ihr. Es war kein grausames Schicksal, das mir zugestoßen war, worüber ich klagen müßte.

*Es hatte sogar etwas Befreiendes.*

*Die meisten Menschen bewegen sich unabänderlich auf eingefahrenen Schienen, an deren Ende der Sargdeckel über ihnen zuklappt.*

*Wenn ich es recht betrachte, habe ich das Glück, noch einmal ganz vorne anfangen und ganz neu leben zu können. Und das mit diesen Erfahrungen.*

*Die ersten Hafturlaube verstörten mich. Auch wenn sie für die Aufrechterhaltung menschlicher Verbindungen wichtig waren. Der abrupte Wechsel von der klösterlichen Zelle in die lärmende Freiheit überforderte mich.*

*Noch schlimmer empfand ich den Freigang. Als ich in den offenen Vollzug kam, erlebte ich ihn nach so vielen Jahren hinter Mauern zunächst wie die totale Freiheit. Erst nach Monaten begann mich das psychologische Gefängnis zu stören, die Gitter, die Mauern, die man im eigenen Kopf aufbaut, bis selbstverständlich wird, daß man sich Abend für Abend freiwillig in Gefangenschaft begibt.*

*Der feste Vollzug ist ehrlicher. Auf der einen Seite steht der Gefangene und versucht auszubrechen. Auf der anderen Seite steht der Gefängnisdirektor, der verhindern muß, daß der Gefangene ausbricht.*

*Im offenen Vollzug, wo das Ausbrechen am naheliegendsten wäre, vertraut die Justiz auf den deutschen Gehorsam. Darauf, daß du freiwillig in deinem Kopf deine Freiheit zensierst.*

Die Wege des Dr Jochem Erlemann vom Freigängerhaus in der Marienburger Straße 74 in Darmstadt zum Versicherungsbüro nach Frankfurt wurden zu einer Gewohnheit wie der tägliche Weg zur Arbeitsstelle eines jeden anderen Arbeitnehmers auch. Morgens um acht konnte Erlemann das Gefängnis verlassen, um 10 Uhr abends mußte er zurück sein, staatlich verordneter Schlaf. Durchaus ein Schutz gegen Überforderung. Aber auch ein Schutz vor zu starken Bindungen.

Wiesbaden ist ein schönes Dorf.

Wenn man wie Gabi Zelazny nach acht Jahren bei der Deutschen Welle in Köln und dann beim ZDF in Wiesbaden arbeitete, wußte man: Nach Feierabend, der nicht selten nach der letzten »heute«-Sendung – also nach 24 Uhr – war, blieb wenig Freizeit.

An diesem Tag aber – dem 20. August 1983 – schlenderte sie mit einem Bekannten über das Wiesbadener Weinfest. Es war strahlendes Wetter.

Unweit des Hessischen Landtages trafen sie an einem Weinstand Eberhard, einen Bekannten von Gabi. Der stand dort mit zwei Männern. Einen der beiden kannte sie auch, einen Immobilienmakler aus Wiesbaden. Eberhard bot ihr ein Probierglas mit Wein an und machte seine üblichen Späße, ohne den fremden Mann vorzustellen.

Gabis Bekannter stand unwillig einige Meter abseits. Er bedrängte sie schon seit Stunden, das Fest zu verlassen. Er wollte zu ihr nach Hause. Sie nicht. Erst recht nicht, nachdem sie den hochgewachsenen Mann neben Eberhard richtig wahrgenommen hatte. Er sah wie ein großer Junge aus, war schlank und hatte verschmitzte blaue Augen. »Er ist sicher älter, als er aussieht«, dachte sie.

Sein Blick machte sie unsicher. »Irgendwoher kommt er mir bekannt vor . . . Ich habe ihn ganz sicher schon einmal gesehen.«

Als Sekretärin der »heute«-Redaktion sieht man viele Gesichter, in natura, im Film, auf Fotos. Daher gab sie es auf, weiter nachzudenken. Doch immer wieder sah sie zu ihm hin und immer wieder traf sie dieser lustige Blick und ein schalkhaftes Grinsen. »Willst du mir nicht mal deinen Freund vorstellen?« forderte sie Eberhard auf.

Eberhard und der Fremde wechselten einen kurzen Blick. Dann kam die Erklärung: »Das ist Jochem. Er ist Oberkellner. Demnächst übernimmt er die Kneipe hinten an der Ecke als neuer Wirt.«

»Wie schön.« Sie war zufrieden. Wenn einer eine Kneipe übernimmt, findet man ihn ja leicht wieder.

Der leichte Spott im Gesicht des Mannes ließ ihr trotzdem keine Ruhe. Ihren Begleiter fand sie allmählich äußerst störend. Er wollte heim ins Bett, in ihr Bett. Und sie hatte – spätestens von dieser Minute an – nicht die geringste Lust dazu.

»Weißt du was, hier ist mein Schlüssel, geh, pack deine Sachen. Gib den Schlüssel bitte bei der Nachbarin ab.«

Er nahm den Schlüssel – ob sie es wirklich so gemeint hatte? Dann trottete er davon.

Gabi blieb bei der Gruppe stehen und ließ den Oberkellner nicht aus den Augen. Als ihr Becher Wein leer war, zögerte sie den Abschied hinaus, wartete, ob der Mann was sagen würde, sie vielleicht auffordern würde zu bleiben. Er sagte nichts.

Sie verabschiedete sich, »Tschüs«, ging ein paar Schritte, spürte seinen Blick. Da schoß es ihr plötzlich in den Kopf. Sie drehte sich um, ging zwei Schritte auf die Gruppe zu, hob die Faust und rief: »Ihr Verräter«, denn sie war die einzige, die nicht gewußt hatte, wer der Oberkellner wirklich war.

Jochem lachte noch breiter als vorher. Als sie ging, dachte sie zweifelnd: »Meine Güte, hat es dich erwischt?« –

Ein paar Tage später, zu Eberhards Geburtstagsfest, trafen sie sich wieder. Sie wußte, daß Erlemann auch eingeladen war. Mit seinem Namen konnte sie einiges verbinden. Verhaftung, Verurteilung, die Entführung seines Sohnes, all das war durch ihre Redaktion gelaufen. Sein Porträt war öfter über den Sender gegangen. Der Fall Erlemann: Was war da getuschelt und vermutet worden unter Kolleginnen und Kollegen. Aber in einem waren sich alle einig gewesen: Der Typ sah gut aus, und Charme hatte er auch.

Auf dem Balkon von Eberhards Wohnung unterhielten Jochem und Gabi sich erstmals ungestört vom Partylärm. Obwohl sie sich kaum kannten, waren sie sich merkwürdig vertraut. Doch wie sollten sie die kurze Zeit nutzen? Beide wußten, als Freigänger mußte Jochem Nacht für Nacht ins Gefängnis zurück.

Eine Woche später hatte er ihren Hausschlüssel. –

Welche Wahl Gabi getroffen hatte, wurde ihr während ihrer Treffen in Wiesbaden gar nicht klar, sondern erst kurz vor der Hochzeit, als sie – Jochem hatte Hafturlaub – einen ersten gemeinsamen Wochenendausflug nach Köln unternahmen. Schon an der Tür ihrer ehemaligen Stammkneipe traf Gabi einen alten Bekannten. »Mein Mann«, stellte sie Jochem vor, doch der Bekannte winkte ab und sagte: »Dat is nit dinge Mann, dat is dä Erlemann.«

Oder an einer Bushaltestelle, an der sie die Straße überqueren wollten. Ein Bus fuhr vor, die Tür schwang auf, der Fahrer schaute heraus und rief freudig: »Jung, biste widder do?«

Auch in Bayern, wo sie ihr erstes gemeinsames Weihnachtsfest verbrachten, blieb sie von der Popularität ihres Mannes nicht verschont.

»Da passen wir nicht mehr rein. Daß so viele Leute in die Kirche gehen, habe ich noch nicht erlebt.«

Jochem und sie standen vor der Kirche in Reit im Winkl, die so überfüllt war, daß die letzten, die der Christmette beiwohnen wollten, im gegenüberliegenden Lokal standen. Gabi und Jochem gesellten sich dazu. Jochem drängte zur Theke, um zu bestellen. Da klopfte ihm jemand auf die Schulter. Ein etwa 50jähriger, weißhaariger Mann stand vor ihm. Gabi und Jochem wechselten einen kurzen Blick: Nein, den kennen wir nicht.

»Entschuldigen Sie, wenn ich Sie so einfach anspreche, aber Sie müssen Jochem Erlemann sein.«

»Stimmt«, antwortete Jochem, »und das ist meine zukünftige Frau Gabi.«

»Gabi?« Der Mann wirkte irritiert. »Mein Name ist Wirtz. Günther Wirtz.«

»Ja?« Jochem konnte mit dem Namen nichts anfangen.

»Ich bin von Beruf Polizeiarzt. Ich war der erste, der Ihren Sohn Johannes nach dessen Entführung im Auftrag der Behörden untersucht hat, um festzustellen, ob er irgendwie verletzt ist, bevor er an seine Familie übergeben werden konnte.«

Jochem streckte ihm die Hand hin. »Dann danke ich Ihnen im nachhinein für Ihre Mühe.«

»Nichts zu danken. Ich bin nur etwas verwirrt. Entschuldigen Sie. Ich kenne doch ihre Frau Gabi.«

»Wir sind geschieden«, sagte Jochem kurz.

»Oh, das habe ich nicht gewußt. Und Sie sind wieder verheiratet?«

»Noch nicht«, Jochem nahm Gabi in die Arme, »aber bald.«

»Na denn«, lachte Dr. Wirtz, »wenn Sie einen Trauzeugen brauchen . . .«

Am 26. April 1985 heiratete Jochem Gabi die Zweite.

Die Trauungszeremonie fand wegen des großen Presseandrangs außerhalb der üblichen Publikumszeiten statt. Auch der Raum war ein anderer als gewöhnlich. Der Standesbeamte erklärte in seiner Ansprache: »Wissen Sie, Herr Erlemann, wir haben uns gedacht, Ihre Trauung in einem besonderen Rahmen und in einem besonderen Raum durchführen zu müssen. Dies hier, wo wir jetzt alle stehen, ist nämlich der ehemalige Steuerkerker, also da, wo in früheren Zeiten Steuersünder Prügel bezogen.«

Gabi mochte den Presserummel nicht. Sie wollte »privat« heiraten. Aber daß sie die Journalisten aus dem Hochzeitsraum komplimentierte, so argwöhnt sie, wird ihr heute noch übelgenommen.

Das Hochzeitsfest wurde, wie viele Veranstaltungen im Leben Jochems, im Gasthaus »Treppchen« in Rodenkirchen gefeiert. Als sie am Tag nach dem Fest gegen Mittag ins nahe gelegene Hotel kamen, um zu frühstücken, bemerkte die Wirtin: »Der Express ist heute mit der Schlagzeile: ›Erlemann hat geheiratet‹ erschienen.«

»So?« fragte Jochem. »Und wo ist die Zeitung?«

»Ich hab keine mehr gekriegt«, antwortete die Wirtin. »Die war in wenigen Stunden ausverkauft.«


Am Tag nach der Hochzeit – die Kunde war auch bis nach München gedrungen – erstattete Renate Engelmann Strafanzeige gegen Jochem. Ihre Behauptung: Erlemann habe bei der Aufstellung seines Vermögensverzeichnisses gelogen. Er habe noch viele Millionen versteckt, unter anderem besitze er eine Wohnung aus dem Objekt »Voilà Paris« in Villemomble.

Die Reaktion der Staatsanwaltschaft wenige Wochen später: Jochem wurde der Freigang gesperrt.

Die Staatsanwaltschaft ging den Anschuldigungen nach.

Millionen wurden nicht gefunden.

Bei dem, was blieb, war die Wohnung in Villemomble, die Jochem damals, um das Objekt voll abzurechnen, für sich reserviert hatte. Auf der Wohnung lagen fast so viele Hypothekenschulden, als sie wert war. Normalerweise wäre das Verfahren wohl eingestellt worden. Schlimmstenfalls hätte es eine Strafe auf Bewährung gegeben. Aber Jochem mußte 16 Monate lang, frisch verheiratet, hinter feste Mauern zurück.

Zeit genug zum Nachdenken über die Zusammenhänge von Popularität und Neid.

Einer der wenigen Lichtblicke: das Telefon. Auf dem Gang des Hauses 3 in Darmstadt-Eberstadt, nicht weit von seiner Zellentür entfernt, war der Arbeitstisch der Abteilungsbeamten. Auf ihm stand ein Telefon. Der Platz war nur während der Tagesstunden besetzt, nachts wurde das ganze Haus von einem einzigen Beamten bewacht, der neben dem Eingang an der kleinen Pforte saß.

Irgendwann hatte Jochem die Durchwahlnummer dieses Stationstelefons herausgefunden, das nur vier Meter Luftlinie von seinem Zellenfenster entfernt stand, und hatte sie Gabi durchgegeben. Täglich, die ganzen anderthalb Jahre lang, klingelte um 22 Uhr sechsmal das Telefon: Erlemanns Kick für den kommenden Tag.

Aber seine Nullpunkt-Philosophie verfestigte sich. »Wer mit dem Learjet abstürzt bis in den Keller eines Gefängnisses, dem kann nicht mehr viel passieren. Bald kann ich mit dem Wissen von gestern neugeboren anfangen«, dachte er.

Die Geschichte mit seiner ungeliebten Wohnung in Villemomble hatte ihm ein anderes Problem nähergebracht. Eins, das viele tausend Bauherrenmodellanleger mit ihm teilten. Die Steuervorteile waren verbraucht, und die Miete reichte nicht mehr, um Zins und Tilgung zu bezahlen.

Durch Zinssteigerung, durch Kostensteigerung waren die Hypotheken zu einer Belastung geworden. Nach seiner Entlassung, das nahm Jochem sich vor, würde er ein Modell entwickeln, wie diesen Hypotheken-Millionären geholfen werden könnte. Er hatte bereits eine Idee.

# Der Ausweg für Hypomillionäre

## A. <u>Ohne</u> Ausweg

Darlehen z.B.                                    DM   100.000,-

Ob lange Laufzeit oder
kurze Laufzeit, ob hohe
Zinsen oder niedrige
Zinsen,
STETS ZAHLT BAUHERR
<u>ÜBER</u> 100.000,-DM AN
DIE BANK.
DENN:
Tilgung <u>plus</u> Zinsen sind
zwangsläufig mehr als
100.000,-DM, auch wenn
man die Zinsen als Bau-
herr absetzen darf.

## B. <u>Mit</u> Ausweg

Bestehendes Darlehen          DM   100.000,-
Darlehen erhöhen           +  DM     50.000,-
„Neues" Darlehen total        DM   150.000,-

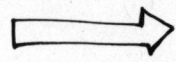

Mit Zusatzdarlehen Null-
coupon-Anleihen in
Dollar* kaufen (Währungs-
risiko derzeit gering) für       DM    50.000,-

Nullcoupon-Anleihen wer-
den bei nicht fallenden
Dollarkursen nach 10 Jah-
ren zurückgezahlt mit       + DM   150.000,-

Hieraus Gesamtkredit til-
gen (bis dahin wird nichts getilgt)    ./. DM   150.000,-
Restschuld nach 10 Jahren        0,00

\* Furchtsame Bauherren kaufen Nullcoupon-Anleihen in DM, müssen dann
aber rund 16 Jahre warten, bis 150.000 DM erreicht sind.

## Kreditbelastung des Bauherrn mit Modell:

| Jahr | Tilgung | Darlehensstand | Zinsen 6% p.a. | Zinsen netto* |
|------|---------|----------------|----------------|----------------|
| 1 | -,- | 150.000,- | 9.000,- | 4.500,- |
| 2 | -,- | 150.000,- | 9.000,- | 4.500,- |
| 3 | -,- | 150.000,- | 9.000,- | 4.500,- |
| 4 | -,- | 150.000,- | 9.000,- | 4.500,- |
| 5 | -,- | 150.000,- | 9.000,- | 4.500,- |
| 6 | -,- | 150.000,- | 9.000,- | 4.500,- |
| 7 | -,- | 150.000,- | 9.000,- | 4.500,- |
| 8 | -,- | 150.000,- | 9.000,- | 4.500,- |
| 9 | -,- | 150.000,- | 9.000,- | 4.500,- |
| 10 | 150.000 | 0,00 | 9.000,- | 4.500 |
| | | | | 45.000 DM |

+ Steuern auf Nullcoupon-
Anleihen nach 10 Jahren =
50 % des Zuwachses =                          DM    50.000,-

Gesamtbelastung aus Kredit             DM    95.000,-

## ERGEBNIS

Kredit "kostet" samt Tilgung und Zins 95.000 DM
netto, also weniger als ausgeliehener Betrag.

## » Zinsen zum Nulltarif «

*bei einem Steuersatz von 50%.

Jochem Erlemann wurde am 21. Dezember 1987, sieben Jahre und achtzehn Tage nach seiner Festnahme, entlassen.

Dem »Spiegel« gab er ein erstes Interview. In der Nummer 1, 1988, unter dem Titel »Die Scheunentore waren weit offen«, erläuterte Erlemann die damaligen Nonsens-Geschäfte der Abschreibungsbranche (siehe Anhang).

Und er freute sich über das Wiedererleben von Köln. In einer echten Kölschkneipe wurde Erlemann gefragt, wie schlimm es denn im Knast gewesen sei.

»Biste auch jesund? – Is jetz alles paletti?«

»Mach dir keine Sorjen, Jung«, antwortete Erlemann, »dä Knast hätt auch jet Jodes. Wenigstens in Flensburg biste schuldenfrei!«

Der Alltag kehrte zurück.

Erlemann sah sich nach Arbeitsmöglichkeiten um, knüpfte Kontakte, erneuerte alte Geschäftsverbindungen und beschloß, Unternehmensberater zu werden. Er freute sich, als er feststellte, daß sein Name und sein Verkaufstalent nach wie vor gefragt waren. Nur wenige nahmen Anstoß an seiner Vergangenheit.

In der ersten Februarwoche führte er einige Gespräche mit Geschäftsleuten aus den USA. Sie ermutigten ihn, wieder im Land der unbegrenzten Möglichkeiten zu investieren. Hier hatte er seine größten Erfolge verbucht, und jetzt stand der Dollarkurs für Deutsche viel günstiger als damals zu »Rio Grande«-Zeiten. –

So wartete Dr. Jochem Erlemann an jenem 15. März im Frankfurter Flughafen auf den Aufruf seines PanAm-Fluges nach New York . . .

# V

## ANHANG

Getextet und entworfen von André Heller

Der Vorstand und Verwaltungsrat
des Kölner Eishockey Club „Die Haie" e.V. (KEC)
bitten im Namen seines Förderkreises

. . . . . . . . . . . . . . . . . . . . . . . . . . . . . . . . . . . . . . . . . . . . . . . . . . . . . . . . . . . . . . . . . .

zu einer

## Riverboat Shuffle

auf dem Rhein

Start:
Mittwoch, 8. September 1976, um 19 Uhr, (Abfahrt 20 Uhr)

Treffpunkt:
Landesteg 1 der „Köln-Düsseldorfer", Köln

Was erwartet Sie:

Musikalisch
Chris Barber and his Jazzband, London
Die Bläck Fööß

Kulinarisch
100 Sorten Brot, Töpfe mit Schmalz
Selbstgemachte Wurst, Sülze

Rote Grütze

Unterwegs kommt aufs Schiff, ein ganzer Ochse vom Spieß

23 Uhr
20 Meter frischer Zwetschgenkuchen und Kaffee

Kleidung:
sportlich

| Dr. Helmut P. Klein | Dr. Jochem Erlemann | Robert A. Lutz |
|---|---|---|
| Vorsitzender des Verwaltungsrates | Präsident | Vizepräsident |

Um Rückantwort bis 3. September 1976 an den KEC,
Theodor-Heuss-Ring 28, 5000 Köln 1, wird gebeten.

# AUSZUG AUS ERLEMANNS GÄSTELISTE

Dr. Konrad Adenauer, Notar, Köln
Heidi Amann, Köln
Dr. Josef Augstein, Notar, Hannover (verstorbener Bruder des Spiegel-Herausgebers Rudolf Augstein)
Chris Barber, Jazzmusiker, London
Rolf Bataille, Kaufmann, Köln
Wolfgang Behrend, Journalist, Wiesbaden
Dr. G. Beiten, Rechtsanwalt, München
Axel Bell, Notar, Köln
William Bernstein, Orion-Film, New York
Hans Bertram, Schallplattenproduzent, Köln
Alfred Biolek, Showmaster, Köln
Dr. von Bitter, ehem. Direktor Deutsche Bank AG, Köln
Peter Boenisch, Journalist
Willi Böntgen, Fabrikant, Köln
Cher Bono, Sängerin, Los Angeles
Arthur »Atze« Brauner, Filmproduzent, CCC Film Berlin
Klaus Bresser, ZDF, Mainz
Karl Breuer, Ex-Weltmeister im Tanzen, Köln
Dr. Ulf Cloppenburg, Düsseldorf (Familienmitglied Peek & Cloppenburg)
Jean Corbassière, Maler, New York
Paule Dielemann, Kauffrau, Brüssel
Joe Dohmen, Gastronom »Treppchen«, Köln
Diethelm Doll, Apotheker, Bad Godesberg
Patrick Duffy, Schauspieler, Los Angeles
Nikolaus von Eberhard, Kaufmann, Berg.-Gladbach
Ulrich Eckstein, Ford AG, Köln
~~Peter Tur-Eikelder, Kaufmann, Köln~~
Heinz Endres, Immobilienkaufmann, Köln
Dr. A. de Faria, Rechtsanwalt, Wiesbaden
Rainer W. Faßbinder, Regisseur, München
Dipl.-Ing. Gert W. Flammersfeld, Immobilienkaufmann, New York
Anna Friebe, Galeristin, Köln
Jens Friedemann, Journalist, Eppstein
Ernst »Kuno« Friedlaender, Kaufmann, Köln
Jürgen W. Friedrich, Immobilienkaufmann, Köln
Milos Foreman, Regisseur, New York
Zsa Zsa Gabor, Schauspielerin, Los Angeles
Theo Gerlach, Bauunternehmer, Hannover
Paul Getty Junior, L. A., Californien
Ralf Gold, Dipl.-Ingenieur, Köln
Erwin Walter Graebner, EWG Consulta (Kapitalanlagen), Köln
Johannes Gross, Journalist, Köln
Walter Guerra, Kaufmann, Köln
Larry Hagman (J. R.), Schauspieler, L. A.
Paul G. Hahnemann, ehem. BMW-Vorstand, Baden-Baden
Jo Hausmann, Landwirt, Elsdorf
~~Jürgen Haver, Dipl.-Kaufmann, Voiswinkel~~
Jutta Heine, Dipl.-Kauffrau, Hotelbesitzerin/olymp. Silbermedaillen-Gewinnerin Rom
Peter Heinen, Fabrikant, Münstereifel
Rudi Heinz, Versicherungen, Silz
Rolf Heesch, Immobilienkaufmann, San Diego
Gisela Heister, Köln
André Heller, Illusionist, Wien

Ivan D. Herstatt, Exbankier, Köln
Hans und Gerd Höfermann, Automobilkaufleute, Köln
Rüdiger Hoffmann, Journalist, Köln
Bernd Holter, Rechtsanwalt, Köln
Dr. Peter Jungen, Vorstand STRABAG, Köln
Gert Käfer, Gastronom, München
Brigitte Kappe, Journalistin, Köln
Die Meistermannschaft des KEC »Die Haie e.V.«, unter ihnen Kapitän Detlef und Dieter
Langemann, Erich Kühnhackl, Udo Kiessling, Wim Haspelt
Gerhard Kiessling, Eishockeytrainer, Mittenwald
Dipl.-Ing. Dieter Kleinjohann, Köln
Leo Koban, Kaufmann, Kaltenbach
Rolf Koessler, Köln
Manfred Kronen, IGEDO Modemesse, Düsseldorf
Skischule Kühtai, einschl. Rennmannschaft der Skischule Kühtai
Michael Lange, Journalist
Robert »Bob« A. Lutz, ehem. Ford Köln/Chrysler
Sissi de Maas, Journalistin ZDF
Jochen Maass, Journalist, Köln
Gisela Marx, Antiquitäten, Köln
Friedhelm Moll, Kaufmann, Köln
Manfred Naegele, Südfunk Stuttgart
Mainhard Graf von Nayhauss, Journalist, Bad Godesberg
Peter Ommer, Architekt, Köln
Manfred Opp, Kaufmann, Büderich
Harold »Larry« Oppenheimer, Land-Management, Kansas City, Missouri
Hilmar Orth, Kaufmann, Köln
Sepp Ortmeier, Journalist ZDF
Lester Persky, Filmproduzent, USA
Peter Pock, Skilehrer, Tirol
Victoria Principal, Schauspielerin, L.A.
Jean Pütz, »Hobbytheka«/Journalist, Köln
Fred Rommeleit, Kaufmann, Köln
Ewald Schneider, Spedition Hasenkamp, Köln
Norman Schwencke mit Ehefrau Margret, Hamburg
████████████████████████████████
Georg »Schorsch« Simbeck, Köln
Karl Graf zu Stolberg-Stolberg, Kühtai
Jules Stein, Teilhaber Music Corporation of America, L.A.
Rolf Stommelen †, Rennfahrer, Köln
Richard Teufel, Brauereidirektor, Köln
Klaus Thelen, Rechtsanwalt, Köln
Christian Utermöhl, Bankkaufmann, Köln
Jochen Virnich, Kaufmann, Köln
Hans Waltner, Fleischfabrikant, Hahnwald
Dionne Warwick, Sängerin, Los Angeles
Klaus Wawer, Sportwerbung, Köln
Franz Wendland, Sporthallenchef, Köln
Charles Wilp, Fotograf, Düsseldorf
Alfred Witter, Immobilienkaufmann, Köln
Gerd Zerhusen, Rechtsanwalt, Köln

FAZ 18. 5. 1974

# Das Erlemann Konzept

**Das ist die neue Erlemann-Idee**

Die neue Steuerspar-Perspektive gibt Ihnen als Anleger die Möglichkeit, über den Erwerb und die Vermietung von sogenannten »Geringwertigen Wirtschaftsgütern« (Steuerdeutsch) so hohe Steuerersparnisse über Steuervorteile in Höhe von rund 270% zu erzielen, daß Sie zusätzlich aus den ersparten Steuergeldern erstklassige, börsennotierte Wertpapiere erwerben, die von einem renommierten Anlageausschuß verwaltet werden.

Für eilige Reservierungen ist unser Sekretariat am Samstag, dem 18. Mai 1974 (Heute!) von 10.00 bis 17.00 Uhr geöffnet.

## 270% Steuervorteil + Beteiligung an erstklassigem Wertpapier-Depot voll aus Steuerersparnis finanziert

**Das Erlemann-Konzept – steuerrechtlich abgesichert**

Die Vorteile des ERLEMANN-KONZEPTS ergeben sich aus der Anwendung des § 6, Abs. 2 (EStG). Diese Grundlage gewährleistet die volle Abschreibung »Geringwertiger Wirtschaftsgüter« mit einem Anschaffungspreis bis zu DM 800,— im Jahre der Anschaffung, also 1974. Güter, wie z.B. Stahlflaschen (für Gas und Kohlensäure), Brauereifässer, Kühlboxen, Waagen, Kopiergeräte, Laden-, Hotel- und Büroeinrichtungen, werden von der angegliederten Vermietungsgesellschaft angekauft und an erste Industrieadressen vermietet. Es ergibt sich, auf Ihr eingesetztes Kapital bezogen, ein Steuervorteil von 270%.

**Hier ein Rechenbeispiel:**

Schon bei einer Steuerprogression von rund 40% ist die Steuerersparnis beim ERLEMANN-KONZEPT größer als der Zeichnungsbetrag. Sie finanzieren den Ankauf der Vermietungsgegenstände und die Ihnen zuzurechnenden Wertpapiere aus Beträgen, die Sie ohne Ihre Beteiligung an das Finanzamt zu zahlen hätten. Ist Ihre persönliche Gesamtbelastung höher als 40%, so bleibt Ihnen außer der Steuerersparnis zusätzlich bares Geld zur Verfügung, das sich bei höchster Progression bis auf 62% Ihrer Zeichnung erhöht.

| Berechnungsbeispiele | 40% Steuerbelastung | 50% Steuerbelastung | 60% Steuerbelastung |
|---|---|---|---|
| Zeichnungsbetrag | 10.000,— | 10.000,— | 10.000,— |
| Verlustzuweisung (270%) | 27.000,— | 27.000,— | 27.000,— |
| Steuerersparnis | 10.800,— | 13.500,— | 16.200,— |
| Überschüssige Liquidität | 800,— | 3.500,— | 6.200,— |
| Kostenloser Wertpapieranteil | 3.500,— | 3.500,— | 3.500,— |
| **Sofort-Vorteil** (Beteiligung aus Steuern bezahlt) | **4.300,—** (10.000,—) | **7.000,—** (10.000,—) | **9.700,—** (10.000,—) |

**Vermögensbildung aus Steuergeldern**

Für 35% Ihrer Beteiligung werden beste, börsennotierte Standard-Wertpapiere für Sie erworben. Ihnen wachsen also ohne ein zusätzliches Engagement aus Mitteln, die sonst als Steuer abgeführt werden müssen, erhebliche Substanzwerte zu, die insbesondere in Zeiten der Geldentwertung eine echte Vermögensbildung darstellen. Die z.Z. extrem niedrigen Kurse lassen eine Wertsteigerung mit Bestimmtheit erwarten.
Die international angelegten Werte werden bei einer führenden deutschen Wertpapierbank durch einen erfahrenen Anlageausschuß betreut. Im Eröffnungsdepot finden Sie Werte wie IBM, Bayer, DAB, Unilever und Royal Dutch. Zum ersten Mal wird diese bislang nicht genutzte Chance der Vermögensbildung aus Steuergeldern realisiert. Das sind keine Spekulationen, sondern solide, erfolgversprechende mittel- bis langfristige Anlagen.

**Erfahrene Partner und umfassende Garantien**

Kommanditeinlagen werden auf das Notar-Anderkonto bei einer deutschen Großbank eingezahlt und von einer führenden Wirtschaftsprüfungs- und Steuerberatungsgesellschaft gehalten. Das garantiert zweckgebundene Mittelverwendung. Ein erfahrener Beirat, besetzt von unabhängigen Persönlichkeiten, steht dem Management zur Seite.
Der Initiator des Konzeptes,
Dr. Jochem Erlemann und sein Mitgesellschafter, Dipl.-Kfm. Wolfgang Diewerge, haben als Komplementäre persönlich die unbegrenzte Haftung für die ordnungsgemäße Mittelverwendung übernommen. Sie stehen zu Ihrem Angebot.

So können Sie sich beteiligen.

Die erste Gesamtemission beläuft sich auf nur DM 10.500.000,—. Der Mindestzeichnungsbetrag beträgt DM 10.000,—. Es wird kurzfristig mit Überzeichnung gerechnet.

**Und was sagt die Wirtschaftspresse?**

Die Wirtschaftspresse hat sich sehr interessiert mit dem ERLEMANN-KONZEPT auseinandergesetzt.
Beispielsweise schließt das »Handelsblatt« Nr. 81 vom 26./27. 4. 1974 seinen Bericht mit folgender Feststellung:
»Mehrere vom Handelsblatt befragte Steuerexperten meinten, daß dieser Weg steuerlich zulässig sei. Dem Handelsblatt war dies noch nicht genug. Eine befragte Oberfinanzdirektion zeigte sich über so viel Findigkeit erstaunt und drückte sich vorsichtig aus: Im Prinzip ist diese Steuerkonstruktion möglich, alles hängt von einer geschickten Vertragsgestaltung ab«.
Auch die Zeitschrift »Capital« vom Mai 1974 (S. 198—200) veröffentlichte eine umfangreiche Reportage.

EUROPÄISCHE TREUHAND
AG & Co. Kommanditgesellschaft für Grundbesitz
5 Köln 1 · Theodor-Heuss-Ring 28
Telefon 0221/12 14 47 · 12 20 15-18 · 12 20 21-25
Telex 888 5309 euro d
Sitz der Komplementärin: Luxemburg

EUROPÄISCHE TREUHAND AG & CO. KG · 5 Köln 1 · Theodor-Heuss-Ring 28
Erbitte Unterlagen zum ERLEMANN-KONZEPT
Name
Ort
Straße
Telefon
FAZ 18.5.74

FAZ 21. 12. 1974

# SOUTHERN CALIFORNIA RANCH

5 Ranchbetriebe
mit 265 Mio. qm Grundbesitz
im Einzugsgebiet
von Los Angeles,
unweit vom Pazifik

Für den eiligen Steuersparer, der wegen Arbeitsüberlastung vor Weihnachten keine Zeit hatte, Steuern zu sparen:

## BANKGARANTIERT

Zum Jahresende nur noch wenige Anteile an der einzigen deutschen Steuerspar-Gesellschaft mit erstklassigem Grundbesitz in Californien (0,16 DM/qm), fest verpachtet, mit einwandfrei vom Finanzamt anerkannten Steuervorteilen und unwiderruflicher Bankgarantie der First National Bank für die Bar-Rückzahlung nach nur 4 Jahren.

## 174% STEUERVORTEIL

EUROPÄISCHE TREUHAND
AG & Co. Kommanditgesellschaft für Grundbesitz
5 Köln 1 · Theodor-Heuss-Ring 28
Telefon (0221) 1220 15-18 · Telex 8885309 euro d

Telefondienst: Samstag von 10–16 Uhr

Einsenden an:
Europäische Treuhand AG & Co. KG
5000 Köln 1 · Theodor-Heuss-Ring 28
Erbitte Zeichnungsunterlagen nebst Prospekt
Unverbindliche Reservierung DM
Name
Ort
Straße Telefon
FAZ/21.12.74

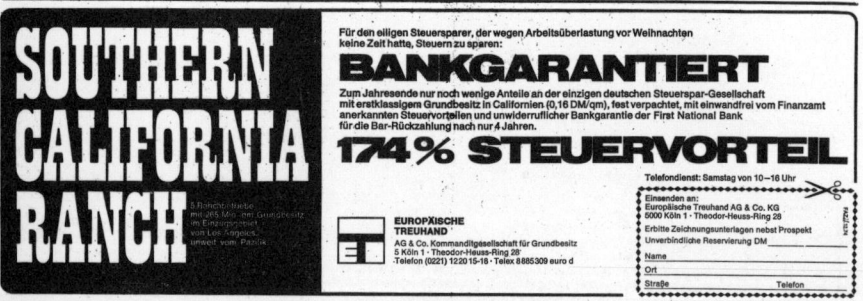

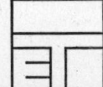

FAZ 9. 3. 1974

# Das »Berliner Modell«

Zweifacher Steuervorteil zum Steuertermin –
die Steuerspar-Konzeption '74 für notariell gesicherte Eigentumswohnungen in Berlin

| Sonder-AfA / Berlinförderungsgesetz | 101 % |
| + Steuervorteil / Kölner Modell | 126 % |
| **Steuervorteil total** | **227%** |

Zusätzliche Besonderheiten des Angebots:
- DM 14,50 Miete/qm garantiert durch Mietzuschuß der Wohnungsbaukreditanstalt Berlin (WBK)
- Wohnflächen von 43–70 qm in kleinen, überschaubaren Objekten – auch für Einzelabnehmer geeignet
- Steuerersparnis i. d. R. größer als Ihr eingesetztes Eigenkapital, ob „Bauherr" oder „Käufer"
- Keine Minderung der Steuerersparnis durch neue Gesetze, keine Kommanditgesellschaft
- Gesicherte Finanzierung zu günstigen Konditionen, Eigenkapitalstreckung auf 4 Steuertermine à 8.000,– DM

Telefondienst Samstag 11–17 Uhr

**EUROPÄISCHE TREUHAND**
Aktiengesellschaft & Co. KG
6000 Köln 1, Theodor-Heuss-Ring 28
Telefon (0221) 79 20 15-18
Telex 888 5309 euro d
Sitz der Komplementärin:
Luxemburg-Villa

---

FAZ 6. 3. 1976

## Es gibt mehr als 10 Gründe,
### Wohnungseigentümer auf einem der exclusivsten Grundstücke von NEW YORK zu werden

1. Strengste US-Gesetze zum Kundenschutz, für Vertrieb, Darlehen und Geldverwendung
2. Persönliches Eigentum in allererster Lage von Manhattan, nur 100 m von der UNO – mit Blick auf den East River
3. 159 Eigentumswohnungen in hervorragender Ausstattung mit nachfragegerechter Aufteilung
4. USA – das Anlageland Nr. 1 · New York – das Finanz- und Geschäftszentrum der USA
5. Ihr Wohnkomfort fachmännisch betreut: Hausmeister, Portiers, Wachen und Monteure
6. Gesicherte Festpreise ab 45.000 $ mit Fertigstellungsgarantie durch erste Adressen
7. Keine Verwaltungsarbeit, 7 % Netto-Miete p.a. über vertraglich gesicherten Mietenpool
8. Währungsgewinn durch preiswerte Dollars
9. Die Europäische Treuhand · Köln als Partner bedeutet 400.000.000,– DM-Erfahrung
10. NEW YORK – aufregend, schön, einmalig

**EUROPÄISCHE TREUHAND**
Aktiengesellschaft & Co. Kommanditgesellschaft für Grundbesitz
Theodor-Heuss-Ring 28 · 5000 Köln 1
Telefon 0221/12 20 15-18 · Telex 8 885 309 euro d

---

FAZ 20. 3. 1976

## Es gibt mehr als 10 Gründe,
### Wohnungseigentümer auf einem der exclusivsten Grundstücke von NEW YORK zu werden

1. Strengste US-Gesetze zum Kundenschutz, für Vertrieb, Darlehen und Geldverwendung
2. Persönliches Eigentum in allererster Lage von Manhattan, nur 100 m von der UNO – mit Blick auf den East River
3. 159 Eigentumswohnungen in hervorragender Ausstattung mit nachfragegerechter Aufteilung
4. USA – das Anlageland Nr. 1 · New York – das Finanz- und Geschäftszentrum der USA
5. Ihr Wohnkomfort fachmännisch betreut: Hausmeister, Portiers, Wachen und Monteure
6. Gesicherte Festpreise ab 45.000 $ mit Fertigstellungsgarantie durch erste Adressen
7. Keine Verwaltungsarbeit, 7 % Netto-Miete p.a. über vertraglich gesicherten Mietenpool
8. Währungsgewinn durch preiswerte Dollars
9. Die Europäische Treuhand · Köln als Partner bedeutet 400.000.000,– DM-Erfahrung
10. NEW YORK – aufregend, schön, einmalig

**EUROPÄISCHE TREUHAND**
Aktiengesellschaft & Co. Kommanditgesellschaft für Grundbesitz
Theodor-Heuss-Ring 28 · 5000 Köln 1
Telefon 0221/12 20 15-18 · Telex 8 885 309 euro d

224

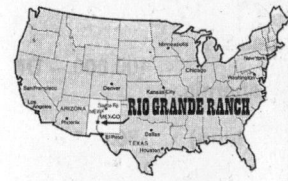

Kurzangebot zur Zeichnung von

# 27.900.000,– DM

Beteiligungskapital
an der RIO GRANDE-RANCH

## Geographische Lage der Ranch
## »RIO GRANDE«

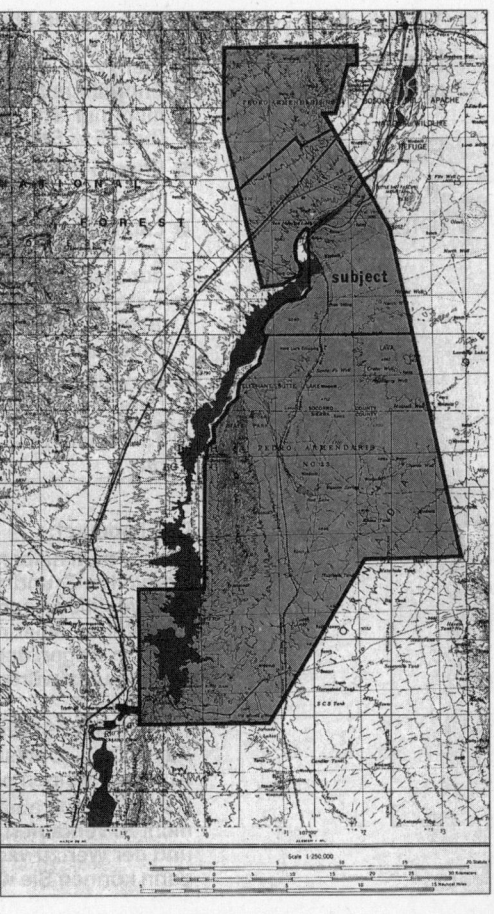

Zwischen El Paso und Santa
Fé, am historischen Rio
Grande River (»Rio Bravo«)
gelegen und am Elephant
Butte See von New Mexico,
29 Kilometer entlang der
US-Bundesstraße 25
(Interstate), im Sonnengürtel
(Sunbelt) von Amerika — das
ist die RIO GRANDE Ranch.
Über 300 Millionen qm Land
im Eigentum der Anleger.
Zusammen mit dem Pacht-
land eine der größten
Ranches von Amerika — fast
so groß wie das Saarland,
rd. 25 Kilometer breit, auf
einer Länge von 100 Kilometer,
so weit wie von Hamburg
nach Kiel — das ist die
RIO GRANDE Ranch.

Fordern Sie die ausführlichen
Angebotsunterlagen an:

Dieses Kurzangebot
ist mit Sorgfalt erstellt.
Verbindliche Angebotsunterlage
ist der
ausführliche Hauptprospekt.

Foto: Bernd Kullmann

**Der**

Jubel auf den Rängen, strahlende Gesichter auf dem Eis. Der Präsident des Kölner Eishockey-Clubs, Dr. Jochem Erlemann, macht das Zeichen für Sieg. Die »Haie« sind wieder einmal Deutscher Meister geworden. Das Einstandsgeschenk des generösen Geldgebers: 650 000 Mark für den Einkauf eines Star-Spielers

50 stern

# Millionen-Hai

Beim Kölner Eishockey-Club »Die Haie«
war er der große Gönner: Dr. Jochem Erlemann,
Deutschlands gewieftester Abschreibungs-
künstler. Aber das Geld, mit dem der Anlageberater
im Sport und im Privatleben so großzügig
umging, gehörte nicht ihm, sondern seinen Kunden.
Das jedenfalls behauptet die Staatsanwaltschaft. Jetzt sitzt der Finanzjongleur
mit seinem Kompagnon Dr. Helmut Klein
in Untersuchungshaft

# FINANZAMT KÖLN-ALTSTADT

Finanzamt Köln-Altstadt · Postfach 25 01 40 · 5000 Köln 1

An die

Europäische Treuhand AG & Co KG

Theodor-Heuss-Ring 28

5000 Köln 1

| | |
|---|---|
| | Hausruf |
| | Bitte mein Zeichen in der Antwort angeben |
| Ihr Zeichen und Tag | Mein Zeichen |

Köln,

15.02.1978

**Betrifft:** Mitteilung über den auf die atypische stille Beteiligung
an der Kölner Eishockey GmbH "die Haie"; stille Gesellschaft entfallenden Verlustanteil

Sehr geehrte Herren,

auf Grund der mir vorliegenden vorläufigen Gewinnberechnung der
atypischen stillen Gesellschaft "Kölner Eishockey GmbH" die Haie";
und stille Gesellschaft" entfällt auf die Europäische Treuhand AG
& Co KG, Theodor-Heuss-Ring 28, 5000 Köln 1, ein Verlust aus der
Beteiligung an der vorgenannten atypisch stillen Gesellschaft
in Höhe von 331.545,-- DM, für das Rumpfwirtschaftsjahr 30.11.-
31.12.1977.
Ich werde dem Finanzamt Köln-Mitte den vorgenannten Verlustanteil
zur St.Nr. 215/250/1831 mitteilen.

Hochachtungsvoll
In Vertretung

Kunau

Dienstgebäude
☐ Am Weidenbach 2
☐ Am Weidenbach 4 ·
☐ Neue Weyerstraße 5
☐ Weyerstraße 34—40

Sprech- u. Kassenstunden
montags bis freitags
8.00—12.00 Uhr

Fernsprecher
(0221) 2 00 61 oder
20 26 und Hausruf

Konten: Landeszentralbank Köln (BLZ 370 00 00) Kto.-Nr. 370 015 0
Stadtsparkasse Köln (BLZ 370 501 00) Kto.-Nr. 700 513 64
Kreissparkasse Köln (BLZ 370 502 99) Kto.-Nr. 20 6
Postscheckamt Köln (BLZ 370 100 50) Kto.-Nr. 90 150 -1

# Finanzamt Offenbach-Land

Fernsprechanschluß: Sammelnummer 8 04 11
Sprechstunden: Montag, Mittwoch und Freitag von 8 - 11.30 Uhr
Zahlstelle: Finanzamt Offenbach - Stadt — Finanzkasse —
Postscheckkonto Frankfurt (Main) 1231 - 607
Girokonto: Landeszentralbank, Zweigst. Offenbach (Main) 505 01500
Städtische Sparkasse Offenbach / Main 2000 490
Kassenstunden: Montag bis Freitag von 8 - 12 Uhr

Az.: I
(Bitte bei Antwortschreiben angeben)

605 Offenbach (Main), 27. März 1975
Bieberer Straße 59, Postfach

Herrn
Wirtschaftsprüfer und Steuerber.
Dipl.-Kfm. Georg Bader

6000 Frankfurt/Main 70
Souchaystraße 3

**Betr.:** CONWAG Industriegüter GmbH & Co Vermietungs-KG, Neu-Isenburg

**Steuerliche Vorabauskunft**

Sehr geehrter Herr Bader!

Ich kann Ihnen jetzt mitteilen, daß ich Ihren Antrag befürwortend
meiner vorgesetzten Behörde vorgelegt habe.

(Hock)

---

Dipl.-Kfm. GÜNTER REINARTZ
WIRTSCHAFTSPRÜFER
STEUERBERATER

Dresdner Bank A.-G. Köln Nr. 3923250

5000 KÖLN 1, den 9. Juni 1975
Postfach 180 126
Breite Straße 161-167
Mevissenhaus
Telefon 23 84 56 / 21 21 58

R/T

Dipl.-Kfm. Günter Reinartz, Wirtschaftsprüfer, 5000 Köln 1, Postfach 180126

An die
CONTRUCK Industriegüter GmbH & Co.
Betriebs-KG
z.Hd.Herrn Geschäftsführer
Ernst Masdorp

6078 Neu-Isenburg
Frankfurter Strasse 172

Betrifft: Ihr Kaufvertrag mit der
GAZ ET PETROL UNION S.A.R.L. vom 4. Juni 1974

Sehr geehrter Herr Masdorp!

Hiermit bestätige ich, dass der vorbezeichnete Kaufvertrag und die
Supplements No. 01 bis 04 anhand der Unterlagen der Gesellschaft
von mir in Beirut an Ort und Stelle überprüft und von mir für
richtig befunden worden sind. Ausserdem wurde das Vorhandensein
der Vertrags-Gegenstände in zahlreichen Stichproben geprüft.

Mit vorzüglicher Hochachtung

Wirtschaftsprüfer

229

# GAZ & PETROL S.A.R.L.

R.C. 34588

L. 1 BLDG. 77 ROMA STREET. CABLES : «NEWGAZ» BEIRUT TEL : 360270/1/2/3 362483 P.O. BOX 11-3547 BEIRUT LEBANON

## I N V O I C E

Due from CONTRUCK INDUSTRIEGUETER GMBH & CO. BETRIEBS—K.G.
Beirut branch — abdul aziz st. 18.

For the following industriel goods, delivered on 7/6/1975

| Quantity | Details | | Unit price DM | TOTAL DM |
|---|---|---|---|---|
| 50.000 | 33/38 kg household container incl. handle, valve and cap typ National | 1968 | 55.— | 2.750.000.00 |
| 5.000 | | 1967 | 47.— | 1.645.000.00 |
| 70.000 | | 1966 | 45.— | 3.150.000.00 |
| 100.000 | Dto typ Agip | 1967 | 50.— | 5.000.000.00 |
| 25.000 | | 1966 | 45.— | 1.125.000.00 |
| 75.000 | Up to | 1965 | 40.— | 3.000.000.00 |
| 25.000 | Dto Shell | 1967 | 50.— | 1.250.000.00 |
| 75.000 | | 1966 | 45.— | 3.375.000.00 |
| 100.000 | Up to | 1965 | 40.— | 4.000.000.00 |
| 25.000 | Dto Butagaz | 1967 | 43.— | 1.075.000.00 |
| 15.000 | | 1966 | 45.— | 675.000.00 |
| 10.000 | Dto Mobil | 1967 | 50.— | 500.000.00 |
| 25.000 | | 1966 | 45.— | 1.125.000.00 |
| 30.000 | Up to | 1965 | 40.— | 1.200.000.00 |
| 50.000 | Dto Persigaz | 1967 | 50.— | 2.500.000.00 |
| 25.000 | Up to | 1965 | 40.— | 1.000.000.00 |
| 60.000 | 11/13 Kg dto typ national | 1968 | 40.— | 2.400.000.00 |
| 14.800 | | 1967 | 25.— | 370.000.00 |
| 5.000 | | 1966 | 25.— | 125.000.00 |
| 100.000 | Dto typ Agip | 1967 | 30.— | 3.000.000.00 |
| 15.000 | | 1966 | 30.— | 450.000.00 |
| 40.000 | Up to | 1965 | 30.— | 1.200.000.00 |
| 20.000 | Dto typ Shell | 1967 | 30.— | 600.000.00 |
| 35.000 | | 1966 | 30.— | 1.050.000.00 |
| 45.000 | Up to | 1965 | 30.— | 1.350.000.00 |
| 15.000 | Dto Butagaz | 1967 | 25.— | 375.000.00 |
| 25.000 | | 1966 | 25.— | 625.000.00 |
| 15.000 | Dto Mobil typ | 1967 | 30.— | 450.000.00 |
| 50.000 | | 1966 | 30.— | 1.500.000.00 |
| 20.000 | Up to | 1965 | 30.— | 600.000.00 |
| 25.000 | Dto typ persigaz up to | 1965 | 30.— | 750.000.00 |
| 12.000 | 12 Kg industrial gaz container typ national up to | 1965 | 50.— | 600.000.00 |
| 15.000 | 80 Kg dto typ national up to | 1965 | 75.— | 1.125.000.00 |
| 114 | Gaz container appt 500 Kg. local built | 1967 | 750.— | 85.500.00 |

T O T A L : 50.025.500.00

FIFTY MILLION TWENTY FIVE THOUSAND FIVE HUNDRED DM ONLY.

كونتر ك اندو-تري جوانر ع.م.ب.ه. بتريبس ك.ج.
بــــيروت ع بـرنـــس
CONTRUCK INDUSTRIEGUETER GmbH & Co. BETRIEBS - KG
Beirut - Branch

**BANQUE DU LIBAN ET D'OUTRE MER S.A.L.**
CAPITAL L.L. 8.000.000 ENTIEREMENT VERSÉ
P.C.B : 2464 — LISTE DES BANQUES No. 14

SIÈGE SOCIAL : BEYROUTH

Veuillez examiner le présent relevé et nous aviser
immédiatement, en cas de désaccord. A défaut de
réclamation de votre part dans un délai d'un mois,
le présent relevé sera considéré comme définitive-
ment approuvé.

Messrs.
Contruck Industriegueter
gmbh & Co KG Betriebs KG
Neu Isenburg, Germany
Beirut Branch

بنــك لبــنان والمهجــر ش.م.ل.
الرأسمال : ٨.٠٠٠.٠٠٠ ليرة لبنانية مدفوع بـكـامله
ص.ت.ب : ٢٤٦٤ ـ لائحة المصارف رقم ١٤

المركز الرئيسي : بيروت
الرجاء مراجعة هذا الكشف واعلامنا فوراً في حال وجود
اية فروقات ، ويعتبر الحساب صحيحاً وموافقاً عليه نهائياً
من قبلكم اذا لم تتم منكم اية اعتراض عن صحته خلال شهر.

MONNAIE **DM**  COMPTE No. **98716**  الحساب رقم  العملة

| VALEUR المعنى | SOLDE الرصيد | | MOUVEMENT الحركة | | LIBELLE البيان | DATE التاريخ |
|---|---|---|---|---|---|---|
| | DEBITEUR مدين | CREDITEUR NOIR دائن اسود X | VERSEMENTS الـى | PAIEMENTS مـن | | |
| 01.07. | 45882000.00 x | | 45882000.00 | | REPORT ماقبله transfer Gaz et Petrol | 01.07.75 |
| 01.07. | 45939352.50 x | | 57352.50 | | commissions 1,25 0/00 | 01.07.75 |
| 01.07. | 45939362.50 x | | 10.00 | | frais | 01.07.75 |
| 01.07. | 45939612.50 x | | 250.00 | | port de lettres, tx | 01.07.75 |
| 01.09. | 91821612.50 x | | 45882000.00 | | transfer Gaz et Petrol | 01.09.75 |
| 01.09. | 91879215.00 x | | 57602.50 | | commission, tx, postage | 01.09.75 |
| 30.09. | 93721833.85 x | | 1842618.85 | | interets | 30.09.75 |
| 30.09. | 85028192.00 x | | | 8693641.20 | Remittance | 30.09.75 |
| 30.09 | 92688236.40 x | | 7660043.75 | | transfer Gaz et Petrol | 30.09.75 |

---

**Dr. Iur. Edm. Liermann**
Notar

Postscheckkonto Köln 257 50–502
Sparkasse der Stadt Köln Nr. 53 662 953
Kreissparkasse Köln Nr. 51088
Dresdner Bank AG Köln 3 918 701

5 **Köln 1,** den  27. April 1976
Aposteinstraße 14–18
Tel. 23 86 71 und 23 06 71

U.R.-Nr.  ho.
(bei Antwort bitte angeben)

Notar Dr. Edm. Liermann, 5 Köln 1, Aposteinstraße 14–18

An die
Europäische Treuhand AG & Co KG
zu Hd. von Herrn Dr. Erlemann
Theodor-Heuss-Ring 28

5 Köln 1

Betr.: Objekt der Firma CONTRUCK Industriegüter GmbH & Co
Beteiligungs-KG

Sehr geehrte Herren!

Hierdurch bestätige ich Ihnen wunschgemäß, daß mir bezüglich
des Zeichnungsobjektes der Firma CONTRUCK Industriegüter GmbH
& Co Beteiligungs-KG Beitrittserklärungen vorliegen, die das
Zeichnungsvolumen von DM 76.500.000,-- überschreiten.

Hochachtungsvoll

( Dr. Liermann )

231

DR. HELMUT KLEIN

5030 HAHNWALD B KÖLN
IM HASENGARTEN 33
TEL. 0227/66607

Herrn
Wirtschaftsprüfer
Georg Bader

6 Frankfurt/Main

Souchay Str. 3                                          3. Januar 1975

*Conwag*


Sehr geehrter Herr Bader!

Ich beziehe mich auf die Korrespondenz zwischen Ihnen und mir
und die Gespräche zwischen Ihnen und Herrn Erlemann wegen der
Errichtung einer Leasinggesellschaft.

Herr Erlemann und ich haben inzwischen vereinbart, daß wir dieses
Projekt gemeinsam durchziehen wollen, mit folgender Aufgabenteilung:

Herr Erlemann übernimmt den Vertrieb, die Administration und zusammen mit Ihnen die steuerlichen Belange im Büro Köln, Frankfurt
und Neu-Isenburg.
Ich übernehme den Einkauf und die Finanzierung der Güter und das
Büro Beirut.

Zur Verwirklichung haben wir gegründet:
die
CONWAG, Allgemeine Vermietungsgesellschaft mbH & Co,
Container- und Waggon Kommanditgesellschaft,
6078 Neu-Isenburg, Frankfurterstr. 172,
Beirut, Libanon, Abdul Aziz Street, Tel. 347616

Im Zusammenhang mit der oben erwähnten Vereinbarung werde ich
die Ihnen mit Brief und Exposé vom 19.12.74 übergebenen Unterlagen auf die CONWAG umschreiben lassen. Ich denke, daß dies
bis zum 20.1.75 möglich ist und werde deswegen voraussichtlich
am Mittwoch den 8.1.75 nach Beirut fliegen.

Ich bin sicher, daß die neue Lösung, die beim Finanzamt keine
Neueinführung von Personen nötig macht, auch Ihnen die Arbeit
zur Erlangung der Verlustbescheinigung erleichtert.

                                        Mit freundlichen Grüßen


cc/ Herrn Dr. Erlemann                          ( Dr. Klein )


232

Herrn
Wirtschaftsprüfer
Dipl.-Kfm. Günter Reinartz
Aus Köln
z.Zt. in Beirut, Hotel Coral Beach

Betr.: CONTRUCK Industriegüter GmbH & Co. Betriebs-KG,
Betriebsstätte Beirut, Rue Abdel Aziz 18

Sehr geehrter Herr Reinartz,

bezugnehmend auf Ihre gestrige und heutige Vorsprache in
unseren Diensträumen wird hiermit bestätigt, daß seit
circa drei Monaten nach Erfahrungen der Botschaft sämtliche Banken in Beirut geschlossen sind und nur teilweise
ein interner Notdienst besteht. Die Computerverbuchung und
damit die Erstellung von Kontoauszügen mit Belegen ruht seit
diesem Zeitpunkt. Die amtliche Postverteilung, sogar für
Schließfächer, wird seit circa vier Monaten in Beirut nicht
vorgenommen.
Ferner bestätigen wir, daß Herr Dr. Helmut Klein aus Köln
und Sie sich seit Ihrer ersten gemeinsamen Vorsprache in
unseren Diensträumen am 31. Mai 1974 freiwillig verpflichtet
haben, die Deutsche Botschaft in Beirut laufend über Ihre
Aktivitäten im Nahen Osten, insbesondere über das Gasver-
sorgungsgeschäft der CONTRUCK Industriegüter GmbH & Co.
Betriebs-KG mit dem Hauptsitz in Neu-Isenburg, im Libanon
und Iran laufend zu unterrichten.

Im Auftrag

(Schmidt)
Kzl. I.Kl.

Dienstag, 2. Dezember 1975 / Jahrgang 30 / Nr. 231 / 1,— / **F 2531 BX**

**Ausgabe A**

# Handelsblatt

## DEUTSCHE WIRTSCHAFTSZEITUNG

# Die Europäische Treuhand legt neuen Industriefonds auf

## Als Zugabe eine Eigentumswohnung in New York

HANDELSBLATT, Montag, 1. 12. 1975

**Fie. DÜSSELDORF. Mit einer neuen Anlageform will die Europäische Treuhand Aktiengesellschaft & Co. KG, Köln, bundesdeutschen Steuerspar-Anlegern über eine Industriebeteiligung schuldenfreie Eigentumswohnungen am East-River von New York verschaffen. Das Investitionsvolumen beträgt rund 71 Mill. DM. An Eigenkapital sollen 24,3 Mill. DM aufgenommen werden.**

Nach dem Angebot der Europäischen Treuhand sollen sich Kommanditisten mit insgesamt 24,3 Mill. DM an der Plaza Verwaltungs GmbH & Co. Auslandsbeteiligungs-KG beteiligen. Diese Gesellschaft wiederum investiert ihrerseits 16,6 Mill. DM an die Contruck Industriegüter GmbH & Co. Betriebs-KG. Beide Gesellschaften gehören zum Bereich der Europäischen Treuhand. Die Contruck erwirbt für diesen Betrag bei der Demag Autokrane und Baumaschinen, die überwiegend an Nahost-Firmen vermietet werden. Gleichzeitig übernimmt die Plaza-Gesellschaft für Gesamtkosten von 8,4 Mill. DM 52 Eigentumswohnungen in Manhattan.

Dr. Jochem Erlemann, Chef der Europäischen Treuhand, verspricht den Kommanditisten bei diesem Mischfonds Steuervorteile von rund 224%, bezogen auf den Eigenkapitaleinsatz. Die Steuervorteile, so Erlemann, resultieren aus zulässigen Abschreibungen auf den Demag-Baumaschinen, und zwar auf das Gesamtvolumen, also einschließlich der Fremdfinanzierung. Außerdem ergeben sich Verluste bei der Errichtung der Eigentumswohnungen, die nach § 2 Auslands-Investitionsgesetz berücksichtigt werden können.

Wie Erlemann mitteilt, kann der Anleger bei einer entsprechenden Beteiligung eine Eigentumswohnung in unmittelbarer Nähe der UNO erwerben, die voll aus ersparten Steuern finanziert ist. Aus den Mieteinnahmen der Wohnung rechnet Erlemann mit einer Rendite von 7,5%. Die Netto-Ausschüttung bei Contruck betrage etwa 6,5%.

Die Fremdfinanzierung in Höhe von 45,8 Mill. DM für die Industriebeteiligung stellt mit Schreiben vom 2. Juni dieses Jahres die Banque du Liban et d'Outre Mer, Beirut, zur Verfügung. Diese Bank ist nach Auskunft der deutschen Botschaft im Libanon berechtigt, Staatsgarantien zu geben. Die Konditionen für diesen Kredit sind mit 12% jährlich allerdings recht hoch. Mit 2,1 Mill. DM finanziert darüber hinaus die Chase Manhattan Bank das New Yorker Bauobjekt.

234

# Placierte CIP-Filme
# in Produktion* und Verleih**
# mit 68.000.000,– DM Zeichnungsvolumen

## CIP I

HAIR**
der Welterfolg
erstmalig als Film!

SLOW DANCING
IN THE BIG CITY**
(Mit Dir
in einer großen Stadt)

**HAIR**
Hauptdarsteller
Treat Williams
als JOHN BERGER
Beverly d'Angelo

Regisseur
Milos Forman

Budget
14.000.000,– US-$

Einspielergebnis nach 5 Monaten
25.000.000,– US-$

**DER SPIEGEL**

**Jubel um Formans „Hair"-Film**

Im Showbusiness „können noch Wunder geschehen" — hymnisch feiern Amerikas Filmkritiker die Verfilmung des legendären Rock-Musicals „Hair". Milos Forman, Tscheche in Hollywood, hat das Wunder bewirkt. Denn die einst kultisch-verehrte Hippie-Revue mit ihrer Botschaft von der Rebellion der Flower-Power-Generation galt — elf Jahre nach der fulminanten Broadway-Premiere — längst als betuliches Museumsstück. „Aus ‚Hair", schreiben die Re- zensenten, „hätte leicht so etwas wie „Schmiere" werden können." Formans „großartig photographierte" Kinoversion indes glänzt mit „dramatischer, satirischer und emotionaler Substanz"; „Time" vergleicht das Werk sogar mit einem Musical-Klassiker, mit Gene Kellys „Singin' in the Rain".

## CIP II

YANKS*

JUST ONE
OF THOSE THINGS
(Polish Nightingale)

**Yanks**
Hauptdarsteller
Vanessa Redgrave

Regisseur
John Schlesinger

Budget
7.300.000,– US-$

Bereits jetzt von Experten
als das Meisterwerk
von OSCAR-Preisträger
JOHN SCHLESINGER
(»Midnight Cowboy«) bezeichnet.
Dieser CIP II-Film
wird 1979 uraufgeführt –
der weltweite Verleih erfolgt
durch United Artists
gemeinsam mit dem
Universal-Konzern.

## CIP III

BEING THERE*

AMERICATHON**

**BEING THERE**
Hauptdarsteller
Peter Sellers,
Shirley McLaine

Regisseur
Hal Ashby

Budget
11.000.000,– US-$

Peter Sellers,
weltbekannter US-Darsteller,
spielt einen einfachen Mann,
der von der Frau

des reichsten Mannes der Welt
(Shirley McLaine)
mit dem Auto angefahren wird.
Er darf sich
im Hause der Milliardärs-Familie
von dem Unfall erholen und lernt dort
den amerikanischen Präsidenten
kennen.
Der Präsident
ist von ihm so eingenommen,
daß er sein engster Berater wird.
Eine hochbrisante Persiflage
vor dem Wahljahr.
Uraufführung noch 1979

## und
## außerdem...

6 Fernsehproduktionen (US-TV-Serie »Flatbush«
– bereits 1. Anleger-Barausschüttung)

42 Schallplattenproduktionen – Klassik und
Pop-Musik (soeben fertiggestellt bzw. kurz vor
Produktionsabschluß).

# HAĬR

*Let the sun shine in*

Millionen von Menschen haben HAIR gesehen,
Millionen werden folgen! Vielumjubelt in Cannes!
HAIR – der Welterfolg ist ein CIP-Film
im weltweiten Verleih von UNITED ARTIST

Foto: Finalszene des CIP-Films »HAIR« gedreht im Mai 1978 in Washington mit über 10.000 Statisten.

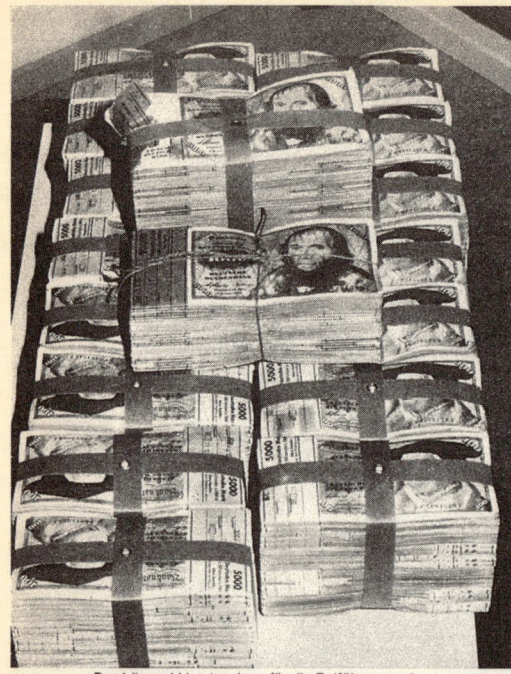

Das Lösegeld lag tagelang für die Entführer parat

In diese Kiste warf die Mutter die Taschen mit dem Geld

# Die Millionen verschwanden im Kanalschacht

Kripobeamte bei der Spurensicherung. Die Mutter hatte nicht gemerkt, daß die Kiste auf einen offenen Kanalschacht gesetzt war. Unten warteten die Entführer und verschwanden im Kölner Untergrund mit den Millionen. Überglücklich durfte Gaby Erlemann dann ihren Jungen in die Arme schließen

**W**agen 90, fahren Sie nach Sasserath, Sasserather Hof!"

Diesen Auftrag, den der Mönchengladbacher Taxifahrer Klaus Hugo Grotius (41) am Freitagabend kurz vor elf Uhr über Funk erhielt, wird er so schnell wohl nicht vergessen. Der Kunde, der in der Gaststätte Sasserather Hof zustieg, war ein Knirps von elf Jahren. Kaum im Taxi, erzählte er eine abenteuerliche Geschichte: „Ich bin Johannes Erlemann. Ich bin entführt worden. Ich will nach Hause. Zu meiner Mutter. Fahren Sie bitte nach Köln-Hahnwald, Osterriedweg 13."

Mit dieser ungewöhnlichen Taxifahrt war nach 341 Stunden ein ungewöhnliches Entführungsdrama beendet. Ungewöhnlich deshalb, weil den Raub des elfjährigen Millionärssohnes zuerst niemand so richtig ernstgenommen hatte. Bis Gaby Erlemann (35) drei Millionen Mark Lösegeld zahlen mußte.

Ungewöhnlich war das Kidnapping deshalb, weil der Vater des Jungen, der Kölner Abschreibungsspekulant Dr. Jochen Erlemann, nach einer Bauchlandung mit seinen dubiosen Geschäften schon seit Monaten im Gefängnis saß. Warum sollten Verbrecher ausgerechnet den Sohn eines Mannes entführen, der – finanziell für jeden ersichtlich – gescheitert war? Der eine Hundert-Millionen-Pleite verantworten muß? Und hatte vielleicht am Ende nicht gar die Familie selbst ihre Hände im Spiel, etwa um Hafterleichterungen für den Vater zu erpressen? Oder den Fall Erlemann neu in die Schlagzeilen zu bringen? So argwöhnten jedenfalls viele.

Doch die Geschichte, die der Junge nach 341 Stunden der Polizei erzählte, ist eindeutig: Nach der Entführung der Kinder des TV-Journalisten Dieter Kronzucker und seines Neffen Martin Wächtler, nach dem Raub von zwei Mädchen in Berlin und nach dem schrecklichen Kidnapping und der Ermordung von Cornelia Becker ist Johannes Erlemann ein weiteres Opfer einer Serie von Kindsentführungen in Deutschland.

Das Drama beginnt am 6. März. Johannes, mit Taschengeld wohl auch nicht mehr so reichlich bedacht wie früher, will seine Spielzeugeisenbahn an einen Freund verkaufen. Um 17 Uhr verläßt der Junge die Villa am Osterriedweg 13. Zum letztenmal sieht ihn kurz darauf ein Gastwirt an einem Flipperautomaten. Nach seiner Freilassung schil-

Landgericht Darmstadt

Geschäftsnummer

UA 22 Js 36.208/80
9 Kl.s

zur Geschäftsstelle
gekommen am 3 0. Juli 1982

Vorstehendes(,) Urteil
ist rechtskräftig seit 9. Juli 198.
Darmstadt, den 3 0. 07. 82
Geschäftsstelle der Strafkammern
des Landgerichts

SCHÖNBER
JUSTIZHAUPTSE

# Im Namen des Volkes
## URTEIL

In der Strafsache

gegen den Diplom-Kaufmann und beratenden Betriebswirt
Dr.rer.pol, Joachim-Georg E r l e m a n n ,
geboren am 29.11.1938 in Braunschweig,
zuletzt wohnhaft gewesen Osterriethweg 13
in 5000 Köln, z.Zt. Marienburgstr. 74 in
6100 Darmstadt-Eberstadt,
verheiratet, Österreicher

wegen Betruges pp.

hat die 9. große Strafkammer - Wirtschaftsstrafkammer - des Land
gerichts in Darmstadt in der Hauptverhandlung vom 28.Juni 1982
und 5.Juli 1982, an der teilgenommen haben:

Der Angeklagte Dr. Erlemann wird wegen Betruges
in Tateinheit mit Untreue und Urkundenfälschung
sowie wegen Steuerhinterziehung zu einer Gesamt-
freiheitsstrafe von

8 (acht) Jahren

verurteilt.

Der Angeklagte hat die Kosten des Verfahrens und
seine notwendigen Auslagen zu tragen.

Angewendete Strafvorschriften:
§§ 263 Abs. 1 und 3 ; 266 Abs. 1 S. 2, Abs. 2;
267 Abs. 1 und 3 StGB; § 370 Abs. 1 und 3 AO;
§§ 25, 52, 53 StGB.

[ ... ]

G r ü n d e :

(Abgekürzt nach § 267 Abs. 4 StPO)

I.

Der nicht vorbestrafte heute 43 Jahre alte Angeklagte wuchs
in Österreich und im Ruhrgebiet auf, ging in Köln und
Essen zur Schule, erwarb 1960 sein Abitur und beendete
1965 an der Universität in Köln sein Betriebswirtschafts-

studium.Er ist seit 1965 verheiratet und hat zwei Söhne -
im Alter von heute 16 und 12 Jahren. 1969 promovierte er
zum Dr.rer.pol. 1980 erwarben er und seine Angehörigen
die österreichische Staatsbürgerschaft.
Von 1965 bis 1968 war er im Verkaufsbereich bei der
Karstadt Hauptverwaltung in Essen, zum Schluß in leitender
Stellung, tätig. Von 1968 bis 1972 war er in der Kapital-
anlagegesellschaft Dr. Amann GmbH, Köln, an der er
wirtschaftlich beteiligt war, tätig, ehe er sich 1972
in gleicher Sparte mit der im selben Jahr von ihm ge-
gründeten Firma Europäische Treuhand-AG & Co. KG für
Grundbesitz (ET) Köln, selbständig machte.

[ ... ]

Ende 1974 lernte der Angeklagte den flüchtigen Mitange-
klagten Dr. Klein - das Verfahren gegen ihn wurde vorläufig eingestellt und abgetrennt - kennen, der sich
ebenfalls mit Abschreibungsgesellschaften befaßte und
bereits im Libanon tätig gewesen war. Beide kamen über-
ein, das nachfolgend geschilderte Abschreibungsprojekt
durchzuführen, dessen Grund——Konzeption Dr. Klein
bereits entwickelt hatte. Der Angeklagte ging bei der Zusammenarbeit mit Dr. Klein zunächst davon aus, daß
die tatsächliche Projektabwicklung auch konzeptions-
gemäß entsprechend der Vorstellung des geplanten
Objektes gegenüber der Finanzbehörde und den Anlegern durchgeführt werden würde.

Der Angeklagte und Dr. Klein hatten ihre Arbeitsbereiche
so aufgeteilt, daß der Angeklagte den Vertrieb und die
Administration der Einlagen und Anteile sowie die
steuerliche Bearbeitung im Büro Köln und Neu-Isenburg
und Dr. Klein den Einkauf und die Finanzierung der
Güter und das Büro der Contruck in Beirut : übernimmt.
Bei dieser Aufgabenteilung boten sich dem Angeklagten
in die von Beirut aus abgewickelten Geschäftsvorgänge
nur beschränkte Einblicke.

[ ... ]

Insgesamt übernahmen auf die genannten Beteiligungs-
Angebote 1.658 Anleger Kommanditanteile bzw. stille
Beteiligungen an der Firma Contruck, einzelne Anleger
beteiligten sich mehrmals. Zusätzlich beteiligte sich
eine weitere Abschreibungsgesellschaft an der Firma

Contruck mit rund 5,2 Mill. DM. Insgesamt betrug das
von deutschen Anlegern in die Firma Contruck einge-
brachte Eigenkapital bei Abschluß des Vertriebs der
Contruck-Beteiligungen 99.680.000,-- DM.

[ · · · ]

Am 12.3.1976 reichte die Firma Contruck entsprechend
den steuerrechtlichen Vorschriften unter Beifügung der
Bilanz und der Gewinn- und Verlustrechnung des Jahres
1975 eine sogenannte Erklärung zur gesonderten und
einheitlichen Gewinnfeststellung der Einkünfte für
1975 bei dem Finanzamt Offenbach/Land ein. Die
Firma Contruck beantragte damit, für das Jahr 1975
einen Verlust in Höhe von DM 102.789.605,11 DM (das
sind 134,29 % bezogen auf das im Jahre 1975 einge-
zahlte Eigenkapital von rund 76.540.000,--) anzu-
erkennen und diesen Verlust den entsprechenden Wohnsitzfinanzämtern der Anleger zwecks steuerlicher Be-
rücksichtigung mitzuteilen.

[ · · · ]

Von den vereinnahmten Kundengeldern flossen rund 23. Mill. DM
entsprechend den mit den Anlegern getroffenen Ausschüttung-
Vereinbarungen an diese zurück. An den Angeklagten flossen
von den Kundengeldern auf verschiedensten Wegen ca.
13.690.000,-- DM. Der Verbleib der restlichen Anlage-
gelder konnte nach den sichergestellten Unterlagen im
wesentlichen ermittelt werden.

[ · · · ]

Das von dem Angeklagten abgelegte Geständnis deckt sich
inhaltlich mit dem Ergebnis der staatsanwaltschaftlichen
Ermittlungen, das sich auf die Auswertung der sichergestellten Unterlagen und die Angaben der vernommenen
Zeugen stützt. Irgendwelche/Anhaltspunkte dafür, daß
der Angeklagte bereits seit Beginn der Zusammenarbeit
mit Dr. Klein ein von vornherein auf Betrug der Anleger
und Schädigung der Finanzbehörden angelegtes Konzept
der Contruck mitentwickelt hat, sind nicht ersichtlich
geworden.

### Begegnung 1: Gabi Erlemann II

Als ich Jochem Erlemann im August 1983 kennenlernte, ahnte ich nicht, daß ich anderthalb Jahre später mit ihm verheiratet sein würde – und was das bedeutet. Überall, vor allem in Köln, auf der Straße angesprochen zu werden, kann lästig sein. Dauernd wurde ich mit Jochems Vorleben konfrontiert.

Bevor wir heirateten, entschloß Jochem sich, mir alles zu erzählen. Ich sollte die Geschichten über ihn, denen ich auf Schritt und Tritt begegnete, von ihm selbst hören und nicht durch Presse und Tratsch verfälscht.

Ende 1985 entstand in Gesprächen mit Jochem, Peter Zingler und mir die Idee, sein Leben als Buch zu veröffentlichen. Kurz darauf mußte Jochem durch die Behauptung einer früheren Freundin – er habe noch Millionen vergraben – erneut hinter feste Mauern. Aber den Buchplan ließen wir nicht fallen. Ich gab mit Jochems Einverständnis seine Geschichte, so wie er sie mir erzählt hatte, an den Freund und Schriftsteller Peter Zingler weiter und erarbeitete mit ihm die Grundlage für diesen Tatsachen-Roman.

### Begegnung 2: Peter Zingler

Das erste prägende Erlebnis mit Jochem Erlemann hatte ich, als ein Mitgefangener im Waschraum unseres Gefängnisflures starb. Es war ein Herzinfarkt. Erlemann und ich leisteten Erste Hilfe, riefen den Notarzt, alles vergeblich.

Ich hatte damals, noch aus dem geschlossenen Vollzug, meine ersten Bücher veröffentlicht: »Notizen aus der Mülltonne« und »Tod in Kingston«.

Im offenen Vollzug waren Erlemann und ich fast zwei Jahre lang Zellennachbarn, beide mit der Genehmigung, bis 22 Uhr aus dem Hause bleiben zu dürfen. So trafen wir uns Abend für Abend um zehn an der Gefängnispforte. Aus unseren Gesprächen wurde eine Freundschaft, die später zu der Idee führte, dieses Buch zu schreiben ...

## ᛋᏢᴵᎬᏀᎬᏞ *Gespräch*

# „Die Scheunentore waren weit offen"

Der ehemalige Abschreibungsspezialist Erlemann über Steuersparmodelle und die Rolle der Finanzbehörden

**SPIEGEL:** Herr Erlemann, Sie haben sieben Jahre Haft hinter sich. Haben Sie zu Recht gesessen?

**ERLEMANN:** Ich bin zu Recht verurteilt worden. Man muß im Leben zu den Dingen stehen, die man zu verantworten hat. Ich hätte das Steuerspargeschäft, um das es damals ging, abbrechen müssen, als mir Zweifel an der Echtheit kamen. Wie mein Urteil bestätigte, war ich von legalen Geschäften ausgegangen. Als ich merkte, daß so manches nicht stimmen könnte, hätte ich zum Staatsanwalt gehen oder sonst etwas unternehmen müssen.

**SPIEGEL:** Ihre Partner haben also ein krummes Ding gedreht, und Sie haben dann weitergemacht, als sei nichts. War das ein Entschluß: Ab heute Betrüger?

**ERLEMANN:** Es gibt ja auch Betrug, indem man Handeln unterläßt. Monatelang habe ich damals gegrübelt, ob ich Anzeige erstatten soll. Nachdem ich einmal in die Sache hineingeschlittert war, brachte ich nicht die Kraft auf, die Sache aufzudecken. Der Skandal hätte das Ende meiner Kapitalfirma bedeutet. Auch die Rückzahlung der erhaltenen Provisionen wäre nicht möglich gewesen, allein acht bis zehn Millionen Mark waren in den Vertriebsapparat geflossen. Und die Steuervorteile der Anleger wären auch verloren gewesen, wenn ich Schluß gemacht hätte.

**SPIEGEL:** Sie haben von dieser Unterlassung finanziell profitiert.

**ERLEMANN:** Nach meiner Erinnerung – die Sache war ja vor über zehn Jahren – waren das 13 Prozent des investierten Geldes, also knapp 13 Millionen Mark. In den Zeitungen wird immer geschrieben: Der Erlemann hat die Steuer und die Anleger um über 100 Millionen Mark geprellt und sich dieses Geld in die Tasche gesteckt. Die 100 Millionen waren die Steuervorteile der Anleger und kein Bargeld bei mir.

**SPIEGEL:** Der Schaden, den Sie mitverursacht haben, lag bei über 100 Millionen. Ihre Partner und Sie hatten Gelder eingesammelt für ein Geschäft, das es gar nicht gab.

**ERLEMANN:** Ja, wie ich selber dann erfuhr, waren die eingesammelten Mittel zu einem großen Teil nicht dazu bestimmt, die im Prospekt angegebenen Industriegüter zu kaufen – Gasflaschen, Gascontainer und Abfüllstationen . . .

**SPIEGEL:** . . . die angeblich im Libanon vermietet werden sollten, damit deutsche Steuersparer ordentlich etwas zum Abschreiben hatten.

**ERLEMANN:** Richtig. Ja, so stand's im Prospekt. Wenn Sie irgendeine Maschine, irgendeinen Container kaufen, dann können Sie die steuerlich abschreiben. Aber dazu muß es die Maschine oder den Container auch geben. Wenn Sie dagegen die angeblichen Wirtschaftsgüter gar nicht gekauft haben, dann schreiben Sie in den Bilanzen etwas ab, was es gar nicht gibt.

**SPIEGEL:** Es wurden also reine Luftgeschäfte gemacht.

Anlageprofi Erlemann: „Die Anleger . . .

**ERLEMANN:** In diesem einen speziellen Fall größtenteils. Es wurden aber auch Lastwagen von Daimler-Benz und Hebekräne von der Demag echt angeschafft. Diese Güter gab es, die sind echt verleast worden. Aus diesen existenten Gütern hat sich die Gesellschaft auch finanziert und aus den Mieteinkünften den Anlegern rund 25 Millionen Mark ausgezahlt. Auch sind den Anlegern aus Steuervorteile aus dem realen Teilbereich, der echt war, erhalten geblieben. Das heißt also: Wir hatten im Fall Contruck einen existenten Bereich und einen nicht existenten Bereich. Der existente Bereich durfte ganz normal, wie jedes andere Wirtschaftsgut auch, abgeschrieben werden.

**SPIEGEL:** Wenn Sie, als Sie dieses Luftgeschäft bei Ihrer Abschreibungsfirma Contruck entdeckt hatten, zum Staatsanwalt gegangen wären . . .

. . . haben uns . . .

**ERLEMANN:** . . . es wäre, wie gesagt, das Ende meiner Firma gewesen. Ich galt ja als jemand, der alles durchschaut. Es war mir auch selbst mehr als unangenehm, bei der mir allseits nachgesagten Sachkunde zuzugeben, daß mir das so untergekommen ist. Ich beruhigte mich mit dem Gedanken, daß den Anlegern letzten Endes kein Schaden entstehen würde, weil nach vier bis fünf Jahren die Contruck aufgelöst werden sollte. Die Anleger hätten ihre Steuervorteile gehabt, und alles wäre vergessen gewesen.

**SPIEGEL:** Da zahlt ein Anleger 100 000 Mark für Produkte, die gar nicht gekauft wurden, und der soll dann nicht geschädigt sein?

**ERLEMANN:** Das erklärt sich aus dem rechtlichen und steuerlichen System, das der Contruck und etlichen anderen Gesellschaften zugrunde lag. Für den Anleger war folgendes Ergebnis da: Wenn er mit einer Anlage von 100 000 Mark bei 50prozentiger Progression in der Einkommensteuer 270 Prozent Steuervorteil aus der Verlustzuweisung bekommt, dann gibt ihm das Finanzamt erst mal 135 000 Mark zurück.

**SPIEGEL:** Selbst dann, wenn's ein Luftgeschäft ist?

**ERLEMANN:** Selbst dann. Aber nur dann, wenn das Luftgeschäft unentdeckt bleibt. Deshalb habe ich ja geschwiegen, als mir die Zweifel kamen.

**SPIEGEL:** Und die hohen Verlustzuweisungen waren mühelos hinzukriegen: Je mehr Kredite eine Abschreibungsfir-

56

. . . zu immer riskanteren . . .

ma aufnahm, um so größere buchmäßige Verluste ergaben sich.

*ERLEMANN:* Ja, wenn Sie Gasflaschen oder andere Wirtschaftsgüter in Höhe des dreifachen Eigenkapitals fremdfinanzieren, dann haben Sie eine gewaltige Hebelwirkung. Das Fremdkapital wird ja bei der Berechnung des steuerlichen Verlustanteils, der von den Anlegern angestrebt wird, ebenfalls be-

**Jochem Erlemann**

*galt in der großen Zeit der deutschen Steuerspar-Branche als der begabteste Trickser. Der promovierte Betriebswirt aus der sogenannten Kölner Schule sammelte in den 70er Jahren von steuerunwilligen Großverdienern Milliardenbeträge ein, die er in Abschreibungsobjekte investierte. Die Anleger hofften dabei, durch die sich ergebenden Verluste ihre Einkommensteuer so mindern zu können, daß zumindest die Einlage nicht mit eigenem Geld, sondern durch nicht gezahlte Steuern geleistet wurde. Erlemann finanzierte amerikanische Filme wie französische und luxemburgische Immobilien, verleaste Bierfässer wie Lastwagen. Als spendabler Präsident des Kölner Eishockey-Clubs wurde Erlemann bundesweit bekannt – und durch eine spektakuläre Verhaftung: Der „Spezialitätendoktor", wie er in der Branche hieß, stolperte über ein betrügerisches Geschäft im Libanon und wurde 1982, nach anderthalbjähriger U-Haft, zu acht Jahren Gefängnis verurteilt. Sieben Jahre saß er ab; in der Weihnachtswoche wurde der 49jährige entlassen.*

rücksichtigt. Da kamen hohe Verlustquoten heraus, die dann die Rückzahlungen vom Finanzamt brachten. Unsere Zahlungen an die Anleger kamen da noch obendrauf. Im Falle der Contruck fast 25 Millionen Mark.

*SPIEGEL:* Wofür gab es denn bei Ihrer Firma Contruck Ausschüttungen? Die Gasflaschen, die angeblich vermietet waren, gab es doch gar nicht.

*ERLEMANN:* Die Ausschüttungen kamen ja nicht aus dem Gascontainer-Bereich, sondern aus den Mieteinnahmen des konkreten Geschäftsbereichs der Contruck, also der Lkws und Hebekrane. Doch jetzt kommt der Clou, warum ich hoffte, daß die Sache auch für den unechten Bereich gutgehen würde. Durch die sogenannte Rückoption wären nach vier- oder fünfjähriger Laufzeit die – nicht vorhandenen – Gascontainer ver-

. . . Konstruktionen getrieben"

tragsgerecht wieder an den Verkäufer zurückgefallen, das Geschäft wäre beendet gewesen. Und damit bin ich beim Prinzip der Besitzlosigkeit beziehungsweise der Substanzlosigkeit. Das mit der Substanzlosigkeit ist mein Ausdruck für die Tatsache, daß es in der Vergangenheit legale Möglichkeiten gab, hohe Steuerersparnisse ohne langfristige Substanzbildung zu erzielen. Durch die Rückoption würde das Geschäft nach wenigen Jahren beendet, auf Vermögensbildung kam es nicht an.

*SPIEGEL:* Und das Prinzip der Besitzlosigkeit ist auch von Ihnen?

*ERLEMANN:* Das haben mein Wirtschaftsprüfer und mein Rechtsberater erfunden, die ein Modell mit Rückoption bereits bei einem Konkurrenzobjekt angewandt hatten. Nach diesem Modell kommt der Anleger zu keinem Zeitpunkt in den körperlichen Besitz des Gutes. Das ist jetzt fundamental: Verkäufer hat ein Wirtschaftsgut, Verkäufer verkauft an Käufer das Wirtschaftsgut,

die Übergabe des Gutes wird ersetzt durch einen Mietvertrag. Aufgrund dieses Mietvertrages vermietet Käufer das Gut im Leaseback-Verfahren wieder an den Verkäufer zurück, und nach fünf Jahren tritt die Rückoption ein. Dann wird das Mietverhältnis aufgelöst, und Verkäufer hat seine eigenen Container wieder als Eigentum zurück. Benutzt hat er sie ja ohnehin die ganze Zeit bis zur Rückoption, wenn auch als Mieter.

*SPIEGEL:* Und der ganze Unfug wurde nur getrieben, damit ein paar tausend Leute weniger Steuern zahlen.

*ERLEMANN:* Das war damals legal und hat gut funktioniert. Die Anlagegesellschaft wurde nach fünf Jahren aufgelöst, die Anleger hatten ihre Steuervorteile realisiert, es gab Mieteinnahmen und damit Barausschüttungen für die Anleger. Außerdem bekommen die Anleger bei Auflösung der Gesellschaft oder bei Veräußerung der Wirtschaftsgüter in toto den begünstigten halben Steuersatz. Da blieben für den Anleger erhebliche Beträge unterm Strich übrig.

*SPIEGEL:* Warum haben sich denn Steuertrickser wie Sie die Mühe gemacht, überhaupt noch irgendwelche konkreten Wirtschaftsgüter oder Projekte zu suchen, mit denen sich Steuervorteile herausholen ließen?

*ERLEMANN:* Halt, halt – ohne konkrete Wirtschaftsgüter ist das Ganze von vornherein Steuerbetrug, denn in den Bilanzen würden dann Güter erscheinen, die es gar nicht gäbe. So geht das natürlich nicht. Nur bei betrügerischer Absicht von vornherein hätte man wirklich gar keine Wirtschaftsgüter gebraucht. Denn nach vier Jahren wäre das Wirtschaftsgut an den Verkäufer zurückgegangen. Dann hätte man papiermäßig darstellen können, daß der Verkäufer die Ware wieder zurückhält. Er hätte etwas quittiert, was er gar nicht zurückerhalten hat, was sowieso nie dagewesen ist. Die Sache hätte sich in Luft aufgelöst, sich von selbst liquidiert. Nein, die Güter muß es schon geben.

*SPIEGEL:* Volkswirtschaftlich machte das alles überhaupt keinen Sinn, ob es nun überflüssige Berlin-Bauten waren oder Hotels in Spanien, Ölbohrungen in Amerika oder Schiffe und Bauherrenmodelle.

*ERLEMANN:* Natürlich haben wir nicht gemacht, weil da irgendwie ein dringender volkswirtschaftlicher Bedarf war. Die Anleger waren nicht so sehr an volkswirtschaftlich sinnvollen Aktivitäten interessiert, sondern primär an der Produktion hoher Verlustzuweisungen. Die wollten möglichst wenig Steuern zahlen. Zum Jahresende hatten manche Ärzte 30, 40 Prospekte auf dem Tisch gestapelt und dann einfach nach Verlustzuweisungen sortiert – 200, 250,

57

245

**Werbung für Abschreibungsprojekte**
„Milliarden verschleudert"

300 Prozent. Wer den höchsten Prozentsatz anbot, machte das Geschäft.
Die Anleger waren die wahre Triebkraft,
die uns Anbieter letztlich zu immer wag-
halsigeren und riskanteren Steuerkon-
struktionen getrieben haben.

SPIEGEL: Wie haben Sie das bloß
ausgehalten?

*ERLEMANN:* Im Ernst, es war so.
Den Anlegern war völlig egal, ob sich
beispielsweise überhaupt einer den Film
ansah, den sie mit einer steuerlichen
Verlustquote von über 200 Prozent finanziert hatten. Hauptsache, die Steuerersparnis stimmte.

SPIEGEL: Sie haben in der Tat ja
auch Filme produziert. Wie sind Sie
denn da rangekommen?

*ERLEMANN:* Ich fuhr auf Empfeh-
lung nach Amerika, besuchte den Vorstand von United Artists in New York.
Die sagten, sie würden gern das Musical
„Hair" verfilmen, und suchten Geldgeber. Sie hätten den weltberühmten Regisseur Milos Forman vorgesehen, und
das Ganze koste zehn Millionen Dollar –
ob das machbar sei.

SPIEGEL: Für Sie damals doch wohl
eine leichtere Übung?

*ERLEMANN:* Ja, aber ich habe Steuerberater hinzugezogen und mich beraten lassen, welche Verlustzuweisung für
die Anleger erzielbar sei. Ich hatte ja um
mich herum Konkurrenten mit Quoten
von 200 bis 300 Prozent. Daran mußte

_____
\* Steglitzer Kreisel.

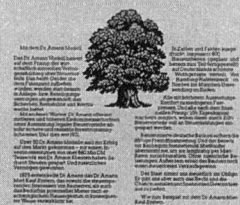
ich mich orientieren, weil ja die
steuersparwütigen Anleger ein
wirtschaftlich sinnvolles Objekt
mit geringen Steuervorteilen nicht
akzeptierten.

SPIEGEL: Sie konnten Ihren
Anlegern nicht klarmachen, daß
ein konventionell finanzierter
Film phantastische Gewinne ein-
spielen kann?

*ERLEMANN:* Wenn ich da-
mals mit einer Steuervorteilsquote
von nur 100 Prozent gekommen wäre,
dann hätte dieses Musical „Hair" noch
so gut sein können – ich hätte keine
Anleger gefunden.

SPIEGEL: Ob Sie Filme finanzier-
ten, Gasflaschen oder Hotel-Beteili-
gungen – die Entscheidung hat letztlich immer Ihr Steuerberater getroffen?

*ERLEMANN: Nicht ein Steu-
erberater, ganze Teams!*

SPIEGEL: War das auch bei
den anderen Abschreibungsexperten so, bei Ihren Kollegen aus der
Abschreibungsbranche – Jürgen
Amann, Dieter Quast, Erwin
Walter Graebner, Renatus Rüger
oder Helmut Röschinger?

*ERLEMANN:* Das sind alles
diplomierte Betriebs- und Volks-
wirte oder Juristen, fast alle aus
der sogenannten Kölner Schule,
die selbstverständlich einen hoch-
sensiblen Empfangsapparat für
derartige Konstruktionen hatten
und über einen Vertrieb für die
Vermarktung des Produkts „Steuervorteil" verfügten. Man traf sich
bei der Vorbereitung mit Leuten,
die bestimmte Vorhaben verwirklichen wollten, Bauprojekte, Filme, Hotels. Das waren die externen
Objektpartner. Der Initiator wußte zu
Anfang selbst nicht exakt, was bei den
Vorschlägen steuerlich herauskommen
würde. Man hielt dann tagelange Sitzungen ab. In diesen Sitzungen mit Rechts-
anwälten und Steuerberatern, die dafür
ein immenses Honorar verlangten, wurde dann getüftelt und gemacht und getan
und gerechnet.

SPIEGEL: Viele Produkte, die bei
solchen tagelangen Tüfteleien her-
auskamen, sind heute mit Recht vergessen.

*ERLEMANN: Nicht alle. Ich habe
zum Beispiel eine ganze Reihe von Fil-
men mit Steuervorteilen finanziert, unter
anderem „Die Formel", das war ein
Thriller mit Marlon Brando, oder die
Fassbinder-Verfilmung „Lili Marleen"
mit Hanna Schygulla, einen Film mit Al

**Abschreibungsprojekt in Berlin\*:** „Nonsens unter den Augen der Behörden"

59

246

Pacino und „Wenn der Postmann zweimal klingelt" mit Jack Nicholson. Und wenn ich Ihnen erzähle, welche Fernsehproduktion von uns finanziert wurde . . .

SPIEGEL: . . . erzählen Sie doch mal.

ERLEMANN: Mir wurde, als ich damals wegen all dieser Filme in Amerika unterwegs war, eine Produktion angeboten . . .

SPIEGEL: . . . ein Drehbuch?

ERLEMANN: Das Drehbuch gab es schon. Die Erfolgsaussichten wurden in Amerika damals recht unterschiedlich beurteilt. Ich habe gesagt: Okay, das nehm' ich mal mit nach Berlin, und dann packen wir das irgendwo bei. Wenn wir den Anlegern ein attraktives Filmprojekt mit einem Weltstar anbieten, dann können wir in die Finanzierung auch noch irgend so eine Fernsehsache mit hineinnehmen.

SPIEGEL: Haben Sie das Drehbuch gelesen?

ERLEMANN: Ich bin kein Filmkünstler und auch kein Skript-Sachverständiger. Das Drehbuch habe ich dann dem Geschäftsführer meiner Filmgesellschaft

Bundesrepublik mit Steuervorteilen belohnt, und im Ausland wurde selten damit verdient. Oft kam nicht mal Öl.

SPIEGEL: Uns ist seit Jahren klar, daß sinnlos Milliarden an Steuergeldern verschwendet wurden.

ERLEMANN: Aber offenbar hat der Staat das gewollt, denn er hat die Steuervorteile ja legalisiert. Volks- und betriebswirtschaftlich waren das Nonsens-Geschäfte für Reiche. Und der Nonsens lief unter den Augen der Behörden und Verwaltungen ab. Sehen Sie sich die meisten Schiffsobjekte an, da fördert der Staat Schiffsneubauten, von denen oft schon beim Bau feststeht, daß sie nicht oder nur schlecht zu verchartern sind. Es zeigt sich eben nicht nur bei der Subventionierung der Agrarwirtschaft, wie in diesem Lande Milliarden verschleudert werden.

SPIEGEL: Manche Finanzämter haben wohl auch beide Augen zugedrückt. Der Kölner Erlemann hat seine Steuersparmodelle vom Finanzamt Offenbach-Land genehmigen lassen, in der Branche als Hessisch-Liechtenstein bekannt.

Steuersparmodelle gehabt." Die hatten keine Meinung!

SPIEGEL: Warum auch, die Gesetzeslage war doch eindeutig.

ERLEMANN: Ja natürlich, das war – von Ausnahmen abgesehen – alles legal, die Scheunentore des Gesetzgebers waren weit offen.

SPIEGEL: Aber schon frühzeitig haben manche SPD-Politiker diese Tore zu schließen versucht. Der nordrhein-westfälische Finanzminister Diether Posser etwa oder Staatssekretär Rolf Böhme im Bonner Finanzministerium.

ERLEMANN: Staatssekretär Böhme hat damals gesagt, er sei gegen dieses System des Reichermachens von Reichen. Das hat der schon ganz am Anfang gepredigt.

SPIEGEL: Aber war das nicht Ihr Slogan: „Ich will die Reichen reicher machen"?

ERLEMANN: Nein, das ist sein Slogan gewesen. Den habe ich nur übernommen.

SPIEGEL: Dürfen wir Ihnen aus einem Gedicht vortesen: „In Köln bei Dr. Erlemann, da fängt der Weg zum

**Ehemalige Erlemann-Konkurrenten Quast, Graebner, Rüger, Amann, Röschinger:** „Getüftelt und gemacht und getan"

gegeben, und der hat es gelesen. Er fand's wirklich nicht so begeisternd. Dann habe ich den Amerikanern aber gesagt: Wir finanzieren auch das noch. Das war die Geburtsstunde von „Dallas". Wir waren bei den ersten Serienfolgen in Amerika mit deutschem Geld, mit Steuergeldern, dabei.

SPIEGEL: Mit wieviel Prozent Verlustzuweisung haben Sie „Dallas" produziert?

ERLEMANN: Das waren über 200 Prozent.

SPIEGEL: Da hat die Investitionslenkung ja vorzüglich funktioniert: Steuermittel für J. R. und die Southfork Ranch . . .

ERLEMANN: Das war damals alles legal, das ließ sich mit den damaligen Steuergesetzen machen. Nehmen Sie mal diese Ölbohrungen, die ich allerdings nie angeboten habe: Da haben die Leute Geld nach Amerika geschickt, das sie der Bundesrepublik Deutschland entzogen haben. Hierfür wurden sie in der

ERLEMANN: Ich hatte wie ein Konkurrent das Finanzamt Offenbach-Land, weil da der beauftragte Wirtschaftsprüfer saß, der dann sein zuständiges Finanzamt einschaltete. Das ist eine Sache des Wirtschaftsprüfer gewesen. Solche Finanzämter gab es in München ebenso wie in Hamburg-St. Pauli, wo Schörghuber seine Airbusse hat abschreiben lassen. Warum gehet der denn von Bayern nach St. Pauli in Hamburg?

SPIEGEL: Da saß vermutlich ein freundlicher Vorsteher.

ERLEMANN: Wie die Berater gab es über ganz Deutschland verstreut zuständige Finanzämter, in Offenbach ebenso wie in München, Hamburg, Köln, Kiel oder wo auch immer. Offenbach-Land ist eben bekannt geworden durch den Prozeß gegen den Vorsteher des Finanzamts. Und in diesem Prozeß sagte der Vorsitzende Richter: „Eine Vorsprache bei der Oberfinanzdirektion Frankfurt wäre sinnlos gewesen, denn die OFD, so ihr Präsident Bruno Bachmann, habe keine Meinung zu dem Problem der

Reichtum an." Stammt von André Heller.

ERLEMANN: Ich habe, als der Zirkus Roncalli beinahe pleite ging, dem André Heller einmal einen kleineren Betrag – ich glaube 25 000 Mark – gegeben, sonst wäre der Zirkus, wie er sagte, am nächsten Tag am Ende gewesen. André Heller hat mir in einem Brief – daraus stammt das Gedicht – gedankt. Der Staatsanwalt hat den Brief aufgegriffen und dann wohl als Scherz in die Beweisakte gegen mich eingeführt.

SPIEGEL: Die sozialliberale Regierung in Bonn hatte damals auch wenig gegen die Nonsens-Produktion getan.

ERLEMANN: Richtig, man konnte konstruieren, was man wollte. Die Gesetze boten beliebigen Gestaltungsspielraum. Die meisten Objekte waren ganz auf die Steuergesetze zugeschnitten, damit die steuerliche Rechnung aufging.

SPIEGEL: Immerhin gab es ein paar Erlasse, die den Unfug eindämmen sollten.

Erlemann-Film „Hair": „Mit einer Steuervorteilsquote von 100 Prozent hätte ich keine Anleger gefunden"

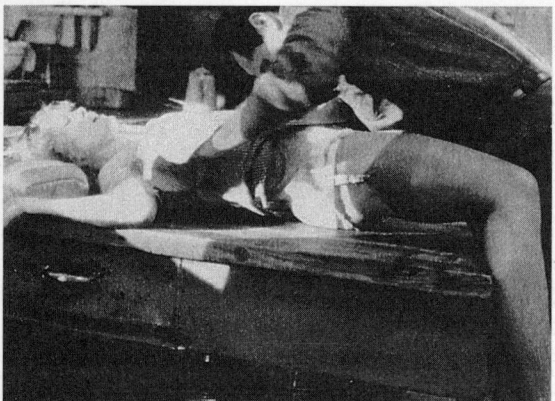

Erlemann-Film „Wenn der Postmann zweimal klingelt"*: „War alles legal"

*ERLEMANN:* Die Erlasse waren für die Anbieter und die dahinterstehenden Berater-Teams die besten Gebrauchsanweisungen für neue Objekte. Man wußte genau: Das und das geht nicht mehr. Und wenn das nicht geht, dann aber dieses. Das waren die reinsten Lehrbücher.

SPIEGEL: Nach Jahren haben die Erlasse offenbar doch noch gegriffen. Die Abschreibungsbranche ist praktisch am Ende. Wann kam das Todesurteil?

*ERLEMANN:* Gekillt wurde die Steuersparbranche letzten Endes durch den berühmten Beschluß des Bundesfinanzhofes vom 25. Juni 1984. Seitdem erkennt der Fiskus kein Abschreibungsobjekt mehr an, wenn dessen Sinn nur im Erzielen möglichst hoher Steuervorteile liegt und wenn langfristig keine echte Gewinnerzielung angestrebt wird.

SPIEGEL: Gibt es heute noch Schlupflöcher?

*ERLEMANN:* Ja, es gibt Möglichkeiten. Aber wir haben es heute mit ernüchterten Investoren zu tun. Wenn Sie heute noch irgend etwas verkaufen wollen, dann müssen das ganz handfest gestrickte Sachen sein. Der Investor von heute guckt als erstes auf die Bar-Ausschüttung. Die Steuerspargier hat einen starken Dämpfer bekommen.

SPIEGEL: Manche Modelle für Immobilien laufen noch.

*ERLEMANN:* Wenn Sie heute eine Eigentumswohnung mit Steuervorteilen verkaufen wollen, winken die Anleger ab. Es gibt inzwischen viele Hypotheken-Millionäre, bei denen die Steuervorteile längst verbraucht sind. Die sitzen jetzt auf hohen Darlehen, müssen Zins

* Jessica Lange, Jack Nicholson.

und Tilgung bezahlen, und die Miete reicht nicht aus. So entsteht Jahr für Jahr eine Unterdeckung. Die sind sauer.

SPIEGEL: Die sind sauer? Die sind zum Teil ruiniert.

*ERLEMANN:* Die Rechnung ist nicht aufgegangen. Wer damals zuviel Steuern sparen wollte, zahlt heute meistens drauf. Hinzu kommt, daß die Einkommen heute oft geringer sind, so daß keine Folgesteuervorteile gebraucht werden.

SPIEGEL: Gut zurechtgekommen sind vor allem die Initiatoren, die Steuerberater, Treuhänder und Wirtschaftsprüfer. Sie selbst haben ja auch gut verdient. Wo ist das ganze Geld geblieben?

*ERLEMANN:* Sprechen Sie jetzt von mir?

SPIEGEL: Aber ja.

*ERLEMANN:* Ich habe ja nicht nur an der Contruck verdient. Ich habe Filme gemacht und Grundstücksgeschäfte und noch an anderen Objekten verdient. Ich hatte aber auch einen teuren Einbruch. Da habe ich freiwillig Millionenbeträge an die Anleger zurückerstattet, weil ein Modell mit Bierfässern steuerlich nicht anerkannt wurde.

SPIEGEL: Es müssen trotzdem noch Millionen übriggeblieben sein.

*ERLEMANN:* Ich hatte wegen der Geld-zurück-Aktion Schulden mit der Firma. Die sind über die nachfolgenden guten Geschäfte getilgt worden. Und ich habe große Beträge in die Entwicklung des Kölner Eishockeysports gesteckt. Der Kenner weiß, daß es sonst heute kein Spitzeneishockey in Köln gäbe.

SPIEGEL: Wieviel haben Sie in den Kölner Eishockey-Club gesteckt?

*ERLEMANN:* Drei bis vier Millionen Mark.

SPIEGEL: Eine teure Werbung für einen Spezialitätendoktor.

*ERLEMANN:* Das hat mir natürlich Kunden gebracht. Mir gefiel aber dieser Männersport auch.

SPIEGEL: Die gebrochenen Nasenbeine, die ausgeschlagenen Zähne?

ERLEMANN: Ich habe mich bei den Leuten wohl gefühlt. Ich war bei denen in den Kabinen, habe mit den Spielern gestritten und gefeiert, mich engagiert. Ich war immer für harte Sportarten. Ich interessiere mich zum Beispiel sehr wenig für Damen-Kunstturnen, wenn die mit einer Fahne so Schleifen am Himmel machen.

SPIEGEL: Eishockey kostete Geld, teuer war auch Ihr Privatflugzeug.

ERLEMANN: Nein. Das hatte hauptsächlich die Aufgabe, die Vorstände von Thyssen und der Deutschen Bank zur Börse nach London oder in die Schweiz zu fliegen.

SPIEGEL: Privat haben Sie den Lear Jet nicht genutzt?

ERLEMANN: Doch, schon. Die Woche über war der Jet im Einsatz für deutsche Spitzenmanager, er war vermietet. Am Wochenende hatte ich das Flugzeug dann für mich. Dann habe ich mit meiner Familie Ausflüge gemacht.

SPIEGEL: Die Düsenmaschine war also eine gute Kapitalanlage?

ERLEMANN: Ja, das Ding hat sich getragen.

SPIEGEL: Wieviel Millionen haben Sie denn in der Schweiz versteckt?

ERLEMANN: Vor Gericht habe ich ja den Verbleib des Geldes dargestellt.

SPIEGEL: Ist gar nichts übriggeblieben?

ERLEMANN: Ich bin bei Null angekommen. Ich sage mir aber, wenn der Staatsanwalt recht hat, daß ich wirklich so intelligent bin, wie er immer unterstellt, dann werden sich in dieser Wirtschaft für mich Möglichkeiten ergeben, daß ich wieder mit Arbeit Geld verdienen kann.

SPIEGEL: Was für einen Job suchen Sie denn jetzt?

ERLEMANN: Ich werde als Unternehmensberater arbeiten. Meine Erfahrungen in verschiedensten Geschäftsbereichen, meine Universitätsausbildung und meine Lebenserfahrung – bis hin zum Gefängnis, ich weiß ja wirklich, was einem Leben passieren kann – haben mir einen Erfahrungsschatz gegeben, den ich nutzen werde.

SPIEGEL: Ehemalige Häftlinge haben es bei Bewerbungen nicht immer ganz leicht.

**Eishockey-Fan Erlemann (1977)**
„Mir gefiel dieser Männersport"

ERLEMANN: Ich vertraue auf meine Kenntnisse und auch auf meine Freunde, die erkannt haben, daß ich nicht von Anfang an absichtlich jemanden schädigen wollte, sondern mich strafrechtlich verstrickt habe.

SPIEGEL: Haben Sie während Ihrer Gefängniszeit viele Freunde behalten?

ERLEMANN: Eine kleine Episode aus meiner Heimatstadt Köln: Neulich stehe ich mit meiner Frau an der roten Ampel. Da hält eine Straßenbahn, vorn geht die Tür auf. Der Straßenbahnfahrer steckt den Kopf raus: „Na, Jung, biste wieder da?" Volkes Stimme. In Köln schlägt mir, merke ich, viel Positives entgegen. Ich bin ja in Köln zu Hause. Mich kennt fast jeder aus den alten Eishockey-Zeiten.

SPIEGEL: Sie haben früher sehr aufwendig gelebt, dann in der Gefängnisdruckerei 178 Mark im Monat verdient.

ERLEMANN: Mit Leistungszulage!

SPIEGEL: Sie hatten viel Zeit zum Nachdenken. Haben Sie sich verändert?

ERLEMANN: Ich glaube, ich bin hinweggekommen über diesen früher starken Drang, in der vordersten Reihe stehen zu wollen.

SPIEGEL: Ein ganz neuer Erlemann?

ERLEMANN: Vielleicht wird mich manch einer sogar um meine Nullpunkt-Situation beneiden, denn viele Menschen sind derartig in ihren Alltag und ihren fest vorgeschriebenen Lebensweg einbetoniert, daß sie da nicht mehr herauskommen. Ich fange jetzt wie nach dem Abitur oder wie nach dem Examen ganz neu an.

SPIEGEL: Herr Erlemann, wir danken Ihnen für dieses Gespräch.